L'EUROPE DES LUMIÈRES
sous la direction de Michel Delon, Jacques Berchtold
et Christophe Martin
84

Lumières et enthousiasme

David Matteini

Lumières et enthousiasme

Histoire d'une idée anthropologique

Traduction de Patrick Graille

PARIS
CLASSIQUES GARNIER
2022

David Matteini, docteur ès Lettres, s'est particulièrement intéressé aux rapports entre histoire littéraire et histoire des idées à l'époque des Lumières en Europe. À cet effet, il a publié plusieurs articles sur l'influence des nouvelles découvertes scientifiques du siècle sur les formes littéraires, et sur les liens entre les pratiques politiques et esthétiques.

ISBN 978-2-406-12636-2 (livre broché)
ISBN 978-2-406-12637-9 (livre relié)
ISSN 2104-6395

INTRODUCTION

Enthousiasme : « Émotion puissante qui s'empare de quelqu'un à propos de quelqu'un ou de quelque chose et qui se manifeste par des signes extérieurs d'admiration, de contentement ; exaltation : "Acclamer un orateur avec enthousiasme"[1] » ; ou bien « Émotion vive portant à admirer. "Cette victoire a déchaîné l'enthousiasme de la foule. Il a parlé du film avec enthousiasme". Émotion se traduisant par une excitation joyeuse. Allégresse, joie. "J'accepte avec enthousiasme", avec une grande joie[2] » ; ou encore « Tout mouvement extraordinaire de l'âme qui excite à des actes de courage, de dévouement, etc.[3]. » Il nous suffit d'examiner les définitions premières que l'on trouve dans les dictionnaires de langue française les plus répandus et consultés pour observer que de nos jours, le terme « enthousiasme » est généralement utilisé dans le but de désigner un sentiment d'engouement, un élan individuel favorisant le développement personnel. « Enthousiasme » est donc une expression communément employée de manière univoque et monosémique. Pourtant, plusieurs dictionnaires signalent d'autres définitions historiques et littéraires qui enrichissent ce mot de nuances ou subtilités, le détournant de sa signification courante. On trouve par exemple : « Dans l'Antiquité. Délire sacré, inspiration divine ou extraordinaire. "L'enthousiasme des prophètes"[4] » ; « Émotion extraordinaire de l'âme, qu'on suppose être l'effet d'une inspiration[5] » ; « État d'exaltation de l'âme chez le poète ou l'artiste en proie à l'inspiration (opposé à art, habileté, travail artistique, etc.). "Enthousiasme lyrique, musical, poétique ; l'enthousiasme du génie ;

---

1 Article « Enthousiasme », *Larousse*. En ligne : https://www.larousse.fr/dictionnaires/francais/enthousiasme. Consulté le 24 septembre 2021.

2 « Enthousiasme », *Le Robert Micro*, Paris, Le Robert, 2006.

3 « Enthousiasme », *Wiktionnaire. Le dictionnaire libre*. En ligne : https://fr.wiktionary.org/wiki/enthousiasme. Consulté le 24 septembre 2021.

4 « Enthousiasme », *Le Robert*, ouvr. cité.

5 « Enthousiasme », *Wiktionnaire*, adr. cit.

se livrer à l'enthousiasme"[6] » ; et bien d'autres… Comment interpréter cette variété d'acceptions ? On peut déjà chercher un dénominateur commun sémantique permettant de délimiter un noyau, pour ainsi dire, primitif de l'enthousiasme. Nous notons que les mots « émotion » et « inspiration » sont presque omniprésents dans toutes ces variantes. La récurrence de ces deux termes, indépendamment des contextes historiques ou sociaux, nous offre la possibilité de dénoter le sentiment d'enthousiasme dans son sens originel, c'est-à-dire comme un souffle éminemment mental et exalté du Je poussé par le Moi. Précisément, l'étude qui suit vise à analyser – et éventuellement à résoudre – la problématique culturelle relative au concept d'enthousiasme à partir de cette particularité psychologique. En effet, si notre époque, fille de la génération romantique, du génie et de l'impulsivité artistique, de l'expression lyrique obsessionnelle (de cet « expressivisme » dont parle Charles Taylor dans ses réflexions[7]), ne s'étonne certes pas du caractère subjectif de l'enthousiasme, en revanche, tout au long de l'histoire, la matrice psychique et individualiste de l'enthousiasme a posé problème.

L'inspiration, l'émotion, la passion, bref tous ces sentiments sous-jacents à l'idée même d'enthousiasme, entrent aujourd'hui dans les rangs des passions les plus « humaines » de l'individu. Cependant, durant des siècles, ces sentiments ont été loués, rejetés, encouragés, désapprouvés en fonction des différents contextes historiques, philosophiques et épistémologiques. Né dans le domaine de l'art pour indiquer le sentiment du poète grisé par l'inspiration des Muses (« Chante, Déesse… », « Ô Muse, conte-moi… », « Chante par ma voix, Ô Muse… »), sentiment qui offrirait à l'individu une expansion de sa capacité mythopoïétique et transcendantale, le terme « enthousiasme » s'est ensuite enrichi d'acceptions de plus en plus complexes. C'est surtout durant la première modernité (entre les XVIe et XVIIIe siècles) que l'idée d'enthousiasme a connu une considération massive et hétérogène luxuriante, au point d'engendrer une argumentation constante à travers des discours de nature extrêmement variée : politiques, confessionnels, esthétiques, scientifiques. La stratification sémantique que développe l'idée d'enthousiasme au cours

6 « Enthousiasme », *Trésor de la langue française informatisé.* En ligne : http://atilf.atilf.fr. Consulté le 24 septembre 2021.

7 Charles Taylor, *Les sources du moi. La formation de l'identité moderne* [1989], Paris, Seuil, 1998.

de l'histoire sert idéalement une étude de l'histoire intellectuelle, comme celle que nous nous proposons de développer ici. L'évolution de l'idée d'enthousiasme nous permettra pour le moins d'observer divers nœuds culturels essentiels à une analyse approfondie de la culture des Lumières et de ses cours et recours. Le rôle central qu'a pris l'enthousiasme sera pour nous la clé d'une plus grande compréhension non seulement des débats intellectuels ayant eu lieu entre la période de la Contre-Réforme et le début du XIXe siècle, mais aussi des événements politiques et des révolutions de la fin du XVIIIe siècle. Nous commencerons donc par l'analyse des différentes acceptions de la notion d'enthousiasme prises en considération par certains des plus célèbres penseurs européens. Ainsi, grâce au prisme de l'articulation historique et philosophique du discours « enthousiaste », il sera plus aisé de saisir différents aspects qu'une certaine historiographie a souvent négligés ou traités de façon superficielle. L'étude évolutive de l'idée d'enthousiasme permettra dès lors de redonner sa complexité à l'histoire intellectuelle des XVIIe et XVIIIe siècles, d'enrichir certaines simplifications, de démonter quelques préjugés idéologiques dont le mouvement des Lumières a pu faire l'objet, notamment les partis pris de la tradition d'études dite « libérale », qui a voulu voir l'âge des Lumières comme la saison du grand triomphe de la raison et des projets sociaux téléologiques globalisants, ou encore les suppositions du « postmodernisme », qui a envisagé le mouvement des Lumières dans une optique rétrospective partant des programmes politiques des totalitarismes du XXe siècle[8].

Ce n'est pas un hasard si beaucoup d'historiens de la pensée ont revendiqué leurs positions à partir d'une révision radicale du discours autour de thèmes historiques et culturels spécifiques (comme, justement, le mouvement des Lumières), dans le but d'estomper, à défaut de pouvoir l'éliminer, le caractère historiographique péremptoire des positions les plus répandues. Cette étude suivra les traces de ces derniers chercheurs,

8 Voir Vincenzo Ferrone, *Lezioni illuministiche*, Roma-Bari, Laterza, 2010. Dans son étude, Ferrone essaie de redimensionner certains jugements sur l'âge des Lumières qui, dans l'histoire de la pensée, ont été développés par des historiens et philosophes renommés (Hegel, Heidegger, Cassirer, Marx, Adorno, Foucault et beaucoup d'autres). Si évocateurs et denses de considérations qu'aient pu être ces jugements, ils ont offert, selon Ferrone, un angle de lecture de l'époque des Lumières partiel, c'est-à-dire basé uniquement sur les systèmes herméneutiques propres à chacun de ces auteurs, et donc pas sur une compréhension historique des phénomènes.

tout en gardant à l'esprit l'importance que des auteurs comme Robert Darnton, Roger Chartier, Hans-Jürgen Lüsebrink entre autres ont attribuée aux trames serrées qui lient l'histoire des idées à celle de la culture et des mentalités. Dans notre cas, afin d'éviter de nous limiter à une reconnaissance pernicieuse et érudite des sources qui ont traité l'idée d'enthousiasme au cours de la première modernité, il a été essentiel, suivant la célèbre leçon de Le Goff[9], de ramener l'idée d'enthousiasme aux contextes historiques et sociaux dans lesquels celle-ci est née et s'est développée. Ce n'est que par ce prérequis que nous avons pu cerner l'importance des discours autour de l'idée d'enthousiasme dans la formation des mentalités de l'époque, ainsi que la façon dont ceux-ci ont évolué à travers les courants intellectuels épars de ce que l'on désigne par « transferts culturels ». Si, comme on le sait, l'histoire intellectuelle vise à saisir les idées du passé en les insérant dans leurs contextes (politiques, culturels, sociaux), il conviendra avant tout de saisir la substance non seulement sociale, mais aussi culturelle et anthropologique de ces contextes. Nous ne nous arrêterons donc pas à la seule analyse des textes et de leurs rapports réciproques, nous approfondirons la façon dont leurs contenus ont influencé l'affirmation des sentiments, des croyances, et même des superstitions qui ont forgé les mentalités et les « représentations collectives » de l'époque prérévolutionnaire[10]. L'idée d'enthousiasme sera ainsi observée comme le produit d'un ordre social et politique qui se répercute sur la production culturelle et sur les réappropriations très personnelles du sens de ses expressions de la part des différents acteurs sociaux. Le « social » étant une catégorie aussi fluctuante qu'incertaine, il sera particulièrement utile d'analyser comment les chatoiements de ce phénomène se reflètent sur les acceptions, tout aussi changeantes, que le terme « enthousiasme » s'est vu progressivement attribuer. Plus

9 « Ce ne sont pas les idées de saint Thomas d'Aquin ou de saint Bonaventure qui ont mené les esprits à partir du XIIIe siècle mais des nébuleuses mentales dans lesquelles des échos déformés de leurs doctrines, des bribes appauvries, des mots échoués sans contexte ont joué un rôle. Mais il faut aller plus loin que ce repérage de la présence d'idées abâtardies au sein des mentalités. L'histoire des mentalités ne peut se faire sans être étroitement liée à l'histoire des systèmes culturels, systèmes de croyances, de valeurs, d'équipement intellectuel au sein desquels elles se sont élaborées, ont vécu et évolué ». Jacques Le Goff, « Les mentalités. Une histoire ambiguë », dans Jacques Le Goff et Pierre Nora (dir.), *Faire de l'histoire. Nouveaux objets*, Paris, Gallimard, 1974, t. 3, p. 85-89.

10 Sur les « représentations collectives », voir Émile Durkheim, *Les Formes élémentaires de la vie religieuse. Le système totémique en Australie* [1912], Paris, PUF, 2008.

qu'une histoire sociale de l'idée d'enthousiasme à l'époque moderne, il s'agira donc ici de mettre en évidence et de problématiser l'histoire culturelle de cette idée en fonction des différents contextes politiques, sociaux ou artistiques.

La recherche proposée ci-après se veut, avant tout, typiquement comparative. Toutefois, ces considérations préalables nous permettront, au fil des pages, d'aborder certains points fondamentaux sous-jacents à notre étude. Tracer le parcours de l'idée d'enthousiasme dans l'histoire de la culture occidentale, en particulier dans la première modernité, implique une analyse synchronique des discours hétérogènes qui se sont succédé autour de cette notion depuis l'Antiquité jusqu'aux premières décennies du XIXe siècle. En effet, il n'aurait pas été possible de saisir pleinement la portée philosophique, politique et esthétique du concept d'enthousiasme sans une analyse des théorisations les plus prépondérantes nées des différents contextes culturels et linguistiques européens. D'autre part, en vertu de la centralité de l'influence interculturelle mise au jour par l'historien Michel Espagne à propos des transferts en époque moderne[11], notre réflexion soulignera notamment la mentalité kaléidoscopique du mouvement des Lumières à travers un éclairage aussi minutieux que possible des débats portant sur les concepts changeants d'enthousiasme, de fanatisme, d'inspiration.

Nerf thématique de toute notre enquête, l'étude de l'enthousiasme se révèle ainsi comme prétexte à une réflexion sur l'indissoluble problématique de ramener à un principe premier la culture du mouvement européen des Lumières dans son ensemble.

Sur ce point fondamental, il nous paraît important d'apporter quelques précisions.

L'une des études les plus approfondies où l'on a tenté de mettre en relation l'évolution diachronique-synchronique de l'enthousiasme et le développement de la mentalité des Lumières européennes est la compilation *Enthusiasm and Enlightenment in Europe* parue en 1998. C'est l'historien John Greville Agard Pocock qui ouvre ce volume par un chapitre au titre emblématique : « Enthusiasm : The Antiself of Enlightenment[12] ».

---

11 Voir Michel Espagne, *Les transferts culturels franco-allemands*, Paris, PUF, 1999.

12 Voir John Greville Agard Pocock, « Enthusiasm : The Antiself of Enlightenment », dans Lawrence E. Klein et Anthony J. La Vopa (dir.), *Enthusiasm and Enlightenment in Europe, 1650-1850*, San Marino, California, Huntington, 1998, p. 7-28.

Selon Pocock, les multiples connotations de l'enthousiasme ayant émergé avec vigueur entre le XVIIe et le XVIIIe siècle à travers toute l'Europe prétendaient montrer la nature polyvalente d'une époque que l'on a souvent, à tort, comparée à un chaudron magmatique de sens puis, de façon plus spécifique, rattachée à un supposé « projet des Lumières » voué à une téléologie morale et politique univoque. Pocock, par une analyse perçante de l'histoire politique et religieuse de l'Angleterre de la fin du XVIIe siècle, démontre qu'en réalité la famille de discours critiques qui s'est constituée durant cette période autour de l'idée d'enthousiasme permet, de fait, de pluraliser le concept même de Lumières, le soustrayant ainsi à toute forme de monodie historiographique. En ce sens, ce que le critique avance sur la racine éminemment théologique des débats relatifs au sentiment enthousiaste, qui s'est défini principalement après les guerres de religion du XVIIe siècle, est d'une importance absolue. Pocock considère que l'antique idée d'enthousiasme revint en force dans les discours confessionnels et politiques expressément pour faire face à certaines séquelles fanatiques qui risquaient de ramener l'Europe à un nouvel état de guerre. Reprenant la déclinaison négative originellement portée au cours des siècles par la doctrine chrétienne, l'enthousiasme était alors mis en relation avec le fanatisme de ces faux prophètes, pour peu qu'il ne coïncidât pas directement avec une telle disposition. Ces derniers, se croyant possédés par quelque esprit supérieur, cherchaient à détourner les masses de l'authentique message évangélique du Christ. L'enthousiasme, en somme, était censé indiquer un véritable *abusus* de la raison. Le point central de cette recontextualisation historique mise en évidence par Pocock réside dans le fait que, pour la première fois de manière patente, l'idée d'enthousiasme avait acquis sa propre connotation sociopolitique. En d'autres termes, ce sentiment qui jusqu'alors n'avait été rattaché qu'à l'expérience esthétique et religieuse, se voit désormais revêtu d'importantes implications pragmatiques. Selon Pocock, un symptôme de cette réévaluation historique fut la croisade menée par les hauts rangs de l'église anglicane contre certaines sectes, telle celle des antinomistes, qui professaient l'autonomie de l'Esprit par rapport à la Loi du Christ. L'église anglicane, en revanche, à l'instar d'importants penseurs tels que More ou Bayle, vivait dans la conviction que l'esprit chrétien ne pouvait agir que dans le cadre de l'autorité civile. La critique de l'enthousiasme s'insérait ainsi dans le débat tournant autour du concept de religion d'État tel qu'il est envisagé sous une certaine vision théologico-sociale par de nombreux théologiens et philosophes de l'époque, s'opposant à ceux qui prônaient le pouvoir perceptif et intuitif de l'esprit en matière de révélation, comme les néoplatoniciens de Cambridge. Pocock attire donc l'attention sur le fait que, presque paradoxalement, c'est bien le tissu religieux anglican de la fin du XVIIe siècle qui a représenté la première expression réelle d'un certain – attention, « un certain » – type de Lumières rationalistes, lequel allait façonner les mentalités de la plupart de l'intelligentsia européenne au cours des premières années du siècle suivant. Le présomptueux « *English Clerical Enlightenment* », né ouvertement de la contestation visant les sectes enthousiastico-fanatiques, montre à quel point, en vérité, les Lumières européennes conservent une composante théologique forte, lorsque l'on veut bien mettre de côté l'interprétation matérialiste univoque qui leur est attribuée. Si cette dernière interprétation peut certainement être reliée à une période plus tardive, elle ne peut en aucun cas traduire la seule manière de comprendre un phénomène culturel en réalité beaucoup plus stratifié et difficile à définir :

> Après des générations d'historiens pour qui il a été difficile de retracer un mouvement des Lumières en Angleterre puisqu'il n'y avait pas de *philosophes* antichrétiens avec des projets d'émancipation et de reconstruction de la société, nous apprenons désormais à reconnaître qu'en Angleterre le mouvement des Lumières a bel et bien existé – d'une façon paradoxale au vu de ce que l'on vient de dire – sous une forme cléricale et conservatrice, à travers le programme de l'Église anglicane consistant à se réconcilier avec la classe dirigeante[13].

Aux fins d'un discours plus raisonné et cohérent autour de l'incidence, pas toujours évidente, exercée par l'idée d'enthousiasme sur le contexte pluriel des Lumières européennes, il nous semble pertinent et même primordial d'aborder une notion que l'on peut qualifier de « réalité cachée ». Il s'agit d'observer comment le problème, réellement cohésif car inhérent à cette critique renouvelée de l'enthousiasme britannique entre les XVIIe et XVIIIe siècles – dont parle Pocock –, réside en réalité dans l'épiphanie choquante qui saisit les philosophes de l'époque, concernant le lien solide qui unit l'idée même d'enthousiasme à une revalorisation substantielle de

13 Pocock, ouvr. cité, p. 11.

l'action interprétative de l'individu vis-à-vis du réel. Il s'agit là d'une coïncidence, presque inédite jusqu'alors, qui semble remonter à cette sorte de « nouvel humanisme » ayant constitué, comme cela a été récemment révélé[14], peut-être plus que l'idée de raison et malgré toutes ses mutations et oscillations, la matrice de toute la culture européenne du XVIIIe siècle. En effet, si à partir de la Réforme protestante, le sentiment enthousiaste a été marqué de connotations majoritairement négatives, c'est précisément parce qu'il a commencé par être impopulaire et perçu comme nocif non seulement pour la santé du croyant, mais aussi et surtout pour la santé des hiérarchies sociales d'Ancien Régime, depuis toujours défavorables à toute forme d'autonomie du sujet. Apparue dans la sphère confessionnelle, la guerre à l'enthousiasme s'est rapidement étendue aux domaines politique, pédagogique et social en tant que sentiment perçu, dans la totalité de ses manifestations hétérogènes (hyper-rationalité, introspection isolée, panique populaire, etc.), comme une menace concrète à l'autorité et à l'ordre. La réaction contre l'enthousiasme qui a caractérisé la première modernité montre alors les efforts croissants employés par les élites pensantes et le pouvoir politique de l'époque aux fins de marginaliser et réduire au silence tout élan émancipateur et décisionnel des individus. Cette réaction constituait un rempart discursif contre les tentations alternatives d'autogestion de la pensée, régulant au niveau cognitif, politique, social et psychologique ces formes d'énergie menaçantes dont l'expression semblait se présenter de façon toujours plus légitime chez l'être humain[15]. Sans nous encombrer des diatribes qui opposèrent notamment Hans Blumenberg et Karl Löwith dans la seconde moitié du XXe siècle, on peut donc aisément affirmer que ce parcours de l'idée d'enthousiasme allant du prophétique au philosophico-politique, survenu entre le XVIIe et le XVIIIe siècle et que la première partie de cette étude cherchera à retracer, met en lumière le rôle formateur inédit que prit l'enthousiasme dans le renforcement de l'ensemble des changements de perspectives psychologique et culturelle typiques de la première modernité, généralement classés

14 Voir Vincenzo Ferrone, *Il mondo dell'Illuminismo. Storia di una rivoluzione culturale*, Torino, Einaudi, 2019.

15 Sur le concept d'énergie à l'époque des Lumières, voir Michel Delon, *L'idée d'énergie au tournant des Lumières (1770-1820)*, Paris, PUF, 1988.

dans la catégorie générique de « sécularisation[16] ». Observée sous cet angle, l'évolution de l'idée d'enthousiasme acquiert une grande importance historiographique parce qu'elle permet de comprendre formellement dans quelle mesure l'enthousiasme et les tentatives alternées de l'atténuer ou de l'exalter opérées au cours du XVIIIe siècle rendent évident le caractère éminemment kaléidoscopique de la période des Lumières en Europe.

Après avoir illustré les motivations qui portèrent à stigmatiser tout type d'expression enthousiaste (manifestation renvoyant souvent à l'idée synoptique de « fanatisme »), l'analyse qui va suivre, sur la déclinaison de l'enthousiasme proposée par Shaftesbury, nous permettra de dépasser les définitions génériques et d'ouvrir la voie aux débats qui eurent lieu au sein de la culture européenne à la fin du siècle des Lumières. Le fait d'avoir consacré la presque totalité d'un chapitre à la *Letter Concerning Enthusiasm* écrite par le philosophe anglais en 1707 porte déjà, en soi, une valeur plutôt emblématique. En affirmant que l'enthousiasme est le baromètre qui permet de mesurer la prédisposition de l'individu à agir en conformité ou non avec un projet social et extra-personnel plus large, Shaftesbury sous-tend l'idée que l'enthousiasme, en réalité,

16 Selon Löwith, la sécularisation est un événement du processus historique à mettre en relation avec l'apparition des philosophies modernes de l'histoire et qui coïncide avec le début du processus historique de l'âge moderne. Cette sécularisation se caractériserait en tant que désir révolutionnaire de réaliser concrètement sur terre le règne de Dieu. La critique de ce théorème de la sécularisation constitue au contraire le *leitmotiv* qui traverse tout le travail de Blumenberg, lequel puise sa motivation profonde dans l'aversion et la méfiance à l'égard de toute tentative intellectuelle qui prétendrait remettre en cause le droit de la rationalité moderne à revendiquer l'indépendance et l'originalité de ses axiomes. En d'autres termes, la défense de la modernité selon Blumenberg passe par la revendication de légitimité du comportement moderne : là où la perspective sécularisante de l'école de Löwith déforme l'authenticité de l'âge moderne en en faisant un simple résidu du passé, l'affirmation de la légitimité de l'âge moderne permet au contraire de déclarer absents ou inconsistants tous les conditionnements historiques qui peuvent en quelque sorte hypothéquer la libre créativité des pratiques et des théories développées par la modernité. Blumenberg, en rejetant l'attaque contre la légitimité lancée par la thèse de Löwith sur la sécularisation, assume dès lors le rôle de défenseur de la modernité elle-même et montre l'authenticité de ses présupposés qui, comme tous les processus politiques et historiques de légitimation, apparaissent eux aussi de façon discontinue. Voir Karl Löwith, *Histoire et salut. Les présupposés théologiques de la philosophie de l'histoire* [1949], Paris, Gallimard, 2002 ; Hans Blumenberg, *La légitimité des temps modernes* [1966], Paris, Gallimard, 1999 ; Jean-Claude Monod, *La querelle de la sécularisation*, Paris, Vrin, 2002. Pour une étude récente du concept de sécularisation au siècle des Lumières, voir Margaret C. Jacob, *The Secular Enlightenment*, Princeton, Princeton University Press, 2019.

définirait chaque être humain et pas seulement les présumés « fanatiques » religieux. Par conséquent, toujours selon le philosophe anglais, la façon dont l'individu se reflète dans son propre sentiment enthousiaste déterminerait ainsi sa vision du monde et les modalités psychiques dont il a besoin pour se confronter aux dimensions sociale et mondaine. Les diverses gradations de l'enthousiasme mises en évidence dans la *Letter*, positives et négatives, nous montrent donc comment, en présence d'un culte plutôt pédant de la raison, s'impose dans l'étude des Lumières un discours plus nuancé à travers lequel l'imagination et la dimension irrationnelle de l'individu concourent à son affirmation dans le monde et à l'affirmation d'une interprétation autonome des événements.

L'approche problématisée de l'enthousiasme et le jeu de l'imagination dans la définition de l'individu et de son rapport au monde, proposés par Shaftesbury et ses adeptes français et allemands, permettent alors d'indiquer dans quelle mesure les multiples courants culturels du XVIIIe siècle ont été définis. D'un point de vue politique également, l'introduction d'un spectre sémantique pluriel de l'enthousiasme, toutes connotations confondues, a eu d'importantes répercussions sur la façon dont l'Européen se pensait en tant que partie intégrante d'une dimension strictement extra-individuelle de l'existence. En définitive, l'étude de l'enthousiasme – notamment dans son rapport à l'histoire sociale et culturelle européenne –, aura enrichi l'exploration des croyances et des changements de mentalité d'une époque entière. En parlant d'enthousiasme, les penseurs du XVIIIe siècle ont pris conscience de la modernité autant que des valeurs qui en découlent. Pour cela, ils ont tenté de réévaluer les notions d'enchantement et d'imagination dans ce qu'elles peuvent apporter de positif, tout en cherchant à abolir quelque forme d'irrationalité que ce soit, préjudiciable au bien-être social.

Mais alors, sur quelles bases se situe l'idée d'enthousiasme dans l'interprétation pluraliste du mouvement des Lumières et, plus largement, de la première modernité occidentale ? Dans son introduction à l'*Enthusiasm and Enlightenment in Europe*, Anthony La Vopa distingue quatre points de vue permettant de clarifier la problématique posée[17]. L'approche critique de l'idée d'enthousiasme au cours du XVIIIe siècle, n'étant ni stable ni unifiée comme déjà souligné, servira alors en quelque

17 Voir Klein et La Vopa, « Introduction », dans *Enthusiasm and Enlightenment…*, ouvr. cité, p. 3-5.

sorte de « compensation » historiographique en vue de nuancer différents sujets liés à la culture de la première modernité ainsi qu'à celle des Lumières. Voyons lesquels.

Le premier point de vue avancé par l'historien est le point de vue « épistémologique ». En ce qui concerne le champ du savoir, la nouveauté absolue inhérente à l'évolution de l'idée d'enthousiasme réside dans le fait qu'à une époque où l'on tentait de discipliner cette notion avec les armes du rationalisme philosophique et scientifique, une valeur cognitive et gnoséologique innovante a rapidement été attribuée à l'enthousiasme, valeur qui a commencé à ébranler toute conception classico-rationaliste de discipline de la connaissance. Il est significatif que l'étude de l'évolution du sentiment d'enthousiasme survenue dès la fin du XVIIe siècle puis tout au long du XVIIIe, ait soulevé de nouvelles questions sur la légitimité de certains modèles de connaissance considérés jusqu'alors comme éternels et immuables, mais qui se voyaient dès lors considérablement appauvris. Les nouvelles possibilités de sens ayant émergé de la réflexion sur l'enthousiasme ont ouvert la porte à une réévaluation des dynamiques cognitives originales. Ainsi, au XVIIIe siècle, ceux qui attaquaient l'enthousiasme dans ses acceptions négatives (à savoir comme un délire religieux et une superstition), recouraient souvent à la reconnaissance de formes d'enthousiasme épistémologiquement plus prolifiques et plus élaborées. La formulation de certaines approches de la connaissance scientifique durant les siècles passés – formulations que Robert Darnton, pour ne citer que lui, a identifiées dans ses écrits – fait indéniablement ressortir cet aspect[18].

Le deuxième point de vue, que nous avons déjà abordé, concerne la sphère « religieuse ». Si le processus de sécularisation se fonde sur une attaque de l'enthousiasme, il est également vrai que le passage de la critique théologique à la critique philosophique et scientifique ne sonne pas la défaite de l'enthousiasme mais fait plutôt apparaître une mutation de ses valeurs fondatrices. En effet, la ligne de continuité entre discours sacré et discours séculier qui s'opère dans ce changement souligne bien la permanence – pas toujours mise en évidence – de certains éléments traditionnellement relégués à la seule dimension confessionnelle dans les polémiques politiques modernes, surtout au cours de la seconde moitié

18 Voir Robert Darnton, *La fin des Lumières, le mesmérisme et la Révolution*, Paris, Librairie académique Perrin, 1984.

du XVIIIe siècle. Ces traits passionnels et irrationnels qui avaient caractérisé l'enthousiasme angélique, de fait, reviennent habillés de vêtements terrestres, en particulier dans les contextes révolutionnaires de la fin du siècle. C'est là un point que j'ouvre au débat dans le dernier chapitre, relatif à la conception de l'enthousiasme du jacobin de Mayence : Adam Lux, dont la présentation va suivre. Il suffit de dire que la rhétorique de et sur l'enthousiasme a souvent été adoptée autant par des partis radicaux que par des partis plus conservateurs, selon les mêmes modalités qui avaient été utilisées un siècle plus tôt pour attaquer ou défendre les mouvements sectaires nés à la suite des guerres de Religion.

Le troisième point de vue renvoie à l'aspect « public » de l'enthousiasme. Nous avons vu comment, à partir des dernières décennies du XVIIe siècle, le sentiment enthousiaste avait commencé à mettre à rude épreuve cette aura d'autorité dont les institutions d'Ancien Régime enveloppaient la presque totalité des discours publics et culturels. De nombreux penseurs du moment ont alors commencé à craindre la « contagion » qu'une certaine rhétorique enthousiaste adoptée par quelques orateurs et lettrés pouvait exercer sur les foules, les détournant de la bienséance sociale. Toutefois, nous commettrions une grave erreur d'appréciation en pensant que ces craintes aient pu conduire à une division manichéenne entre un public guidé par sa « rationalité » et une masse indistincte d'auditeurs et lecteurs défigurés par le péché de l'enthousiasme. Cela reviendrait à céder à cette facilité de généralisations que notre étude vise à atténuer. L'ambivalence des intellectuels, confrontés au pouvoir d'un enthousiasme prompt au consensus et à l'orientation de l'opinion publique, ainsi que leurs réflexions autour de la légitimité de tels discours, montrent en réalité l'émergence de nouvelles façons de considérer ce qui, à l'époque, devait expliciter, par exemple, « public » et « privé », « honorable » et « débridé », « cohérent » et « irrationnel ». Le consensus généré par ce public nouveau, d'esprits autonomes, et par une nouvelle pléthore de lecteurs qui trouvaient dans la littérature des moyens innovants de penser leur propre rôle dans le monde, a poussé la plupart d'entre eux à réexaminer cette prétendue « opinion publique » émergente et sa capacité à administrer et interpréter le discours officiel de manière autonome et différente. En substance, la réflexion sur la force mythopoïétique de l'enthousiasme et son influence sur les masses a permis de renverser des schémas de pensée hautement consolidés qui, jusqu'alors, avaient nettement limité la fonction du discours public dans la société d'Ancien Régime par l'imposition de catégories de valeur rigides.

Le dernier point de vue avec lequel aborder l'étude de l'enthousiasme est celui de l'influence que cette idée a exercée sur la redéfinition du « Soi social ». L'enthousiasme remodèle la perception du Soi, réoriente la subjectivité de l'individu dans son rapport à l'autre. Il est vrai que si durant une grande partie de la première modernité, le Soi se caractérise par une autonomie toutefois modérée dans ses actions, la redécouverte de l'enthousiasme brise les limites et élargit la perception que l'individu a de lui-même de manière essentiellement hétéronome. Ainsi, tout comme dans sa relation à la sphère publique, le Je enthousiaste rompt les schémas ontologiques et aprioristes en se projetant au-delà des frontières qu'une culture oppressive lui avait assignées.

Toutes ces problématiques induites par le débat autour de l'idée d'enthousiasme à l'époque des Lumières se voient donc intimement mêlées en un tissage de points de vue où les fils se croisent et se décroisent de manière fluctuante. En d'autres termes, il ne serait pas possible de concevoir la portée « publique » de l'enthousiasme sans bousculer sa composante « épistémologique », de même que le « Soi social », revitalisé par ce même enthousiasme, ne pourrait être considéré sans interférer avec son rapport à la dimension religieuse, et ainsi de suite.

Mais ce qui s'avère d'une importance capitale pour chacune des questions évoquées repose avant tout sur la place centrale qu'occupe l'individu dans sa globalité, dans sa capacité retrouvée d'agir et de penser le monde. Cet aspect cardinal suggère alors comment, au XVIIIe siècle, la sécularisation de l'idée d'enthousiasme doit en somme être lue dans une perspective moins ontologique (reléguée à la seule autoréflexion du Soi en tant qu'être autonome) que purement « anthropologique », c'est-à-dire concernant aussi et surtout le comportement de l'individu parmi d'autres singularités, ses coutumes, ses valeurs, ses propres systèmes de référence intellectuelle. D'où le sous-titre de ce livre, *Histoire d'une idée anthropologique.* Cette idée de l'enthousiasme et de la compréhension qu'il convient de lui attribuer, idée qui relie le corps à l'esprit, la pensée à l'action, qui embrasse, par essence, la géométrie complexe de l'existence humaine, permet de mesurer empiriquement le comportement de l'être humain placé dans l'environnement moderne de l'infiniment possible. Cette nouvelle optique du sentiment enthousiaste concède ainsi à l'homme la possibilité d'explorer pour connaître, de penser pour comprendre, d'interpréter pour agir, plutôt que de confirmer passivement un lot de vérités fixées *a priori*. Elle offre également au chercheur un point de vue plus ciblé par lequel observer, à l'époque moderne, le fonctionnement réel du sensible – perceptions, sentiments, passions – ainsi que celle de l'intellect – exercice de la rationalité et de l'imagination dans l'élaboration des concepts et des lois. L'étude de l'idée d'enthousiasme entraîne donc la découverte troublante mais en même temps fabuleuse que l'essence de l'homme n'est pas, n'a jamais été et ne sera jamais constituée par la concordance harmonieuse de ses facultés, mais s'avère, au contraire, être un socle tendanciellement aporétique dominé par la discorde et la dénégation.

Fort des raisons évoquées, pour la dernière partie de cette recherche et après l'examen des théories les plus influentes sur l'enthousiasme nées dans l'Europe du XVIIIe siècle, nous avons choisi de nous plonger dans une investigation des modalités selon lesquelles un homme ordinaire, n'appartenant pas au rang des grands penseurs dignes de voir leur nom inscrit dans l'histoire, a pu concevoir l'idée d'enthousiasme. D'autre part, comme cela a été dit, pour comprendre en profondeur le contexte culturel, les mouvements souterrains ou encore les nuances d'une époque donnée, l'histoire des idées est appelée à se fonder sur des éléments non forcément « textuels », c'est-à-dire sur des matériaux intellectuels qui décrivent, plus qu'un système idéologique et théorique cohérent, l'aspect anthropologique dans lequel telle pensée a été produite. En effet, comme l'a souligné l'historien Brian Cowan à juste titre :

> Il existe des contextes historiques qui ne sont pas textuels et qui peuvent également éclairer la vie intellectuelle du passé. Les penseurs du passé avaient leurs propres repères sociaux et leurs propres conventions culturelles, aspects que peut révéler l'historien culturel des idées. Ces penseurs ont également participé à l'ordre social de leur époque et se sont impliqués dans les valeurs culturelles, les préjugés et les attentes de leur époque[19].

Sur ce point, nous proposons une analyse de la thèse de doctorat intitulée *Enthusiasmus* qu'Adam Lux, futur jacobin de Mayence, avait

19 Brian Cowan, « Ideas in Context : From the Social to the Cultural History of Idea », dans Brian Young et Richard Whatmore (dir.), *Palgrave Advances in Intellectual History*, Houndmills, Palgrave, 2006, p. 183.

soutenue en 1784 auprès de l'université de sa ville. Cette thèse, en plus de montrer de quelle manière la tradition culturelle occidentale avait pénétré les cercles intellectuels des universités européennes (en l'occurrence l'université allemande), nous divulgue la manière dont un penseur relativement médiocre, et précisément en cela tout à fait intéressant dans sa normalité, a réélaboré une telle tradition par une interprétation très personnelle qui reflète l'état d'esprit nuancé d'une époque et d'une génération tout entière. Pour ce qui est de l'importance revêtue par l'enthousiasme dans le contexte révolutionnaire de la fin du siècle, nous préférons en laisser l'analyse à d'autres chercheurs plus compétents dans ce domaine[20] : notre attention s'est plutôt portée sur les causes à partir desquelles un tel sentiment a été si prépondérant dans la formation politique de cette génération qui embrassait avec ardeur les idées radicales venues de France. Effectivement, Adam Lux, *Jakobiner* aveuglé par la ferveur révolutionnaire, a participé à la Révolution durant l'année 1793, année qui représenta pour l'histoire européenne non seulement le tournant de toute une culture, mais aussi le seuil critique de croyances ancestrales. À Paris, le culte de l'enthousiasme « universel » formulé par Lux, comme il se plaisait à le définir, allait rapidement se transformer en ce sentiment transcendant de repli sur soi dont la culture romantique ultérieure fera son fondement. Pour résumer, selon divers auteurs, parler du « cas Adam Lux » apparaît comme la façon la plus appropriée de rediscuter le fondement même des Lumières et de leurs mutations à dessein de comprendre comment celles-ci, plutôt qu'ayant valeur d'opposition (Lumières contre romantisme, rationalité contre irrationalité, etc.), ont en réalité édifié les prémices à la consolidation de nombreuses caractéristiques qui définiront la culture moderne.

C'est donc pour toutes ces raisons que la conclusion de cette étude sera centrée sur le stade final de l'enthousiasme, cette fameuse *Begeisterung* (inspiration créatrice) qui, dans le contexte du début du romantisme

20 Parmi les nombreuses études sur l'imaginaire révolutionnaire, je signale Abel Poitrineau, *Les mythologies révolutionnaires. L'utopie et la mort*, Paris, PUF, 1987, Bronislaw Baczko, « Démocratie rationnelle et enthousiasme révolutionnaire », dans *Mélanges de l'École française de Rome. Italie et Méditerranée*, n° 2, t. 108, 1996, p. 583-599, Christian Ruby, *L'enthousiasme. Essai sur le sentiment en politique*, Paris, Hatier, 1997, Dale K. Van Kley, *Les origines religieuses de la Révolution française. 1560-1791*, Paris, Seuil, 2002, Haïm Burstin, *Révolutionnaires. Pour une anthropologie politique de la Révolution française*, Paris, Vendémiaire, 2013.

allemand, va influencer de façon décisive la naissance de la nouvelle littérature moderne. En plus d'être une loupe particulièrement performante permettant d'étudier les contextes sociaux et politiques de la première modernité, l'enthousiasme a, de fait, défini les nouvelles donnes de l'esthétique qui jalonnait la production littéraire de la fin du XVIIIe siècle. Massimo Fusillo, en se référant aux acceptions inspiratrices originelles de l'enthousiasme dans la littérature antique, souligne non sans discernement le cœur même de l'autorité littéraire, de cette subjectivation de l'acte créateur qui, malgré les nombreuses résistances qu'elle a essuyées durant l'âge classique en Occident, a toujours été latente, prête à exploser aux premiers signes de faiblesse existentielle, lesquels, dans notre cas, furent dramatiquement représentés par la Révolution française et ses conséquences non seulement politiques mais aussi et surtout psychiques :

> Au début de la littérature occidentale l'auteur en tant qu'instance autonome n'existe tout simplement pas : même en éludant la question homérique, qui nous mènerait à la catégorie parallèle de l'auteur collectif [...], l'aède dans les poèmes d'Homère n'est qu'un médiateur de la parole divine qui lui est inspirée par les Muses ; le pronom personnel qui apparaît dans le préambule de l'*Odyssée* [-moi], figurant une nouveauté par rapport à la totale impersonnalité du préambule de l'*Iliade* (« chante, Ô déesse »), a été considéré comme signe embryonnaire d'une subjectivisation qui se poursuivra ensuite notamment dans la poésie lyrique[21].

21 Massimo Fusillo, *Estetica della letteratura*, Bologna, Il Mulino, 2009, p. 115.

AUX ORIGINES DE L'ENTHOUSIASME

Incerta haec si tu postules
Ratione certa facere, nihilo plus agas
Quam si des operam ut cum ratione insanias.

« Si tu prétends fixer par la raison des choses aussi mobiles, tu n'y réussiras pas plusque si tu essayais de déraisonner raisonnablement. »
TÉRENCE, *L'Eunuque*

L'idée d'enthousiasme a, de très longue date, une origine religieuse et sacrée. Déjà dans la culture de la Grèce antique, le terme était largement usité pour désigner un transfert psycho-physique délirant associé à la perception de présences d'un autre monde ; de là vient le sens strictement littéral du mot, figurant la présence de la divinité dans le corps du possédé devenu désormais son interprète et ambassadeur terrestre[1].

En remontant les étymons composant le mot ἐνθουσιασμός (*enthousiasmós*), on s'aperçoit que ce terme dériverait littéralement du verbe ἐνθουσιάζω (« être inspiré ») contenant le lemme ἔνθεος, lui-même composé

1 Dans ce chapitre historico-propédeutique, nous utiliserons la confluence réciproque de sources historiques et littéraires. Nous emprunterons principalement nos informations aux outils encyclopédiques italiens comme le *Dizionario critico di filosofia*, Isedi, le *Dizionario critico della filosofia* d'Antonio Livi, le *Dizionario di filosofia* de Nicola Abbagnano, l'*Enciclopedia Garzanti di Filosofia* et, pour ce qui concerne la France, Michel Delon (dir.), *Dictionnaire européen des Lumières* [1997], Paris, Quadrige PUF, 2007 ; à des essais comme celui de Raoul Bruni, *Il divino entusiasmo dei poeti. Storia di un topos*, Torino, Aragno, 2010 ou le recueil d'Amalia Bettini et Silvia Parigi (dir.), *Studi sull'entusiasmo*, Milano, FrancoAngeli, 2001. Nos autres sources récentes à caractère général seront, pour la zone germanique, Bernd Bösel, *Philosophie und Enthusiasmus*, Wien, Passagen, 2008, et pour la France : Ruby, ouvr. cité.

de ἐν (« dans ») et θεός (« dieu ») : « le dieu intérieur ». Spécifiquement, les racines sémantiques désignant cet état d'exaltation sont donc liées à une dimension de pure religiosité, à une relation transcendante que l'on retrouve dans les rites sacrés des sociétés archaïques occidentales, puisque l'appropriation de la divinité y était attribuée à ces liturgies païennes qui présupposaient un état de folie et de possession de la personne concernée. C'était le cas, par exemple, des Bacchantes et des Ménades dans les rites dionysiaques, lesquelles, par ivresse ou excitation érotique, atteignaient une sorte d'illumination extatique par laquelle elles entraient en contact direct avec le dieu, ou encore celui des oracles apolliniens de Delphes comme la Pythie, ou Pythonisse qui, dans sa transe, établissait une communication hallucinatoire avec Apollon. La divine *manìa* (du grec ancien μανια, « folie, démence, état de fureur ») constituait pour les hommes un don exclusif concédé par les dieux, une « autre » façon d'atteindre un plus haut degré de préscience de leur destin. L'état de délire était considéré comme prééminent au bon sens humain, la raison étant soumise à la dimension irrationnelle de la perception : la folie, écrit le philosophe Giorgio Colli, était supposée « intrinsèque à la sagesse grecque, dès sa première apparition dans le phénomène de divination[2]. »

Il serait néanmoins obtus et limitatif de considérer l'enthousiasme sous la seule lumière d'une telle acception. Bien qu'elle soit largement accréditée, la caractérisation originelle de l'enthousiasme ne doit pas être réduite à une signification exclusivement religieuse, mais a également à voir avec une tradition qui, dès Platon, influença le débat esthétique et intellectuel occidental : il s'agit de l'inspiration artistique, du lien entre la force imaginative et la naissance de la poésie. Dans son célèbre essai paru en 1948, *La littérature européenne et le Moyen Âge latin*, le critique allemand Ernst Robert Curtius identifie dans la théorèse de l'enthousiasme le topos de la « fureur divine du poète » qui, à quelques variantes près, aurait traversé la culture occidentale depuis les Grecs jusqu'à la Renaissance : « À la base de cette théorie, il y a la pensée profonde que la poésie est inspirée par les dieux, conception qui réapparaît périodiquement et prend des allures de connaissance ésotérique[3]. » S'il est déjà possible de trouver des allusions à cette typologie de l'enthousiasme dans certains

2 Giorgio Colli, *La nascita della filosofia*, Milano, Adelphi, 1975, p. 39.
3 Ernst Curtius, *La littérature européenne et le Moyen Âge latin* [1948], Paris, PUF, 1956, p. 580.

fragments de Démocrite, c'est dans les dialogues platoniciens que celle-ci est finalement élaborée. Dans son dialogue l'*Ion*, Socrate, s'entretenant avec un rhapsode, affirme que les poètes et les musiciens, au moment de la création, seraient guidés non pas tant par la connaissance lucide de leur conscience du monde que par une force divine qui les possède dans un délire appelé, précisément, enthousiasme. Par conséquent, en parlant de la paternité de l'œuvre d'art, on assiste chez Platon à un renversement du rôle de l'auteur, un basculement qui s'écarte certainement des conceptions romantiques modernes de la revendication individualiste de l'artiste. L'artisan créateur ne serait plus vraiment le poète, désormais considéré comme simple caisse de résonnance de la présence qui le possède, mais plutôt la présence elle-même, la Muse inventrice qui aliène la raison et la personnalité même de son hôte : les poètes ne sont que « les interprètes des dieux, et chacun d'eux est possédé par le dieu qui s'empare de lui » ; la « puissance divine (θεῖα δύναμις) » qui génère l'enthousiasme « tire l'âme des hommes jusqu'où [elle] veut[4] ». Comme le philosophe aura l'occasion de le répéter dans un dialogue plus mature, le *Phèdre*, ce serait donc la Muse qui se saisirait d'une « âme tendre et vierge » et qui la plongerait « dans une transe bachique qui s'exprime sous forme d'odes et de poésies de toutes sortes ». Et Platon de souligner encore cette suprématie de l'inspiration sur l'homme, en arguant que « l'homme qui, sans avoir été saisi par cette folie dispensée par les Muses, arrive aux portes de la poésie avec la conviction que, en fin de compte, l'art suffira à faire de lui un poète, celui-là est un poète manqué ; de même, devant la poésie de ceux qui sont fous, s'efface la poésie de ceux qui sont dans leur bon sens[5] ». Nous voyons donc comment, dans l'Antiquité, le rapport d'interdépendance entre la folie et l'art correspondait à la dimension culturelle particulière qui imprégnait l'*ethos* dans ses manifestations les plus sacrées. Raoul Bruni a ainsi relevé dans son étude sur l'enthousiasme poétique, qu'en effet, « la phénoménologie de l'enthousiasme poétique est assimilable à la fureur dionysiaque des Corybantes ou à l'ivresse des Bacchantes : c'est-à-dire à ces états d'extrême exaltation où l'homme devient un instrument de la divinité[6] ».

4 Platon, *Ion*, 534e, 534c et 536a, dans *Œuvres complètes*, dir. Luc Brisson, Paris, Flammarion, 2008, p. 381.

5 Platon, *Phèdre*, 245a, dans *Œuvres complètes*, ouvr. cité, p. 780.

6 Bruni, ouvr. cité, p. 5. Pour un examen plus approfondi sur le sujet, voir Armand Delatte, *Les conceptions de l'enthousiasme chez les philosophes présocratiques*, Paris, Les Belles Lettres,

Bien que moins répandus, le thème de l'enthousiasme et l'image du *poeta-vate* continuent à survivre y compris dans la culture latine, toujours en étroite relation avec l'inspiration divine. Brièvement, nous rappellerons les célèbres paroles d'Ovide dans les *Fastes* – « il est un dieu en nous ; il nous agite, il nous échauffe ; nos transports attestent la présence d'un esprit divin[7] » – accordées à l'unisson avec les mécanismes de l'inspiration poétique de l'enthousiasme platonicien, ou encore, de Lucrèce qui, dans certains beaux vers du *De rerum natura*, se dit fougueusement inspiré par son amour pour les muses :

> *Sed acri / Percussit thyrso laudis spes magna meum cor, / Et simul incussit suavem mi in pectus amorem / Musarum, quo nunc instinctus, mente vigenti / Avia Pieridum peragro loca, nullius ante / Trita solo ; juvat integros accedere fontes, / Atque haurire ; juvatque novos decerpere flores, / Insignemque meo capiti petere inde coronam, / Unde prius nulli velarint tempora Musae.*
>
> « Mais la gloire m'appelle, un noble feu m'anime ; / De l'antique Hélicon je franchirai la cime. / Sur des bords inconnus je porte mon essor ; / J'aime à cueillir des fleurs sur un sol vierge encor : / Il m'est doux de puiser à des sources fécondes, / Qui me conservent pur le cristal de leurs ondes. / J'aspire à ces lauriers dont les nobles rameaux / N'ont jamais couronné le front de mes rivaux[8]. »

Au-delà des nombreux exemples que l'on pourrait apporter, ce que nous voudrions mettre en évidence ici n'est pas tant la généalogie de l'inspiration poétique et mantique à l'âge classique – sujet déjà amplement étudié avec des résultats heureux[9] – mais plutôt, dans un

---

1934, Henri Jeanmaire, *Dionysos. Histoire du culte de Bacchus*, Paris, Payot, 1951, Roberto Velardi, *Enthousiasmòs. Possessione rituale e teoria della comunicazione poetica in Platone*, Roma, Edizioni dell'Ateneo, 1989.

7 Ovide, *Les Fastes*, VI, v. 5-6, dans *Œuvres complètes*, dir. Désiré Nisard, Paris, J. J. Dubochet, 1850, p. 638 : « *Est Deus in nobis, agitante calescimus illo* ; / *Impetus hic sacrae semina mentis habet* ».

8 Lucrèce, *De la nature des choses*, I, v. 923-929. trad. de Jean-Baptiste Sanson de Pongerville, Paris, Dondey-Dupré, 1823, vol. I, p. 81.

9 En plus des Delatte, Jeanmaire et Velardi déjà cités, voir Eric R. Dodds, *The Greeks and the irrational*, Berkeley CA, University of California Press, 1951, Walter F. Otto, *Die Musen und der göttliche Ursprung des Singens und Sagens*, Düsseldorf, Wissenschaftliche Buchgemeinschaft, 1954, Eike Barmeyer, *Die Musen. Ein Beitrag zur Inspirationstheorie*, München, Fink, 1968, Maria Teresa Camilloni, *Le Muse*, Roma, Riuniti, 1998, Cédric Lagandre, *L'inspiration des Grecs*, Paris, L'Harmattan, 2000, Don Fowler et Efrossini Spentzou (dir.), *Cultivating the Muse. Struggles for Power and Inspiration in Classical Literature*, Oxford, Oxford University Press, 2002, Antonella Pagano, « Esalazioni e profezie. La

registre plus large et comparatif, les modalités de diffusion de l'idée d'enthousiasme dans le discours culturel occidental, idée qui, nous le verrons bientôt, acquerra au fil des siècles un spectre de sens toujours plus étendu, sans rapport avec la tradition esthético-religieuse que nous venons de présenter. À cet égard, il est important de définir selon quels critères linguistiques le terme grec *enthousiasmós* a été traduit dans les contextes linguistiques latins. Cela nous permettra de disposer d'un schéma sémantique plus approfondi, philologiquement exhaustif, apte à justifier la transversalité philosophique et politique qui va le caractériser au cours de l'histoire culturelle.

Bien que le mot *entusiasmo* se soit répandu en Europe et en Italie de par la suggestion des vocables français « enthousiasme » (1546), « enthousiasmer » et « enthousiaste » (1544), le terme *enthousiasmós* n'existait pas en latin. Il a généralement été rendu par la traduction *furor*[10]. Dans l'univers latin comme dans le monde grec, l'enthousiasme-*furor* se rapportait directement au domaine artistique – à titre d'exemple, nous rappellerons les observations de Curtius[11] qui met en évidence la récurrence de ce terme dans les œuvres de l'âge classique, comme par exemple chez Pline le Jeune, où l'on trouve la phrase « un peu de folie se pardonne aux poètes[12] » – mais ici, à la différence de la culture grecque, les débats qui entourent ce mot se sont aiguisés avec davantage de ponctualité et de lucidité, permettant dès lors de diagnostiquer plus rigoureusement les symptômes et les métastases sémantiques. Cicéron, en particulier, a été le promoteur d'une différenciation qui allait connaître un succès croissant dans les siècles suivants, différenciation certes déjà envisagée chez Platon mais dont les termes étaient globalement conciliants. Dans le troisième livre des *Tusculanes* (*Tuscolanae Disputationes*), ce grand orateur établit une séparation franche entre *furor* (la folie furieuse) et *insania* (la folie au

Pizia delfica tra corporeità e divinazione », dans Bettini et Parigi, ouvr. cité, p. 33-50, Fausto Moriani, « Dal "logos" al "mythos" : esercizi di entusiasmo in *Gorgia* 522E-523A ; 526D-527A », dans Bettini et Parigi, ouvr. cité, p. 51-68.

10 Voir Manlio Cortellazzo et Paolo Zolli, *Dizionario etimologico della lingua italiana*, Bologna, Zanichelli, 1999 et Susie I. Tucker, *Enthusiasm : a Study in Semantic Change*, Cambridge, Cambridge University Press, 1972.

11 Voir le chapitre « La folie divine du poète », dans Curtius, ouvr. cité, p. 579-580.

12 Pline le Jeune, *Lettres*, VIII, 4, dir. Jules Pierrot, Paris, Panckoucke, 1833, t. II, p. 105 : « *Poetis furere concessum est* ».

sens large), remettant en cause les spécificités des signifiants grecs et latins. Ce faisant, il a cherché à clarifier le rapport existant entre la *divina mania* si souvent remise en question par les Grecs et la folie en général entendue comme maladie mentale : « Les Grecs appellent la folie μανιαν ; je ne sais trop pour quelle raison, ni d'où vient le mot : mais ce qui est certain, c'est que nous distinguons mieux qu'eux les diverses sortes de folie. Il y a une folie qui n'est que l'absence de la sagesse, et qui s'étend fort loin ; nous faisons entre elle et la fureur une grande différence[13]. » Pour Cicéron il est sage de faire une distinction entre enthousiasme *furioso* et enthousiasme *insano*. En effet la *furor*, bien qu'elle présuppose une pathologie mentale plus aiguë par rapport à l'*insania* plus commune, serait une particularité éminemment philosophique, propre aux sages et aux savants, qualité que les Grecs appelaient usuellement *melancholia*[14] *; or la furor* est une condition encore plus fâcheuse que l'*insania*, car « quoiqu'il semble beaucoup plus grave d'être furieux que d'être insensé, il n'en est pas moins vrai que le premier malheur peut arriver au sage, et jamais le second[15]. » Cette ligne d'interprétation cicéronienne nous amène à considérer deux aspects complémentaires qui viennent enrichir les variétés connotatives de l'enthousiasme, indispensables à notre recherche. En premier lieu, l'enthousiasme est désormais préfiguré comme une faculté nuancée, du moins à deux visages. Sur la base des arguments cicéroniens, la *furor* ne relève pas de la seule inspiration artistique, elle renvoie également à un état psychologique qui exclut tout aspect divinatoire et créatif, et qui réduit ce fameux état d'exaltation à une pathologie psychique et une obnubilation de la raison. Cette alternance de valeurs se traduit alors par un caractère de bipolarité positif-négatif, aspect qui va caractériser jusqu'à nos jours tout le débat sur le sujet. Pour ce qui est du positif, comme nous l'avons vu avec Platon et une partie de la tradition latine :

13 Cicéron, *Tuscolanae disputationes*, III, 5, dans *Œuvres complètes*, dir. Désiré Nisard, Paris, Firmin-Didot, 1875, t. IV, p. 4 : « *Graeci autem* μανιαν *unde appellent, non facile dixerim. Eam tamen ipsam distinguimus nos melius, quam illi. Hanc enim insaniam, quae iuncta stultitiae patet latius, a furore disiungimus* ».

14 De nombreuses études existent sur la question. Parmi les plus importantes, il faut certainement citer Raymond Klibansky, Erwin Panofsky et Fritz Saxl, *Saturne et la mélancolie. Études historiques et philosophiques* [1964], Paris, Gallimard, 1989.

15 Cicéron, ouvr. cité, p. 4 : « *Quod cum maius esse videatur quam insania, tamen eius modi est, ut furor in sapientem cadere possit, non possit insania* ».

> L'enthousiasme est conçu comme la polarité de la mélancolie opposée à la dépression, comme une « folie » ou une *furor* qui est un don divin, grâce auquel l'inspiré ou le « furieux » peut accéder à la transcendance, [...] à l'expérience d'un tout qui précède et fonde la distinction entre sujet et objet[16].

En outre, l'enthousiasme bénin peut refonder un système gnoséologique alternatif, décrivant « une forme de connaissance intuitive, un aperçu rendu possible par la liberté et la vitalité de l'imagination, qui autorise les illusions et nous rapproche de la nature[17] » : cette ligne sera suivie par les écoles néoplatoniciennes médiévales et surtout, comme nous allons le voir, par Giordano Bruno. Dans son aspect négatif, la divine folie peut apparaître ainsi :

> Une simple pathologie de la vision qui produit des illusions, comme un préjugé, une erreur ou même un mal, pour peu qu'on ajoute une portée éthique à la raison comprise comme faculté cognitive (dans la mesure où elle constitue l'essence de l'homme, la raison est un bien ; sa privation est donc un mal)[18].

Les positions qui considèrent notre objet d'étude philosophique comme une forme de connaissance inadéquate et confuse, liée aux expériences alchimistes et magiques, vont être renforcées surtout à partir du XVIIe siècle avec les philosophies de Spinoza puis, plus tard, de Christian Thomasius, inaugurant ainsi le débat sur le fanatisme religieux qui fera la part belle aux interprétations du XVIIIe siècle, lesquelles nous intéressent particulièrement.

En plus d'élargir le concept à de nombreuses branches spéculatives, cette dichotomie met en exergue un deuxième aspect fondamental : l'enthousiasme est une faculté qui n'investit pas seulement le champ de l'art, mais semble surtout constituer l'un des éléments essentiels à la formation humaine des individus, un sentiment inhérent même aux dynamiques existentielles les plus communes. En effet, même dans ses représentations négatives, l'enthousiasme s'impose comme une composante implicite de la *forma mentis* de l'homme. Selon le degré de lucidité ou de folie qui le définit, l'homme saura utiliser son *status* exalté de diverses manières, donnant ainsi un sens personnel aux choses du monde. Cette perspective subjective et psychologique, que

16 Bettini et Parigi, « Introduzione », ouvr. cité, p. 19.
17 *Ibid.*
18 *Ibid.*

nous considérerons désormais comme irréfutable dans notre discours, a été élaborée à travers les théories culturelles et psycho-analytiques du début du XXe siècle par Freud et Jaspers[19], lesquels ont finalement rejeté les idéalisations romantiques du génie et de la prédestination artistique. De nombreuses écoles philosophiques ont alors appréhendé l'idée d'enthousiasme dans cette direction gnoséologique. Dans sa *Filosofia della pratica* parue en 1909, Benedetto Croce, par exemple, avait déjà identifié le caractère primordial de l'inspiration divine comme base nécessaire à l'expérience philosophique :

> *L'attività dell'artista, nel momento in cui è veramente tale ossia in quello che si chiama della creazione artistica, non è cosciente di sé medesima : diventa cosciente solo nella mente del critico o dell'artista che si faccia critico di sé medesimo. E anche dell'attività dell'artista è stato più volte affermato che essa è incosciente, che è forza naturale, o che è manìa, furore, ispirazione divina. Est Deus in nobis ; e del dio agitante e riscaldante si diviene coscienti solo via via che l'agitazione cessa e il raffreddamento comincia. Ma, e quella del filosofo ? Sembrerà strano, ma nel filosofo accade proprio il medesimo. Nel momento in cui filosofa, egli non è cosciente dell'opera sua ; anche in lui è Dio o la natura, [...] tanto che il filosofo è apparso, talvolta, ossesso, di manìa.*

> « L'activité de l'artiste, au moment où elle est véritablement telle, c'est-à-dire dans ce qu'on appelle l'instant de la création artistique, n'a pas conscience d'elle-même : elle ne devient consciente qu'après, dans l'intelligence du critique, ou dans celle de l'artiste s'il se fait le critique de lui-même. D'ailleurs, on dit souvent que l'activité de l'artiste est inconsciente, qu'elle est une force naturelle, ou bien une fureur, une inspiration divine. *Est Deus in nobis*, et l'on ne devient conscient du dieu qui vous agite et vous échauffe que lorsque l'agitation vient à cesser et que le refroidissement a commencé. Et l'activité du philosophe ? Ceci paraîtra étrange, mais il en est absolument de même pour le philosophe. Au moment où il philosophe, il n'est pas conscient de son œuvre : en lui aussi, il y a un dieu, ou la nature ; [...] à tel point que le philosophe est apparu, parfois, comme possédé d'un démon[20]. »

Puis, en 1936, il affirmait lui-même que l'inspiration enthousiaste est le fondement de toute action : « À proprement parler, inspiration et génie, le *quid divinum*, sont dans chaque être humain et dans chaque

19 Sigmund Freud, *Malaise dans la civilisation* [1930], éd. de Pierre Pellegrin, Paris, Flammarion, 2010 et Karl Jaspers, *Psychologie der Weltanschauungen*, Berlin, Springer, 1919.

20 Benedetto Croce, *Philosophie de la pratique. Économie et éthique* [1909], Paris, Félix Alcan, 1911, p. 9.

œuvre humaine, qui autrement ne serait pas vraiment humaine[21]. » Et l'on peut encore, en allant chercher dans la pluralité des courants du début du XXe siècle, rappeler le texte d'Eugen Fink, *Vom Wesen des Enthusiasmus* paru en 1947, où l'élève de Husserl et de Heidegger reprend certes le concept dans son acception traditionnelle, mais en l'insérant dans le contexte spéculatif de son époque et le plaçant à l'origine de tout art, de toute philosophie et religion[22].

Il est cependant nécessaire de souligner qu'une telle expansion sémantique n'est pas propre au seul XXe siècle, ou plutôt, qu'elle ne trouve pas son origine dans la psychanalyse freudienne et encore moins dans la phénoménologie post-husserlienne. Déjà, pendant la Renaissance, on assiste à un tel élargissement des frontières avec les arguments avancés par Giordano Bruno dans ses dialogues. Il est important que nous nous penchions sur ce philosophe du XVIe siècle, car c'est en effet dans ses réflexions que se trouve le trait d'union entre les traditions antique et moderne liées à l'enthousiasme. Par l'emphase et le lyrisme de sa plume, Bruno reprend à plusieurs reprises les différenciations platoniciennes et cicéroniennes, notamment dans son *Expulsion de la bête triomphante*, ou l'on trouve l'allégorie suivante :

> *Ecco il Furor divino, Entusiasmo, Rapto, Vaticinio e Contrazzione, che versano nel campo de l'Inspirazione : onde fugge lontano il Furor ferino, la Mania, l'Impeto irrazionale, la Dissoluzione di spirito, la Dispersion del senso interiore, che si trovano nel campo de la stemprata Melancolia, che si fa antro al Genio perverso.*
>
> « Voici la Fureur divine, l'Enthousiasme, le Ravissement, la Prophétie et l'Extase, qui se déploient dans le champ de l'Inspiration ; de là s'enfuient au loin la Fureur bestiale, la Manie, l'Élan déraisonné, la Dissipation d'esprit, la Dispersion du sens intérieur, qui se trouvent dans le champ de la Mélancolie déréglée, antre du Génie perverti[23]. »

---

21 Benedetto Croce, *La poesia. Introduzione alla critica e storia della poesia e della letteratura* [1936], Milano, Adelphi, 1994, p. 21 : « *A rigor di termini, ispirazione e genialità, e il "quid divinum", sono in ogni essere e in ogni opera umana, che altrimenti non sarebbe veramente umana.* »

22 Voir Eugen Fink, *Vom Wesen des Enthusiasmus*, Freiburg, Dr. Hans V. Chamier, 1947. Sur les implications au XXe siècle à propos de l'enthousiasme, voir Giuseppe Guida, « Entusiasmo e rovesciamento dell'entusiasmo in Heidegger e Jaspers », dans Bettini et Parigi, ouvr. cité, p. 245-262.

23 Giordano Bruno, « Épître d'explication », *Expulsion de la bête triomphante* [1584], dans *Œuvres complètes*, dir. Giovanni Aquilecchia, Paris, Les Belles Lettres, 1999, V/1, p. 40.

Mais c'est surtout dans les pages de son œuvre la plus célèbre que cette ancienne opposition entre le « sage » et le « furieux » se voit problématisée. Dans le troisième dialogue des *Fureurs héroïques* (1585), l'enthousiasme est discuté non seulement en termes métaphysiques et ontologiques, mais aussi en tant que concept gnoséologique et cognitif. Selon Bruno, l'enthousiasme ne consisterait pas simplement en un abandon à la *théia manìa*. Au contraire, il impliquerait un engagement profond de la part du sujet ; il faut comprendre qu'il doit s'accompagner non pas tant d'une attitude passive que d'un engagement actif, d'un élan héroïque (d'où le titre du dialogue) visant à l'acquisition de la culture et du savoir : l'enthousiasme est alors conçu comme une forme d'amélioration, de renforcement, une rationalité d'ordre supérieur et théorique, véritable mécanisme de *Bildung*[24]. Le « furieux », en vertu d'un « appétit intellectuel » assimilable à un « amour héroïque », a recours à un « souverain bien » qui est la « vérité première ». C'est en partant de ce revirement fondamental que Bruno approfondit la discrimination déjà envisagée par Cicéron. Pour le philosophe nolain, les enthousiastes sont tous ceux, « imbéciles et fous », qui ont un sentiment différent de l'universalité des hommes. Comme chez Cicéron, encore une fois, cette macro-catégorie se divise de la manière suivante :

> *Poneno, e sono più specie de furori, li quali tutti si riducono a doi geni : secondo che altri non mostrano che cecità, stupidità et impeto irrazionale, che tende al ferino insensato ; altri consisteno in certa divina abstrazzione per cui dovegnono alcuni megliori in fatto di uomi ordinarii.*
>
> « On pose, et il existe, plusieurs espèces de fureurs, lesquelles se réduisent toutes à deux genres : les unes, en effet, ne se manifestent que comme aveuglement, stupidité et impulsion irrationnelle, tendant à la folie bestiale ; les autres consistent en un certain entraînement divin, par l'effet duquel certains deviennent meilleurs que les hommes ordinaires[25]. »

Le philosophe impose ainsi d'emblée une hiérarchie dont le terme moyen de comparaison est la normalité, l'universalité des hommes : quelques enthousiastes, de fait, se situent en dessous de la normalité

24 Pour un panorama plus large sur l'idée de *Bildung* (éducation), voir Mario Gennari, *Filosofia della formazione dell'uomo*, Milano, Bompiani, 2001 et Heiner Hastedt (dir.), *Was ist Bildung ? Eine Textanthologie*, Stuttgart, Reclam, 2012.

25 Bruno, « Troisième dialogue », *Des fureurs héroïques* [1585], dans *Œuvres complètes*, ouvr. cité, VII, p. 118.

en ce qu'ils ont moins de sens et de raison que les hommes ordinaires ; d'autres, au contraire, s'élèvent au-dessus de la barre. Mais concrètement, comment décrire cette dernière condition, supérieure et privilégiée ? En répondant à cette question, Giordano Bruno parvient à enrichir et à reformuler la théorie de l'enthousiasme de manière étonnamment novatrice.

Dans la seconde forme de *furor*, la fureur « supérieure », l'auteur identifie une disparité supplémentaire. Le premier facteur de cette division rappelle l'acception platonicienne traditionnelle : certains hommes enthousiastes sont, en effet, habités des dieux et des esprits et opèrent en vertu d'une possession divine. En d'autres termes, ils agissent passivement, sans connaissance de cause et sans logique : ce sont des personnes, selon Bruno, fondamentalement ignorantes et indisciplinées qui ne disposent donc pas d'un esprit propre et « ne s'inspirent pas de l'expérience et de l'étude ». Étant des esprits vides, ces hommes parlent une langue appartenant à « une intelligence supérieure » : pour cette raison, la multitude des hommes éprouve à leur égard un sentiment d'admiration et de déférence. Au côté de ce type d'enthousiastes, se situent ceux qui, au contraire, sont « accoutumés ou habiles à la contemplation et naturellement doués d'esprit lucide et intellectif ». Chez eux, les sens sont aiguisés, la raison s'en trouve donc renforcée : en eux s'allume « la lumière de raison, grâce à laquelle leur vue excède l'ordinaire ». Ils ne sont pas le siège du divin, ils sont par eux-mêmes « une chose sacrée », et sont guidés par « l'excellence de leur propre humanité ». Déjà, dans le dialogue *Expulsion de la bête triomphante*, le philosophe esquissait un portrait exemplaire de ces deux typologies. C'est toutefois dans les *Fureurs héroïques* que la dissemblance deviendra plus précise et évidente :

> *Questi sono de due specie perché : altri per esserno fatti stanza de dèi o spiriti divini, dicono ed operano cose mirabile senza che di quelle essi o altri intendano la raggione ; [...] Altri, per essere avvezzi o abili alla contemplazione, e per aver innato un spirito lucido ed intellettuale, da uno interno stimolo e fervor naturale, suscitato dall'amor della divinitate, della giustizia, della veritade, della gloria, dal fuoco del desio e soffio dell'intenzione, acuiscono i sensi ; e nel solfro della cogitativa facultade accendono il lume razionale con cui veggono più che ordindatiamente : e questi non vegnono, al fine, a parlar ed operar come vai ed instrumenti, ma come principale artefici ed efficienti.*

> « Les fureurs de ce dernier genre se divisent en deux espèces ; car parmi ceux qui les éprouvent, les uns, parce qu'ils sont devenus la demeure de dieux ou d'esprits divins, disent et opèrent des choses admirables dont ni eux-mêmes

> ni les autres n'entendent la raison ; [...] D'autres, accoutumés ou habiles à la contemplation et naturellement doués d'un esprit lucide et intellectif, sous l'effet d'un aiguillon interne et d'une ferveur spontanée que suscite l'amour de la divinité, de la justice, de la vérité, de la gloire, qu'attisent le feu du désir et le souffle de l'intention, aiguisent leurs sens, et, dans le souffle de la faculté cogitative, allument la lumière de raison, grâce à laquelle leur vue excède l'ordinaire[26]. »

Le véritable « furieux » n'est donc pas habité passivement par les dieux : il est une personne capable de s'immerger dans des contemplations héroïques qui ne relèvent plus de l'oubli, mais d'un renforcement du Moi et des facultés individuelles. Pour la première fois, l'enthousiasme s'impose en tant que faculté gnoséologiquement active, forme de connaissance rationnelle et consciente qui dépasse les limites du fait donné pour aller interroger les significations les plus énigmatiques de la réalité : avec Bruno, la classique prééminence de la *furor* sur la raison est renversée. Paolo Rossi l'a fait remarquer avec originalité : l'enthousiasme, « la fureur héroïque n'a aucun rapport avec la vertu. Cela a à voir avec le vice [...]. C'est même un double vice car il tend vers les extrêmes[27] ». Le furieux se pose au-delà des vicissitudes de l'univers, essayant de passer outre, s'efforçant de l'exploiter dans son unité. Il s'agit d'une folie au regard fixe, qui mobilise ses forces pour aller droit au but, sans céder aux circonvolutions d'une roue de la fortune ni sombrer dans le *casus* : une telle folie, selon Bruno, n'a aucun lien avec la sagesse du savant imperturbable, encore moins avec les visions du prophète ; et elle est également différente de l'image traditionnelle du poète par qui s'expriment les muses. Rossi poursuit :

> Dans une expérience qui ne coïncide pas avec l'expérience religieuse, la part d'humanité en l'homme est poussée jusqu'à ses limites extrêmes, les potentialités de l'être sont étirées jusqu'à la disproportion. Les limites qui contraignent les sens, les frontières qui cloisonnent la raison peuvent être brisées et dépassées. Ces limites et ces frontières ne concernent que ceux qui se déplacent, inconsciemment, dans les parcs et jardins de la vie quotidienne[28].

L'enthousiaste « lui ne redoute rien ; dans son amour de la divinité, il méprise les autres plaisirs, et à la vie n'accorde pas une pensée[29] ». Avec

26 *Ibid.*, p. 118-120.

27 Paolo Rossi, « Prefazione », dans Bettini et Parigi, ouvr. cité, p. 11.

28 *Ibid.*

29 Bruno, *Des fureurs héroïques*, ouvr. cité, p. 122 : « *Niente teme, e per amor della divinitade spreggia gli altri piaceri, e non fa pensiero alcuno de la vita* ».

Giordano Bruno, les relations théoriques entre l'homme et l'enthousiasme changent. Si l'enthousiasme, la fureur héroïque, finit par être compris en tant qu'instrument de dévoilement du réel, il s'ensuit que l'homme enthousiaste devient un sujet moralement et téléologiquement actif : « En exaltant les différences, le sujet moral se trouve dans la possibilité d'agir de manière responsable dans un but défini, il peut créer de nouveaux horizons de sens, ouvrir de nouvelles perspectives visant la compréhension de son temps et mener l'action appropriée[30] ». Grâce à ce mécanisme distinctif, l'homme redéfinit de manière autonome les limites de l'expérience et de la connaissance[31].

De façon plus ou moins similaire, il est possible de percevoir également cette division interne, opérée par Bruno, dans les traditions critiques successives même si, nous les verrons dans les chapitres suivants, ce n'est qu'au XVIIIe siècle que la variante « héroïque » et la conscience de soi seront pleinement accueillies par les intellectuels. Jusqu'à l'aube du XVIIIe siècle, en effet, l'enthousiasme a été conçu principalement selon ses composantes négatives et irrationnelles, superposant à sa signification positive celle de son sentiment jumeau, le fanatisme religieux[32]. Si le thème de l'enthousiasme a connu son apogée dans toute la culture européenne de la Renaissance des XVe et XVIe siècles – en particulier dans les traités poétiques, il suffit de penser, en Italie, à Léonard Bruni, Marsile Ficin, Ange Politien, puis à Pierre Arétin, à Bembo, à Arioste et, en France, par exemple, au célèbre poète Pierre de Ronsard[33] – tout au long de l'âge baroque et du XVIIe siècle, la discussion sur sa valeur formative a traversé une éclipse substantielle. La tendance méprisante de cette époque est principalement due aux événements politiques et religieux qui se sont déroulés en Europe entre la Renaissance et le siècle des Lumières, puisque la Contre-Réforme et la Restauration, profitant aux grandes familles de l'aristocratie européenne, ont refusé « aux régicides,

---

30 Simonetta Bassi, « Memoria, vicissitudine ed entusiasmo negli *Eroici furori* di Giordano Bruno », dans Bettini et Parigi, ouvr. cité, p. 72.

31 Sur le concept de limite, voir Remo Bodei, *Limite*, Bologna, Il Mulino, 2016.

32 Pour un panorama détaillé sur le sujet, voir Patrick Graille, art. « Fanatisme », dans le *Dictionnaire européen des Lumières*, ouvr. cité, p. 520-523.

33 Voir le chapitre relatif dans Bruni, ouvr. cité, p. 83-122, Edgar Zilsel, *Die Entstehung des Geniebegriffes : Ein Beitrag zur Ideengeschichte der Antike und der Frühkapitalismus*, Tübingen, Mohr, 1926, Dante Pattini, *Furor ed ispirazione tra Medioevo e Rinascimento*, thèse de doctorat en philologie et technique d'interprétation, Università Ca' Foscari de Venise, 2002.

aux athées et aux enthousiastes de toutes sortes – car ils ont tenté de saper l'ordre européen – toute légitimité et toute valeur, déclarant leurs raisons "déraisonnables" et leurs intentions "pures folies"[34] ».

Parmi les raisons pour lesquelles, au XVIIe siècle, les significations des substantifs « enthousiasme » et « enthousiaste » en sont venues à coïncider unilatéralement avec les notions de « religieux possédé », de « sectarisme » et d'« hérétique », il convient d'identifier deux tendances. D'une part, le climat de stricte surveillance religieuse et orthodoxe qui avait contribué à rendre suspecte toute théorie liée de près ou de loin aux mythes païens, théories incluant l'enthousiasme, et d'autre part, la philosophie dominante d'approche rationaliste qui, de Descartes à Leibniz, réduisit toute forme d'enthousiasme au simple fanatisme religieux. Bien qu'il s'agisse d'un auteur ouvertement partial et philo-catholique, nous estimons que Ronald Knox, dans son *Enthusiasm : A Chapter in the History of Religion with Special Reference to the XVII and XVIII Centuries*, a judicieusement traité la question de l'aversion des institutions étatiques et religieuses concernant l'enthousiasme. Knox a fait remonter la véhémence de cette opposition à la naissance des hérésies médiévales et à celle des mouvements réformistes. La perspective du théologien tend à observer le phénomène dans sa classification d'anomalie religieuse :

> L'enthousiasme n'a commencé réellement à prendre forme que lorsque Luther a ébranlé l'ensemble des fondements de la théologie européenne et cela, à cette époque de répression, ne vint à la lumière que plus d'un siècle plus tard, sans même pouvoir être étudié dans son plein contexte avant l'avènement du Commonwealth. L'enthousiasme devint ensuite, pendant plus de cinquante ans, la préoccupation majeure des esprits religieux, au point d'occulter aux yeux des contemporains le problème de la montée de l'athéisme. Les premiers sur ce terrain sont les quakers, farouchement opposés à toute forme d'église institutionnelle et à toute théologie dogmatique ; une vingtaine d'année plus tard, la même exigence de simplification doctrinale sera formulée par les piétistes[35].

Bien que Knox ait eu le mérite d'avoir souligné beaucoup d'aspects saillants concernant la généalogie de l'idée d'enthousiasme, on peut regretter que son étude observe les mouvements sectaires des XVIIe et

---

34 Bettini et Parigi, « Introduzione », ouvr. cité, p. 24.

35 Ronald A. Knox, *Enthusiasm : A Chapter in the History of Religion with Special Reference to the XVII and XVIII Centuries*, New York, Oxford University Press, 1950, p. 1-8.

XVIIIe siècles principalement en tant que phénomènes isolés, par rapport à l'histoire, plus ample et plus complexe, des idées européennes. Knox n'approfondit pas les complications proprement culturelles et politiques du problème, éludant, de fait, ses liens avec le discours culturel et esthétique officiel. Par conséquent, afin de saisir la question d'un point de vue transversal et pluriel, il nous sera utile d'adopter les outils d'études comparatives plus récentes qui ont tenté de jeter des ponts entre les différents espaces contextuels européens.

Dans l'introduction de son livre sur la critique de l'enthousiasme, Michael Heyd souligne comment, presque paradoxalement, les prises de positions les plus propres à éclairer le propos vinrent de cet univers culturel qui, quelques décennies plus tard, allait influencer les convictions des penseurs européens du XVIIIe siècle : l'Angleterre. Selon le critique, la théorie sur l'enthousiasme moderne a trouvé ses prodromes spécifiquement dans les pays d'extraction protestante – ou du moins, comme l'Angleterre, officiellement non catholiques :

> Dans les milieux catholiques, la confrontation à l'enthousiasme était moins répandue [...] puisque l'expérience mystique, les miracles et les tendances spiritualistes étaient plus facilement rattachées à l'orthodoxie traditionnelle. Dans le camp protestant, en revanche, de telles revendications représentaient un véritable défi envers l'ordre religieux qui, depuis la Réforme, consolidait ses bases en se fondant principalement sur l'Écriture. En effet, dès la fin du XVIIe siècle, nombre d'intellectuels, scientifiques et théologiens protestants combattirent simultanément sur au moins deux fronts : contre la propagation des visions déistes et athées d'une part, et contre l'« enthousiasme », les divinations prophétiques et autres « superstitions » d'autre part[36].

Selon l'universitaire, dans l'Angleterre du XVIIe siècle, il était généralement admis qu'existait une affinité entre enthousiasme et athéisme – l'athéisme étant compris à l'époque comme un reniement de l'orthodoxie chrétienne.

Nombreux furent les livres écrits contre l'enthousiasme[37], mais parmi ceux-là, ce fut l'*Enthusiasmus Triumphatus* de Henry More qui

---

36 Michael Heyd, *"Be Sober and Reasonable" : The Critique of Enthusiasm in the Seventeenth and Early Eighteenth Centuries*, Leiden-New York-Köln, E. J. Brill, 1995, p. 2-3.

37 Sur les traités du XVIIe siècle contre l'enthousiasme, voir Petrus H. Schrijvers, « De enthusiasmo poetico », dans Heinrich F. Plett (dir.), *Renaissance-Poetik / Renaissance Poetics*, Berlin-New York, Walter de Gruyter, 1994, p. 377-390.

reçut le plus fervent soutien. Publié à Londres en 1656, ce traité visait à décrédibiliser l'athéisme en l'assimilant précisément au concept païen d'enthousiasme, les deux options étant considérées comme des intempérances de l'âme[38]. Dans son étude intitulée *Melancholie und Aufklärung*, Hans-Jürgen Schings observe qu'il est fondamental de remarquer les modalités selon lesquelles, notamment à partir des dernières années du XVIIe siècle, le discours théologique sur l'enthousiasme a pu retrouver cette composante anthropologique qui avait été niée au cours des siècles précédents. Aux réflexions religieuses portant sur l'état d'exaltation, vinrent progressivement s'ajouter des implications concernant la phénoménologie physique puis sociale des individus affectés de cette maladie grave qu'est l'enthousiasme, dont les effets seraient à relier au diagnostic de la mélancolie, que déjà les anciens, nous l'avons vu, avaient corrélés :

> On peut également observer comment l'arsenal de concepts initialement théologique est de plus en plus anthropologisé. Le rôle principal, dans ce processus, est joué par la théorie de la mélancolie. Celle-ci fournit le contenu et rend transparents les mécanismes qui confèrent à des concepts tels que l'enthousiasme et le fanatisme leur effet révélateur[39].

Dans son ouvrage, More esquisse en premier lieu un tableau clinique précis de l'enthousiaste, qualifiant la personne comme ivre de colère et de vin, à l'instar d'un ivrogne, pour ensuite réexpliquer, dans les termes théologiques qui lui étaient plus familiers, en quoi consiste cette correspondance athéo-enthousiaste. Paolo Rossi présente ainsi le propos du philosophe de Cambridge :

> Ceux-ci semblent être l'un le revers de l'autre et c'est précisément pourquoi, au-delà des apparences, tous deux s'accordent étroitement sur de nombreux points [...]. L'athée, parlant continuellement de la raison naturelle, renforce la conviction de l'enthousiaste que la raison ne peut conduire à Dieu. L'enthousiaste, qui identifie les délires de son imagination tumultueuse aux principes indubitables de la raison divine, renforce chez l'athée la conviction que la notion de Dieu « n'est rien d'autre que le paroxysme fâcheux d'une mélancolie trop agitée[40] ».

---

38 Henry More, *Enthusiasmus Triumphatus, or a discourse of The Nature, Causes, Kinds, and Cure, of Enthusiasme*, London, Flesher, 1656.

39 Hans-Jürgen Schings, *Melancholie und Aufklärung*, Stuttgart, J. B. Metzlersche Verlagsbuchhandlung, 1977, p. 171.

40 Rossi, ouvr. cité, p. 12.

Ce que nous voulons cependant mettre en évidence est la motivation plus large et implicite de ces critiques, une motivation que l'on pouvait déjà lire à claire-voie dans la réflexion de Knox. Si l'on observe ces phénomènes réactionnaires d'un point de vue social et politique, il semble qu'en prenant l'identification de More à titre d'exemple et d'antonomase, de nombreux philosophes anglais de la fin du XVIIe siècle ont essayé de mettre en garde le lecteur contre le potentiel subversif de l'enthousiasme, dénonçant et extrayant de leurs discours cette racine positive, cognitive et autonome, qui avait été reconnue d'abord par Platon puis plus tard, avec davantage de perspicacité, par Giordano Bruno.

En ce sens, une prise de position forte a été celle du philosophe John Locke qui, en 1700, a ajouté à son célèbre *Essay concerning Human Understanding* (1689), de façon significative, un chapitre sur l'enthousiasme. Dans le sillage de Leibniz, Berkeley et Hume – philosophes opposés à l'enthousiasme, et opposant l'enthousiasme à l'esprit rationaliste des Lumières –, Locke situe l'enthousiasme entre les pôles de la « raison » et de la « foi » :

> *Upon this occasion, I shall take the Liberty to consider a third Ground of Assent, which with some Men has the same Authority, and is as confidently relied on as either Faith or Reason; I mean Enthusiasm. Which, laying by Reason would set up Revelation without it. Whereby in effect it takes away both Reason and Revelation, and substitutes in the room of it, the ungrounded Fancies of a Man's own Brain, and assumes them for a Foundation both of Opinion and Conduct.*

> « A cette occasion je prendrai la liberté de considerer un troisiéme fondement d'assentiment, auquel certaines gens attribuent la même autorité qu'à la Foi ou à la Raison, & sur lequel ils s'appuyent avec une aussi grande confiance ; je veux parler de l'*Enthousiasme*, qui laissant la Raison à quartier, voudroit établir la Revelation sans elle, mais qui par-là détruit en effet la Raison & la Revelation tout à la fois, & leur substituë de vaines fantaisies, qu'un homme a forgées lui-même, & qu'il prend pour un fondement solide de croyance & de conduite[41]. »

Pour Locke, l'enthousiasme serait une révélation immédiate renonçant à la médiation entre raison et connaissance et qui, précisément pour cela,

41 John Locke, *Essai philosophique concernant l'Entendement humain, ou l'on montre quelle est l'etendue de nos connoissances certaines, et la manière dont nous y parvenons* [1689], *Traduit de l'Anglois par M. Coste*, troisième édition, Amsterdam, Pierre Mortier, 1735, liv. IV, p. 581. – Pour les passages de Locke rapportés en langue anglaise, nous nous référons à l'édition *An Essay Concerning Humane Understanding*, London, Awnsham, John Churchil and Samuel Manship, 1700.

prendrait en charge une prise de conscience intuitive, donc fallacieuse, dans sa fuite de tout examen rationnel. Comme l'extase, l'enthousiasme est pour l'Anglais une forme d'expérience privée d'où résultent « les Opinions & les Actions extravagantes[42] ». Là encore, Locke n'exclut pas l'existence d'une forme d'enthousiasme « pure » et déiste, autrement dit une illumination divine qui, par contre, suppose le soutien de la raison pour valider ses propres arguments. Dans l'*Essay*, toutefois, son regard se porte davantage sur les fantasmes morbides des fanatiques mais aussi, élément essentiel, sur leurs implications morales et sociopolitiques. Pour notre philosophe, en effet, l'enthousiasme fanatique serait fondé sur un type particulier d'assentiment aux opinions personnelles de l'individu. Persuadé du potentiel émancipateur de cette condition supérieure, celui-ci en viendrait à percevoir la nature problématique de son Moi dans le monde et dans la société civile. L'enthousiasme, dénoncé par Locke et par de nombreux penseurs de l'époque comme un danger réel, serait donc parvenu (nous le personnifions) à faire reconnaître sa potentialité à s'exprimer par la prise de conscience autonome de l'individu quant à sa capacité à interpréter activement la vie et, peut-être, à en changer le flux événementiel. Heyd confirme :

> L'enthousiasme était une étiquette attribuée à ces individus qui défiaient non seulement les autorités traditionnelles, mais aussi les institutions collectives et les croyances communes. [...] À cet égard, le défi de l'enthousiasme au XVIIe siècle était essentiellement dirigé contre l'ordre social établi, qu'il soit religieux, politique, intellectuel ou scientifique[43].

Le champs littéraire n'est pas exempt de cette acquisition théorique : Jonathan Swift, par exemple, dans certains de ses écrits de jeunesse comme le célèbre *Tale of a Tub* ou le *Discourse concerning the Mechanical Operation of the Spirit* – tous deux composés entre les années 1697 et 1698, mais publiés respectivement en 1704 et 1710 – se concentre notamment sur cette « pointe de fanatisme » et « teinture d'enthousiasme[44] », sentiment qui a toujours touché toutes les nations et qui, dans ses développements

42 *Ibid.*, p. 583 : « *odd Opinions and extravagant Actions* ».

43 Heyd, ouvr. cité, p. 8.

44 Jonathan Swift, « Dissertation en forme de Lettre sur l'Operation Mechanique de l'Esprit », *Le Conte du tonneau, contenant tout ce que les arts et les sciences ont de plus sublime et de plus mystérieux ; avec plusieurs autres pièces très curieuses.* Nouvelle éd., t. II, Marc-Michel Bousquet & Cie, 1742, p. 8 ; « Fanatick *Strain, or Tincture of* Enthusiasm ». – Pour les passages de

les plus hyperboliques, a provoqué d'impressionnantes révolutions politiques et culturelles dans les sociétés et chez les individus :

> *Farther, it has possessed as great a Power in the Kingdom of Knowledge, where it is hard to assign one Art or Science, which has not annexed to it some Fanatick Branch : such are the Philosopher's Stone; The Grand Elixir; The Planetary Worlds; The Squaring of the Circle; The Summum bonum; Utopian Commonwealths; with some others of less or subordinate Note : which all serve for nothing else, but to employ or amuse this Grain of Enthusiasm, dealt into every Composition.*
>
> « Cette noble Inclination a eu sur-tout de grandes influences sur l'empire du Savoir, où il est difficile d'indiquer une seule Science particuliere, qui ne soit pas relevée par quelque Broderie de Fanatisme. Du nombre de ces Ornemens, sont la *Pierre Philosophale, le grand Elixir, les Mondes Planetaires, la Quadrature du Cercle, le Souverain Bien, les Republiques Utopiennes*, & quelques autres, qui n'ont d'autres usages dans le Monde, que d'entretenir, & d'amuser ce Penchant vers le Fanatisme, dont chaque individu humain est si heureusement animé[45]. »

Tout en avançant des conclusions généralement critiques et démystificatrices, la génération de la fin du XVIIe siècle a donc parfaitement cerné la force de persuasion d'une rhétorique enthousiaste, capable d'orienter les esprits vers des solutions subversives et révolutionnaires inédites; les arguments de cette génération vont offrir de nombreux points de réflexion à celle du siècle suivant. Nous verrons cependant dans notre prochain chapitre comment, avec Shaftesbury, cette problématique s'est accommodée d'un compromis jusqu'alors éludé. Mais à présent, il nous paraît utile de nous attarder sur un autre aspect constitutif de notre argumentation : il s'agit de ce que nous nous permettons d'appeler la « théorie de la communication enthousiaste ».

Pour reprendre la remarque de Heyd, au XVIIe siècle « les enthousiastes étaient souvent accusés de leurrer, voire d'aviver les classes populaires en faisant appel à la passion des individus, au lieu de les éduquer par l'enseignement[46] ». Cette idée de force motrice de l'enthousiasme sera le nerf conceptuel de notre prochaine discussion. Peu analysée par la critique, si ce n'est sous un angle strictement mystique et religieux, la capacité à générer de l'enthousiasme par la puissance de l'éloquence va

---

Swift en langue anglaise, nous nous référons à l'édition *A Tale of a Tub*, London, John Nutt, 1704.

45 *Ibid.*, p. 8-9.

46 Heyd, ouvr. cité, p. 7.

constituer pour notre étude la charnière d'une transition vers une meilleure compréhension des résolutions politiques et révolutionnaires du XVIIIe siècle, dont nous avons vu qu'elles tirent leur origine de l'histoire qui leur est la plus récente :

> Le phénomène de l'enthousiasme était étroitement lié à une crise de l'autorité survenue au XVIIe siècle, et c'est au cœur de ce contexte qu'il acquiert sa spécificité historique. [...] En effet, on peut suggérer que la « crise générale du dix-septième siècle » a été principalement la crise des fondements idéologiques et culturels de l'ordre social. Jusqu'au milieu du XVIIe siècle, la critique de l'enthousiasme dans la société protestante reposait sur les fondements traditionnels de l'ordre religieux et intellectuel, c'est-à-dire l'Écriture, la doctrine humaniste, la scolastique aristotélicienne et la médecine galénique[47].

Déjà, dans l'Antiquité, souligne Raoul Bruni en parlant de l'enthousiasme poétique, on a pu noter à plusieurs reprises que l'enthousiasme devait être considéré comme une arme d'assentiment puissante en vertu de l'effet magnétique qu'il exerçait non seulement sur le poète chantant, mais également sur son public. Ainsi dans l'*Ion* de Platon, nous pouvons lire :

> Il utilise la célèbre métaphore de la « pierre qu'Euripide a nommée Magnétis, et que la plupart des gens appellent Héraclée » : comme « cette pierre n'attire pas seulement les anneaux qui sont eux-mêmes en fer, mais elle fait aussi passer en ces anneaux une force qui leur donne le pouvoir d'exercer à leur tour le même pouvoir que la pierre », aboutissant ainsi à « une très longue chaîne, une chaîne d'anneaux de fer, suspendus les uns aux autres », « la Muse [...] transforme les hommes en inspirés du dieu. Et quand par l'intermédiaire de ces êtres inspirés, d'autres hommes reçoivent l'inspiration du dieu, eux aussi se suspendent à la chaîne[48] ».

De même Aristote, dans la *Rhétorique*, fait allusion au souffle divin de la poésie en affirmant que les orateurs sont capables d'enflammer les âmes de leurs auditeurs :

> À force d'éloges ou de blâmes, de colère ou d'amitié, comme le fait Isocrate à la fin du Panégyrique quand il dit : « l'illustration et la mémoire », ou quand il dit : « ceux qui endurèrent... ». C'est le genre de mots que l'on émet quand on est hors de soi [enthousiàzontes], et l'auditoire est réceptif, puisque aussi

47 *Ibid.*, p. 8-9.
48 Platon, *Ion*, 533d-e, dans *Œuvres complètes*, ouvr. cité, p. 380.

> bien il partage la même disposition. C'est aussi pour cela qu'ils sont appropriés à la poésie, car la poésie est transport [etheòn][49].

Le discours de et sur l'enthousiasme s'impose donc comme un formidable constructeur de sens, à tel point que l'analyser nécessite de faire appel au modèle cognitif dit de l'« anticipation épicurienne[50] ». Ce modèle gnoséologique, qui va au-delà du simple renvoi d'un champ d'application à l'autre, ne repose ni sur la démonstration rationnelle ni sur le principe de réalité. Ce modèle, en effet, autorise à s'exprimer au moyen d'images, figures et symboles issus de la suggestion rhétorique et fictionnelle. Se proposant comme archétype universel de l'élaboration cognitive, il révèle en même temps la nature psychologique et non logique du processus : « Ce n'est pas un principe formel de connaissance scientifique, c'est une attitude du sujet qui valide l'accord avec l'extension de la probabilité[51]. » Pour les besoins de notre recherche, ce cadrage particulier de l'enthousiasme ne portera donc pas sur le résultat en soi, mais bien sur l'activité rhétorique, imaginative et idéologique qui le produit. L'enthousiasme, que nous concevrons désormais davantage comme un phénomène sociopolitique et mythopoïétique plus que poético-artistique, est donc à considérer en termes de force, d'élan, et de tout ce qui peut caractériser l'activité productrice de sens de l'individu et des masses : « C'est le cas – souligne Silvia Parigi – dans lequel l'esprit agit à travers l'image ou, si l'on préfère, l'image exprime l'agir, fonctionnant comme une prérogative de l'esprit. Une idée que l'on retrouve généralement dans le domaine politico-éthique et qui exprime la force d'une certitude de type moral[52] ». Par conséquent, si l'élan moral appartient à la dimension philosophique de l'enthousiasme – défini comme « l'ensemble des

49 Aristote, *Rhétorique*, 1408b, dans *Œuvres complètes*, dir. Pierre Pellegrin, Paris, Flammarion, 2014, p. 6035.

50 Nous rapportons ici l'explication de Silvia Parigi : « Le concept de *prolepse* ou d'*anticipation* est élaboré par Épicure comme intégration de la base "empiriste" de sa gnoséologie. Selon Épicure, les sens reproduisent le monde extérieur sous une forme bidimensionnelle et le sujet introduit la troisième dimension dans sa propre représentation. La prolepse n'est donc pas une activité de réitération de sensations passées suscitées par des expériences qui n'ont plus de rapport avec le présent. La prolepse comme la sensation, dit Épicure, est un critère fondamental du jugement et en tant que tel, il n'est pas légitime de la considérer à l'instar d'une opinion commune. » Voir Bettini et Parigi, « Introduzione », ouvr. cité, n. 60, p. 30.

51 *Ibid.*

52 *Ibid.*, p. 29.

activités du sujet qui relèvent de la sphère de l'agir et du sentir[53] » – nous verrons qu'à partir du XVIIIe siècle, l'idée d'enthousiasme, même dans ses acceptions les plus extrémistes et péjoratives, révélera toujours un substrat substantiel humaniste, quelque chose qui aura toujours à voir avec la raison éthique intime de l'individu face à la réalité. Shaftesbury, en partant de la position traditionnelle du XVIIe siècle concernant le fanatisme et la théorie de la communication enthousiaste, va analyser l'enthousiasme précisément en ces termes, et soulever des questions éthiques et sociales qui trouveront un large écho dans toute la théorie des Lumières. Par ailleurs, on sait que la civilisation moderne européenne du XVIIIe siècle a puisé sa force culturelle et philosophique en Angleterre[54], ce qui, pour notre cas, donne une dimension privilégiée à la *Letter* du troisième comte de Shaftesbury, pierre angulaire sur laquelle nous nous appuierons afin de mieux comprendre le développement de ce sentiment qui a parcouru tout le siècle des Lumières jusqu'au sortir de la Révolution française.

53 *Ibid.*, p. 28.

54 Voir Roy Porter, art. « Angleterre », dans le *Dictionnaire européen des Lumières*, ouvr. cité, p. 91-96.

L'ENTHOUSIASME EN ANGLETERRE

Le *sociable enthusiast* d'Anthony Cooper, troisième comte de Shaftesbury

> *The Transport of Poets, the Sublime of Orators, the Rapture of Musicians, the high Strains of the Virtuosi ; all mere Enthusiasm : even Learning it self, the Love of Arts and Curiositys, the Spirit of Travellers and Adventurers ; Gallantry, War, Heroism ; all, all Enthusiasm.*
> SHAFTESBURY, *The Moralists, a Philosophical Rhapsody*, London, 1709[1]

Dans son étude sur les variantes lexicales de l'enthousiasme, Susie Tucker fait remarquer d'un point de vue linguistique et morphologique comment, surtout à partir du XVIIᵉ siècle anglais, le mot enthousiasme a commencé à revêtir un statut sémantique à deux visages, oscillant entre une conception positive (inspiration divine, ferveur poétique) et une conception généralement négative (révélations illusoires, délire, superstition), de sorte que cette ambivalence a modifié en profondeur les implications théoriques propres à nourrir les débats de la période

1 « Les transports des Poëtes, le sublime des Orateurs, les extases des Musiciens, l'enchantement des Virtuoses ; tout est pur Enthousiasme. La Littérature même, l'amour des Arts & des découvertes, l'esprit des Voyageurs & des Avanturiers, la galanterie, la guerre, l'héroïsme ; pur Enthousiasme ! » par Anthony Ashley Cooper (comte de) Shaftesbury, *Les Moralistes, rapsodie philosophique ; ou exposé de quelques conversations sur divers sujets de physique et de morale*, III, Part. I [1709], dans *Les Œuvres de mylord comte de Shaftesbury, contenant ses Caracteristicks, ses Lettres, & autres Ouvrages*, éd. Jean-Baptiste-René Robinet, trad. attribuée à Pierre Coste, Denis Diderot et Jean Baptiste Pascal, Genève, 1769, t. I, p. 319. – Pour les passages de Shaftesbury rapportés en langue anglaise, nous nous référons dans tout ce chapitre aux éditions *Characteristics of Men, Manners, Opinions, Times*. s. l., s. n., 1711 et *A Letter Concerning Enthusiasm*, London, J. Morphew, 1708.

intellectuelle européenne qui s'ouvrait. Nous avons vu notamment que par la plume d'auteurs tels que More, Locke et Swift, l'Angleterre a été le terreau d'une abondante littérature dédiée, et qu'en concomitance avec l'épanouissement du commerce intellectuel du royaume d'outre-Manche, se sont diffusées en Europe des lectures herméneutiques de l'enthousiasme, souvent discordantes, intimement liées à la situation politique anglaise. En effet, dans un premier temps, s'est propagée une argumentation générale attachée à l'étiquette malheureuse du fanatisme par le biais d'ouvrages dénonçant certaines implications idéologiques ou déviances confessionnelles, lesquelles, aux dires des auteurs, auraient pu alimenter quelques foyers nuisibles pour le *statu quo* des hiérarchies figées de l'Ancien Régime – ce dernier courant provenant évidemment des dystonies culturelles du règne post-Cromwellien restauré. Toutefois, après la Glorieuse Révolution de 1689 et avec la décadence consécutive de la dynastie pro-catholique des Stuart ainsi que l'ascension au trône du très « libéral » Guillaume III d'Orange-Nassau, la tendance parut sinon s'inverser, du moins s'atténuer vers de nouveaux compromis éthiques et sociaux conformes à l'*habitus* parlementaire et constitutionnel de la nouvelle monarchie ; le courant médico-réactionnaire, enclin à considérer l'enthousiasme comme une pathologie mentale ou une déviance spirituelle, ne faiblit certes pas, mais une nouvelle ligne de pensée, destinée à ouvrir des pistes de réflexions inexploitées pour les décennies à venir, s'oppose à ce conservatisme. Ce que nous souhaitons mettre ici en évidence, ce sont précisément les implications humaniste et progressiste qu'ont pu engendrer de tels aboutissements.

Au chapitre précédent, nous avons observé que dans son *Essay*, John Locke, en condamnant l'enthousiasme fanatique, avait implicitement laissé entendre que la pulsion individualiste de l'homme n'est pas liée à la seule raison ou à l'entendement commun, mais peut également dériver de circonstances et de conditions irrationnelles, comme l'enthousiasme : pour Locke, la raison d'être de l'enthousiasme résiderait dans la croyance en une révélation immédiate, grâce à laquelle il serait possible de forger ses opinions et régler sa conduite de façon plus simple et plus intuitive que ne le requiert l'utilisation de la rationalité, processus psycho-matérialiste clairement et constamment dénigré par le philosophe. Toutefois, son texte laisse la question en suspens, ou bien celle-ci se conclut par un enlisement stérile dans les préceptes canoniques de son siècle, la raison et la foi, se révélant ainsi comme l'un des chapitres les plus faibles de son étude novatrice sur l'esprit humain :

> *This I take to be properly Enthusiasm, which though founded neither on Reason, nor Divine Revelation, but rising from the Conceits of a warmed or over-weening Brain, works yet, where it once gets footing, more powerfully on the Perswasions and Actions of Men, than either of those two, or both together : [...] yet the Love of something extraordinary, the Ease and Glory it is to be inspired and be above the common and natural ways of Knowledge so flatters many Men's Laziness, Ignorance and Vanity, that when once they are got into this way of immediate Revelation ; of Illumination without search, and of certainty without Proof, and without Examination, 'tis a hard matter to get them out of it. Reason is lost upon them.*
>
> « Je suppose que c'est là ce qu'il faut entendre proprement par Enthousiasme, qui sans être fondé sur la Raison ou sur la Revelation divine, mais procedant de l'imagination d'un Esprit échauffé ou plein de lui-même, n'a pas plûtôt pris racine quelque part, qu'il a plus d'influence sur les Opinions & les Actions des hommes que la Raison ou la Revelation, prises separément ou jointes ensemble ; [...] cependant l'amour que les hommes ont pour ce qui est extraordinaire, la commodité & la gloire qu'il y a d'être inspiré & élevé au dessus des voyes ordinaires & communes de parvenir à la Connoissance, flattent si fort la paresse, l'ignorance, & la vanité de quantité de gens, que lorsqu'ils font une fois entêtez de cette manière de Revelation immédiate, de cette espèce d'illumination sans recherche, de certitude sans preuves & sans examen, il est difficile de les tirer de là. La Raison est perduë pour eux[2]. »

Afin de démontrer l'absence de fondement et la circularité du sentiment enthousiaste, Locke affirme finalement que « ce n'est point la force de la persuasion particulière que nous sentons en nous-mêmes qui peut prouver que c'est une lumière ou un mouvement qui vient du Ciel. Rien ne peut le faire que la Parole de Dieu écrite, ou la Raison, cette règle qui nous est commune avec tous les hommes[3] ». L'inachèvement de la réflexion lockéenne se révèle dans le fait que la dialectique clé entre le sens « commun » et le sens « particulier » de la manifestation enthousiaste n'est pas développée, si bien que l'argumentation se résout d'elle-même : l'individualisme lockéen – qui, on le sait, a constitué la base philosophique du libéralisme économique et du capital libre – ne

---

2 Locke, ouvr. cité, p. 582-583.

3 *Ibid.*, p. 588 ; « *It is not the strength of our private perswasion within our selves, that can warrant it to be a Light or Motion from Heaven : Nothing can do that but the written Word of GOD without us, or that Standard of Reason which is common to us with all Men.* »

va pas au-delà des domaines rationnels de ce « sentiment » pourtant séminal pour la sociabilité, et exclut, de fait, toute interconnexion entre la dimension sociale et le ressenti intime des êtres humains. D'une manière encore très liée au passé, la pure pulsion individuelle et émotionnelle de l'homme reste perçue chez Locke comme une déviance de l'« esprit honnête ». À certains égards, Anthony Ashley Cooper, troisième comte de Shaftesbury, va actualiser, approfondir et résoudre ces aspects irraisonnés y compris ce binôme indispensable pour le développement de notre thèse[4]. Avant d'entrer dans la spécificité de la problématique, il est nécessaire d'introduire brièvement la pensée de Shaftesbury et ses connections avec l'*ethos* de la naissante société des Lumières.

Locke, avec ses écrits politiques, avait déclenché le processus de libéralisation et d'affranchissement de l'individu vis-à-vis des hiérarchies de l'Ancien Régime, renversant ainsi la théorie du contractualisme précédemment avancée par Hobbes. Sous d'autres aspects, l'œuvre de Shaftesbury représente les conséquences sociales et éthiques de cette doctrine, greffant dans la théorie de son maître une réflexion morale aiguë qui en était absente auparavant. Quoiqu'il eût une vie brève – il naquit à Londres en 1671 et mourut à Naples en 1713 –, le philosophe qu'il était a su définir d'importantes directives vouées à perdurer. Pour faire court, on reconnaît à Shaftesbury le mérite d'avoir promu, d'une part, l'« éthique du compromis » entre liberté individuelle et ordre social[5] – chez Locke, rappelons-le, la question ne portait que sur l'investigation politique – et, d'autre part, le pragmatisme comme mission première

---

4 Pour une biographie approfondie de Shaftesbury, voir Robert Voitle, *The Third Earl of Shaftesbury. 1671-1713*, Baton Rouge-London, Louisiana State University Press, 1984.

5 Il convient cependant de noter que la philosophie du « compromis » constitue une composante prééminente de la philosophie anglaise du début du XVIIIe siècle bien plus que les autres philosophies européennes du moment. Ces dernières, tout en observant ce compromis civil théorisé par Shaftesbury, procèdent à l'analyse de la réalité par dichotomies : « Alors que des philosophes français militants représentaient le monde en opposant les contraires – la lumière contre l'obscurité, le corps contre l'esprit, l'humanisme contre le cléricalisme – et alors que la philosophie critique de Kant posait comme principe un profond dualisme, la pensée anglaise recherchait le consensus : l'individu *et* la société, le commerce *et* l'humanisme, la conscience *et* l'amour de soi, la science *et* la religion, les sensations *et* la réflexion de Locke, et surtout la fusion monistique de Priestley de la matière *et* de l'esprit. Les paradoxes tragiques de l'humanisme stoïque et les autres solutions terrestres de la Chrétienté augustinienne étaient abandonnés au profit de la foi dans le pouvoir de l'homme de se refaire lui-même [...] et de surmonter les dichotomies. » Voir Porter, ouvr. cité, p. 94.

de la philosophie, c'est-à-dire le devoir, pour celle-ci, d'instaurer un rapport direct avec la société civile à travers le pouvoir de la parole et de la réflexion – deux aspects qui, comme on sait, devaient constituer le socle des Lumières européennes. En effet, « la vraie intelligentsia anglaise n'était pas ligotée à son fauteuil, mais travaillait sur la place du marché, ce que Jürgen Habermas a appelé la sphère publique. Les idées furent bientôt considérées comme *commerce*, destinées à un vaste lectorat populaire. [...] Façonnant une philosophie de salon, l'opinion anglaise était concrète, pratique, agréable. Et les écrivains étaient partout[6] ».

La sociabilité et le pragmatisme philosophique scellent ce grand principe de la pensée de Shaftesbury qu'est le *Moral sense*, faculté éthique inhérente à l'être humain élaborée pour la première fois dans l'*Inquiry concerning Virtue and Merit*[7] et à laquelle il aura recours dans tous ses écrits. Dans cette œuvre de jeunesse, Shaftesbury se propose de fonder une éthique indépendante de la religion révélée et de ses dogmes, émancipation ayant beaucoup d'affinité avec les doctrines inhérentes au déisme, ce mouvement hétérodoxe qui prend pied dans la société anglaise concrètement à cette période. Pour justifier son propos, le philosophe tente de donner une définition de la bonté et de la vertu en procédant selon un raisonnement de type cosmogonique. Partant de l'antique opposition entre *khâos* – le désordre des choses – et *kósmos* – l'ordre naturel des choses –, il soutient que dans l'univers créé par Dieu, tout est ordre et harmonie et non désordre, et que chaque entité s'inscrit dans un système particulier de relation en fonction duquel il convient de considérer sa bonté ou sa méchanceté. Mais comment, concrètement, mesurer une telle propension si imprécise ? Shaftesbury répond que la bonté requiert que chacun soit orienté vers le bien du système « public » auquel il appartient : ce n'est que lorsque tous les affects « individuels » seront compatibles avec le « bien public », avec le bien de l'espèce et avec la stabilité de l'ordre, que le caractère naturel pourra être considéré comme entièrement bon et conforme à la création divine. Une telle faculté éthique, que l'historien Lawrence Eliot Klein a

---

6 *Ibid.*, p. 92.

7 L'ouvrage fut publié pour la première fois en 1699 par John Toland, à l'insu de Shaftesbury, avec pour titre *An Inquiry Concerning Virtue, in Two Discourses* puis, ultérieurement, dans le second volume des *Characteristics of Men, Manners, Opinions, Times* de 1711, dans une version amplement révisée par l'auteur lui-même.

qualifiée avec pertinence d'« *ethic of cooperation*[8] », se concrétiserait ainsi à travers l'interdépendance nécessaire entre les parties et le tout, offrant un arrière-plan objectif et moral au principe relationnel entre les sujets – pour les déistes, les sujets sont mus par le libre arbitre, chacune de leurs actions dépend uniquement de leur propre volonté sans aucune soumission à un plan établi par le Dieu créateur. En somme, pour le philosophe, le but ultime de l'homme est de sauvegarder l'équilibre social, la sociabilité. Une telle conception est démontrée par l'existence d'une « *natural affection* », qui n'est rien d'autre qu'une « *social affection* », c'est-à-dire tout un ensemble d'inclinations humaines « qui contribuent à la préservation ou au bien-être d'un groupe d'êtres, ou de toute une espèce, et qui, en dernière instance, concourent au bien de la Nature dans son ensemble[9] » :

> *The Heart cannot possibly remain neutral; but constantly takes part one way or other. However false or corrupt it be within it-self, it finds the Difference, as to Beauty, and Comeliness, between one Heart and another, one Turn of Affection, one Behaviour, one Sentiment and another; and accordingly, in all disinterested Cafes, must approve in some measure of what is natural and honest, and disapprove what is dishonest and corrupt.*

> « Le cœur – écrit le philosophe – regarde-t'il avec indifférence les esquisses des mœurs que l'esprit est forcé de tracer & qui lui sont presque toujours présentes ? Je m'en rapporte au sentiment intérieur. Il me dit qu'aussi nécessité dans ses jugemens, que l'esprit dans ses opérations, sa corruption ne va jamais jusqu'à lui dérober totalement la différence du beau & du laid, & qu'il ne manquera pas d'approuver le naturel & l'honnête, & de rejetter le deshonnête & le dépravé, surtout dans les momens desintéressés[10]. »

On peut se demander comment se produit cette propension particulière au bien. Sur ce point, Shaftesbury est clair et affirme que la sociabilité est innée à tout homme, mais que seul un esprit éduqué au bien permet de discerner quelles sont les passions optimales pour le bien de la communauté et quelles sont celles, au contraire, qui doivent être jugées mauvaises et injustes. Précisément pour cette raison, la capacité

8 L. E. Klein, *Shaftesbury and the Culture of Politeness. Moral Discourse and Cultural Politeness in Early 18th-Century England*, Cambridge, Cambridge University Press, 1994, p. 55.

9 Stanley Grean, *Shaftesbury's Philosophy of Religion and Ethics. A study in Enthusiasm*, Athens, Ohio University Press, 1966, p. 154.

10 Shaftesbury, *Recherches sur la vertu ou le mérite*, III, Part. II [1699], dans *Les Œuvres de mylord…* ouvr. cité, t. II, p. 32.

morale de l'homme reposerait sur la double convergence entre affect et réflexion logique :

> *As to those Creatures who are only capable of being mov'd by sensible Objects; they are accordingly Good or Vitious, as the sensible Affections stand with them. 'Tis otherwise in Creatures capable of framing rational Objects of moral Good. For in one of this kind, shou'd the sensible Affections stand ever so much amiss; yet if they prevail not, because of those other rational Affections spoken of; 'tis evident, the Temper still holds good in the main; and the Person is with Justice esteem'd virtous by all Men.*

> « Les Créatures qui ne sont affectées que par les objets sensibles, sont bonnes ou mauvaises, selon que leurs affections sensibles sont bien ou mal ordonnées. Mais c'est toute autre chose dans les Créatures capables de trouver dans le bien ou le mal moral, des motifs raisonnés de tendresse ou d'aversion ; car dans un individu de cette espèce, quelque déréglées que soient les affections sensibles, le caractère sera bon & l'individu vertueux, tant que ces panchans libertins demeureront subordonnés aux affections réfléchies dont nous avons parlé[11]. »

Shaftesbury affirme qu'une créature ne peut être considérée digne et vertueuse « sans quelques notions claires & distinctes du bien général, & sans une connoissance réfléchie de ce qui est moralement bien ou mal, digne d'admiration ou de haine, droit ou injuste[12] ». Cette « connoissance réfléchie » est le *Moral sense*, à comprendre comme une faculté immédiate, une intuition qui discerne ce qui relève du bien ou du mal mais qui a néanmoins besoin, pour se révéler, d'un parcours formatif stable et cohérent. C'est là une nouvelle façon de s'approprier l'existence ; avec Shaftesbury, nous sommes amenés à donner une réponse éthique à l'expérience individuelle non plus en suivant les dogmes de la religion, mais selon les propensions naturelles de chacun soigneusement affinées par l'éducation intellectuelle.

Le discours de Shaftesbury sur le *sensus communis* est ainsi légitimé sur la base de trois objections fondamentales : la première est adressée à la tradition morale qui, jusqu'alors, avait vu dans les enseignements des Écritures la seule dispense éthique pour la société des hommes ; la seconde vient déconstruire et réfuter l'atomisme social et égoïste de Hobbes qui voyait la société comme un ensemble de cellules isolées et ne communicant entre elles qu'à des fins purement pratiques et

---

11 *Ibid.*, IV, Part. II, p. 39.

12 *Ibid.*, III, Part. II, p. 33 : « *When it can have the Notion of a publick Interest, and can attain the Speculation or Science of what is morally good or ill, admirable or blameable, right or wrong.* »

utilitaristes, car, selon Shaftesbury, « tout est uni dans ce monde[13] » ; enfin, la troisième – en perspective d'une prescience unique – vise cette philosophie du début du XVIIIe siècle, qui lui est contemporaine, et qui réfute les positions théologiques en faveur du libre arbitre de l'homme, mais seulement par raison calculatrice. Sur ce dernier point, anticipant l'école sentimentaliste et romantique, le philosophe pose cette équivalence entre sentiment et jugement que nous avons déjà évoquée : il confie au bon sens une fonction plus propédeutique que moralement active, orientée vers la culture et l'affinement du sens moral inné[14]. On ne peut donc pas parler ici d'un naturalisme éthique intégral. Bien au contraire, l'élément irrationnel devient pour la première fois indispensable à l'évolution de la morale et, par conséquent, de la société[15].

Il s'agit assurément d'une « culture de l'instinct » qui, bien qu'en termes ouvertement plus violents et excessifs, fut d'abord écartée avant de renaître dans les années de la Révolution française. Ce fut dans les cercles populistes liés à la figure de Marat que cette « culture » réapparut, à travers une lutte contre ces groupes politico-intellectuels de « philosophes radicaux » – l'expression a été introduite par les historiens Margaret Jacob et Jonathan Israel[16] – qui avaient déclenché l'étincelle réformiste de 1789. Cet élément irrationnel et passionnel promu par le

13 Shaftesbury, *Les Moralistes, rapsodie philosophique…*, IV, Part. II [1709], dans *Les Œuvres de mylord…*, ouvr. cité, t. I, p. 227 : « All things in this World are united. »

14 « Avec cette thèse sur le caractère naturel des *social affections*, Shaftesbury porte un coup à la tradition alors déjà puissante de l'empirisme. En posant l'affection sociale sous un regard cosmogonique en vertu du principe de continuité, il contrecarre le fondement des idées de Bacon, Locke et aussi de Hobbes. En même temps, il transgresse les limites du stoïcisme, philosophie qu'il a toujours combattue intensément et qui sous-tend les théories empiristes de l'ego. » Bösel, ouvr. cité, p. 147.

15 Angela Taraborrelli (éd. de), Shaftesbury, *Scritti morali e politici*, Torino, UTET, 2007, « Introduzione », p. 54 : « Son insistance [celle de Shaftesbury] sur la nécessité de développer une capacité de réflexion morale, donc une capacité rationnelle offrant aux hommes la possibilité de saisir des propriétés ou des structures pertinentes sur le plan éthique, ainsi que l'importance qu'il accorde à l'éducation, incitent à la prudence lorsqu'il s'agit de définir son éthique comme une forme de sentimentalisme naturaliste. » En Italie, les études sur Shaftesbury ont été très vastes et riches. Ici, il est essentiel de citer également l'édition effectuée par Eugenio Garin : Shaftesbury, *Saggio sulla virtù e il merito*, Torino, Einaudi, 1946.

16 Voir Margaret C. Jacob, *The Radical Enlightenment : Pantheists, Freemasons and Republicans*, London, George Allen and Uwin, 1981, Jonathan I. Israel, *Radical Enlightenment. Philosophy and the Making of Modernity*, 1650-1750, Oxford, Oxford University Press, 2002 et *id.*, *Revolutionary Ideas. An Intellectual History of the French Revolution from The Rights of Man to Robespierre*, Princeton, Princeton University Press, 2014 (pour ce dernier titre, nous

philosophe anglais va pénétrer dans les mentalités du siècle à travers deux déclinaisons principales : d'un côté un « instinct humaniste » qui préserve le souffle éthique de la théorèse de Shaftesbury (ce sera le principe de la « philosophie radicale »), d'un autre la déviance de Rousseau et de Marat en ce qui concerne l'« instinct idéologico-religieux ».

Contrairement à l'extrémisme du journal *L'ami du peuple*, une constante *aurea mediocritas*, tendance à la juste mesure, au juste milieu, règne dans toute l'œuvre de Shaftesbury, « *temperance* » qui prône « la vertu [...] dans un équilibre approprié (*economy*) entre *natural* et *self affections*, et dans la totale exclusion des affects contre nature[17] ». Le philosophe n'exclut ni l'intérêt général ni l'intérêt personnel de l'individu, il les harmonise au contraire dans un juste équilibre pour les rendre compatibles et indispensables à l'accomplissement de la vertu publique. Ainsi, dans ses *Recherches sur la vertu ou le mérite*, il affirme que « si le panchant a ses intérêts privés, n'est injurieux à la société que quand il est excessif, & jamais lorsqu'il est tempéré, nous dirons alors que l'excès a rendu vicieux un panchant qui dans sa nature étoit bon[18] » :

> L'éthique de Shaftesbury est exigeante : d'une part elle requiert que les hommes se soustraient à l'autorité externe et déploient leurs ressources intérieures par l'affect et la raison ; d'autre part, qu'ils entrent en relation avec les autres et qu'ils agissent pour le bien commun. L'être moral exige donc autant une résolution préliminaire, qu'un raffinement des penchants naturels par l'exercice de la réflexion, l'éducation et la participation à la vie sociale[19].

Nous allons voir comment disposer ces observations dans l'horizon épistémologique qui nous intéresse, et quel est le rapport entre l'enthousiasme et les réflexions qui précèdent, mais il est avant tout utile d'ouvrir une parenthèse historique qui nous permettra d'établir le lien entre *Moral sense* et enthousiasme. Nous constaterons alors que les mouvements sociaux et les hérésies des XVIIe et XVIIIe siècles se mêlent indissociablement au débat pour en constituer le fond.

---

utiliserons la récente traduction française *Idées révolutionnaires. Une histoire intellectuelle de la Révolution française*, Paris, Buchet-Chastel, 2019).

17 Taraborrelli, ouvr. cité, p. 59.

18 Shaftesbury, *Recherche sur la vertu ou le mérite*, II, Part. II [1709], dans *Les Œuvres de mylord...*, ouvr. cité, t. II, p. 21-22 : « *If the Affection be then only injurious to the Society, when it is immoderate, but not so when it is moderate, duly temper'd and allay'd ; then is the* immoderate *degree of the Affection vicious, but not* the moderate. »

19 Taraborrelli, ouvr. cité, p. 60.

L'affaire de la *Letter concerning Enthusiasm* est un fait historique qui suscita de grands bouleversements dans la société anglaise du début du XVIIIe siècle, au sortir de graves conflits politiques et religieux, notamment par l'arrivée à Londres, en 1706, de ces prétendus *French Prophets* connus de tous sous le nom de camisards[20]. Le groupe était composé de paysans et d'artisans appartenant à l'aile radicale des huguenots des Cévennes, particulièrement active après la révocation de l'Édit de Nantes ordonnée par Louis XIV en 1685. Beaucoup d'entre eux, après avoir résisté par les armes aux persécutions des armées royalistes qui s'intensifièrent entre 1702 et 1705, se virent contraints de quitter la France et de trouver refuge d'abord dans la Suisse voisine puis en Allemagne et en Angleterre. L'intense mobilisation de ce groupe d'hérétiques ne constitua évidemment pas la première tentative de diffusion paneuropéenne de systèmes religieux et sociaux alternatifs à la politique officielle (et culturelle) de l'Église catholique. Cependant, par son caractère débordant, le mouvement huguenot français du début du XVIIIe siècle fut, en quelque sorte, emblématique de ces courants proto-révolutionnaires qui, durant ces années, révélèrent après des siècles de silence leur nature endémique croissante. Pour présenter ce phénomène des mutations culturelles dans l'Europe moderne, nous nous appuierons sur l'ouvrage de Paul Hazard, *La crise de la conscience européenne, 1680-1715*, paru en 1935, où l'auteur développe l'image de la force centrifuge du mouvement huguenot de façon exemplaire. Dans son analyse des hérésies de la fin du XVIIe siècle, l'historien a notamment souligné l'importance que revêtent ces dissidences en tant que premiers symptômes de l'ébranlement des certitudes de la société d'Ancien Régime. Selon lui, le caractère toujours plus bruyant avec lequel se manifestaient ces foyers d'hétérodoxie subversive commença à saper réellement les fondements spirituels et séculaires des hiérarchies sociales occidentales. Voilà un point de vue qui corrobore pleinement notre entreprise visant à défaire le nœud qui lie les hétérodoxies religieuses aux mouvements politiques et culturels de la deuxième moitié du XVIIIe siècle, en mettant ces derniers en relation avec les impulsions millénaristes et apocalyptiques d'ascendance médiévale :

---

20 Pour une histoire détaillée du mouvement, voir Knox, ouvr. cité, p. 356-371, Philippe Joutard, *La légende des Camisards*, Paris, Gallimard, 1977, Hillel Schwartz, *Knaves, Fools, Madmen, and that Subtile Effluvium*, Gainesville, University Press of Florida, 1978.

> Le temps est venu de l'hétérodoxie, de toutes les hétérodoxies ; des indisciplinés, des rebelles, qui, pendant le règne de Louis XIV foisonnaient dans l'ombre, et n'attendaient que le signal de la libération ; des savants, qui vont refuser d'accepter la tradition sans la contrôler ; des jansénistes, qui vont ranimer leur flamme jamais éteinte ; des piétistes de toute espèce ; des exégètes ; des philosophes[21].

Nous avons également observé comment, déjà au XVIIe siècle, des philosophes tels que Hume et Locke avaient insisté sur le danger que le fanatisme enthousiaste pouvait représenter pour le maintien du *statu quo* lorsqu'ils avançaient, à travers les armes rhétoriques de la « religiosité rationnelle », une âpre critique à l'égard de ces franges de fanatiques corrompus par les « maladies de la raison » qu'étaient l'enthousiasme et la mélancolie. Le débat atteint alors son plus haut niveau avec l'arrivée des prophètes français à Londres, même si dans un premier temps, à travers le pays, « le gouvernement avait appuyé leur résistance de façon peut-être plus circonstancielle que substantielle : tant et si bien que l'accueil reçu à leur arrivé durant l'hiver 1706 s'avéra, pour le moins, assez froid[22] ». En réalité, cet accueil devint par la suite glacial et problématique. Nous allons examiner les raisons pour lesquelles, dans cette Angleterre qui aura tant influencé le siècle des Lumières avec ses préceptes de tolérance et de co-existence, la situation se détériora au point que les *French Prophets* aient eu à subir les affres de la répression.

Grâce aux nombreux témoignages qui nous sont parvenus[23], nous savons qu'au-delà du potentiel subversif des déclamateurs que nous avons évoqué, les blâmes qui leurs étaient adressés portaient avant tout sur les modalités, disons théâtrales, qui enrobaient leurs sermons. On leur reprochait un prosélytisme marqué de prophéties exagérées ou de divinations gesticulantes, à fort impact spectaculaire : parce que les « prophètes » prétendaient avoir reçu de Dieu le don de la divination et le pouvoir d'accomplir des miracles, leurs prophéties se devaient

21 Paul Hazard, *La crise de la conscience européenne, 1680-1715* [1935], Paris, Fayard, 1961, p. 97.

22 Paola Zanardi (éd. de), Shaftesbury, *« A Letter concerning Enthusiasm ». Lettera sull'entusiasmo* [1708], Pisa, ETS, 2014, « Introduzione », p. 9. C'étaient les années de la guerre de succession espagnole et beaucoup d'États européens, en conflit ouvert avec la monarchie française, appuyaient politiquement les franges hétérodoxes et sociales persécutées.

23 Voir notamment Hillel Schwartz, *The French Prophets. The History of a Millenarian Group in Eighteenth-Century England*, Berkeley CA, University of California Press, 1980.

d'être formulées dans un langage énigmatique, d'inspiration delphique, accompagnées de contorsions, de convulsions, de figures de possession et autres entrées en transes. On y annonçait la fin du règne de l'Antéchrist, souvent incarné en la personne de Louis XIV, on y promettait l'avènement d'un paradis sur une terre purifiée. Il était habituel, avec eux, de monter de véritables pièces scéniques où des acteurs-prophètes jouaient les rôles du Christ, de l'Antéchrist, de l'ange Gabriel, de l'Église, du diable… Il s'agissait, en somme, de « performances », au sens le plus contemporain de notre XXe siècle, qui avaient pour but premier d'impressionner les spectateurs et de modeler ainsi l'opinion publique. Or, nous le savons par Jürgen Habermas, cette opinion prenait en Angleterre la tournure d'une machine du consentement qui allait atteindre sa forme la plus aboutie avec l'avènement de l'État bourgeois au siècle suivant[24]. Parallèlement à ces nouvelles techniques de recherche de consensus religieux, dans la plus pure tradition cévenole, subsistaient des rites de bénédictions, d'invocations du pardon, de suppliques à la faveur divine : Dieu, croyait-on, promettait grâce et protection aux accueillis et beaucoup de convertis, femmes comprises, pouvaient être gratifiés du don de prophétie.

La dramaturgie particulière de ces événements fut particulièrement efficace et riche de conséquences psychosociales substantielles. Il n'est pas anodin que les intervenants qui prirent le plus d'importance dans le débat aient été précisément les partisans des prophètes français[25], ceci étant lisible en particulier par les publications de deux gentilshommes : Sir Richard Bulkeley, auteur de *An Answer to Several Treatises Lately Publish'd on the Subject of the Prophets*, paru en 1708, et John Lacy, auteur de *Warnings of the Eternal Spirit* et traducteur du livre de François-Maximilien Misson (protestant français exilé en Angleterre), *A Cry from the Desart, or Testimonials of the Miraculous Things lately Come to Pass in the Cevennes*, tous deux publiés en 1707. En somme, il y eut non seulement un consensus populaire général, mais également un intérêt croissant pour le sujet y compris au sein de la haute société, ce qui commença à susciter quelque vive inquiétude dans les rangs des élites intellectuelle et religieuse du royaume. Ces épisodes ouvrirent la voie à un champ

24 Voir Jürgen Habermas, *Strukturwandel der Öffentlichkeit. Untersuchungen zu einer Kategorie der bürgerlichen Gesellschaft*, Frankfurt am M., Suhrkamp, 1990.

25 Voir Schwartz, *The French Prophets…*, ouvr. cité, et le chapitre consacré au sujet par Paola Zanardi dans *John Trenchard (1662-1723), Storia naturale della religione, Testo e contesto*, Ferrara, Università di Ferrara, 1993, p. 17-23.

de discussion qui n'allait pas se résoudre au niveau politique[26] mais qui apporta plusieurs éclairages décisifs pour la constitution morale de l'Europe du XVIIIe siècle.

Un élément majeur à prendre en compte était certainement la dimension interclasse du phénomène, composante qui risquait de perturber les repères communautaires d'un système social anglais séculaire :

> Parmi le public londonien qui fréquentait leurs formes de prosélytisme, on pouvait trouver des dissidents de l'église presbytérienne ou anglicane, irrités par le processus de mondanité vers lequel la Réforme protestante s'engageait et par ailleurs très sensibles aux références millénaristes de forte inspiration morale : des adhérents aux mouvements sectaires de la tradition puritaine radicale, des quakers, des philadelphiens, des brunistes [partisans de Bruno]. Autrement dit, tous ceux qui se reconnaissaient dans les comportements et les formes de mysticisme convulsif des prophètes français, [...] Des sympathies peu dissimulées vinrent également des cercles intellectuels liés à Newton (1642-1727), peut-être même de Newton lui-même[27].

Un évêque de l'Église anglicane, Edward Fowler, suscita un nouveau scandale en déclarant croire aux pouvoirs des camisards, bien qu'il les attribuât non pas à Dieu, mais à l'œuvre du démon. En réalité, l'adhésion des hauts responsables religieux au mouvement n'a rien de surprenant :

> Alors que la guerre avec la France alimentait l'idée que le roi Louis XIV, avec ses dragonnades, figurait la bête de l'Antéchrist, même certains prélats anglicans, peut-être pour des raisons plus politiques que religieuses en soutien à l'esprit national contre le danger d'un retour du catholicisme et de l'impérialisme français, partageaient les prophéties apocalyptiques annoncées par ces prophètes, même s'ils gardaient leurs distances avec les croyants qui y prêtaient foi[28].

Si, d'une part, le consensus était dû à des raisons morales et politiques, d'autre part, la critique des prophètes tournait principalement autour de la validité réelle des prophéties et de l'effet délétère que de telles manifestations pouvaient provoquer sur la population la moins

26 Déjà, après l'échec de la résurrection d'un certain docteur Emes en 1708, le mouvement s'essoufflait progressivement. – Pour une lecture de l'épisode du Dr Emes, voir Jean-Paul Chabrol, *Elie Marion, le vagabond de Dieu (1678-1713). Prophétisme et millénarisme protestants en Europe à l'aube des Lumières*, Aix-en-Provence, Édisud, 1999, p. 163-164.

27 Schwartz, *Ibid.*, p. 11.

28 *Ibid.*, p. 11-12.

éduquée. Les représentants d'églises anglaises condisciples des camisards étaient eux-mêmes gênés par ces états de transe qu'ils voyaient comme de fallacieuses simulations nuisibles à la communauté. En outre, la suspicion à leur égard fut alimentée par les autorités administratives. Dans une période politique internationale défavorable à l'Angleterre, ces autorités se mirent à accuser certains prophètes d'avoir répandu des écrits blasphématoires et donc socialement déstabilisants. On rappellera que le *Toleration Act* de 1689 avait imposé au pays la tolérance envers les dits *Nonconformists* – protestants ouvertement en désaccords avec l'Église anglicane – et qu'en raison des discordes dynastiques et politiques des dernières années du XVIIe siècle, le *Licensing Act* ne fut pas ratifié, ouvrant dès lors la porte à une floraison de textes dont le contenu hérétique sous-jacent influença considérablement le discours public sur la tolérance religieuse. De plus, après les élections générales de 1708 qui marquèrent le passage d'un gouvernement *Tory* à un gouvernement *Whig* et l'approbation consécutive du *General Naturalization Act*, prenait fin le long conflit parlementaire sur la naturalisation des étrangers :

> Quelques semaines après l'approbation de l'*Act*, qui concédait les mêmes droits de citoyens anglais à tous ceux qui avaient reçu les sacrements dans n'importe quelle église protestante anglaise ou juré publiquement obéissance et soumission, et payé un shilling, des milliers de religieux allemands persécutés, les *Poor Palatines*, rejoignirent l'Angleterre[29].

L'expérience récente des *French Prophets* et la nouvelle vague migratoire posèrent au royaume de sérieux problèmes quant à l'extension des libertés individuelles et de la tolérance religieuse : derrière l'affrontement politique sur la question religieuse, s'entremêlèrent des sentiments xénophobes non dissimulés, accroissant ainsi l'état de malaise collectif déjà provoqué par le prolongement de la guerre de succession espagnole et par la crise économique. En bref, « à partir de 1689, les grands débats politiques et idéologiques ayant lieu dans la société anglaise se déroulent sur le terrain religieux : rapport entre révélation et raison, et fiabilité des témoignages face aux miracles[30] ». C'est dans ce climat de tension que se situe l'œuvre de Shaftesbury avec sa vision toute personnelle de l'enthousiasme.

---

29 *Ibid.*, p. 12-13.
30 *Ibid.*, p. 13.

La *Letter* fut publiée en septembre 1707 sous forme de dialogue épistolaire moraliste, un genre alors très à la mode dans la production littéraire de l'époque. Adressé à Lord Somers, homme politique anglais qui encouragea le jeune Shaftesbury à participer à la vie politique dans les rangs du parti *Whig*, le texte présente hélas une structure plutôt confuse dont le sens, s'il est mal interprété, peut facilement induire à des conclusions trop simplistes, occultant ainsi la portée véritablement révolutionnaire qu'il véhicule. Pour ce qui nous intéresse, nous en extrairons les passages les plus saillants sans forcément suivre le fil discursif du philosophe dans sa linéarité.

Selon toute probabilité, Shaftesbury assista personnellement sur place à quelques manifestations mystico-religieuses des *Prophets*. En accord avec la majorité des lettrés de son temps, il se rangea dans les rangs des détracteurs du phénomène, qualifiant ces zélateurs de fanatiques, dévoués à une forme de religion « primitive » :

> *There are some, it seems, of our good Brethren, the French Protestants, lately come amongst us, who are mightily taken with this primitive way. [...] For the Bodys of the Prophets in their state of Prophecy, being not in their own power but (as they say themselves) mere passive Organs, actuated by an exterior Force, have nothing natural or resembling real Life in any of their Sounds or Motions.*
>
> « Nous avons, à ce qu'il me semble, quelques bons freres nouvellement débarqués en Angleterre, je parle des Protestans François, qui sont furieusement animés de cet esprit primitif. [...] Les Prophetes, lorsqu'ils sont en fonctions, ne sont pas maîtres de leur corps ; ils se qualifient d'instrumens purement passifs, qu'une force extérieure anime ; en conséquence ils n'ont rien de naturel ni qui ressemble à la vie, soit dans les sons qu'ils rendent, soit dans leurs mouvemens[31]. »

Selon Shaftesbury, la nouvelle secte de prophètes « prétend, entr'autres miracles, en avoir fait un très-signalé, prémédité, annoncé d'avance, & exécuté en présence de plusieurs centaines de témoins qui en attestent actuellement la vérité[32] ». Le regard critique est donc très sévère et va jusqu'à reprendre le lien médico-étiologique proposé des décennies plus

31 Shaftesbury, *Lettre sur l'enthousiasme*, III [1708], dans *Les Œuvres de mylord...*, ouvr. cité, t. I, p. 22-24.

32 *Ibid.*, VI, p. 36 : « *pretend, it seems, among many other Miracles, to have had a most signal one, acted premeditately, and with warning, before many hundreds of People, who actually give Testimony of the Truth of it.* »

tôt par More et Locke, en corrélant une telle attitude déréglée avec la tare psychique qu'est la mélancolie :

> *There is a Melancholy which accompanys all enthusiasm. Be it Love or Religion [...] nothing can put a stop to the growing mischief of either, till the Melancholy be remov'd, and the Mind at liberty to hear what can be said against the Ridiculousness of an Extreme in either way.*
>
> « L'enthousiasme est le fruit de la mélancolie. Que ce soit Amour ou Religion, car ils ont tous deux leurs enthousiastes, rien ne peut arrêter le progrès du mal que l'éloignement de la mélancolie ; l'ame se trouve alors libre, & en état de se prêter aux raisons qui combattent le ridicule[33]. »

Dans ces mots, nous relevons deux expressions utiles et signifiantes : la religion des prophètes considérée comme « *primitive way* » et le renvoi direct au rationalisme du « *Mind at liberty* », l'esprit libre et lucide, en cela capable de juger en conscience. Les deux notions sont instantanément liées l'une à l'autre et révèlent, dans leur interaction, ce caractère novateur d'une lecture de l'enthousiasme que le philosophe propose dans sa *Letter*.

Le type primitif de religiosité auquel Shaftesbury se réfère renvoie à la superstition et au sentiment de peur répandu par contagion dans les masses. Selon le philosophe, le fanatisme tire son origine de l'ignorance de l'homme inculte qui amplifie, au milieu de ses semblables, son sentiment de frustration et d'inadéquation face à une existence qui lui est devenue insoutenable.

> *When Men find no original Commotions in themselves, no Pannick that bewitches 'em, they are apt still, by the Testimony of others, to be impos'd on, and led credulously into the Belief of many false Miracles. And this Habit may make them of a very inconstant Faith, easy to be carry'd away with every Wind of Doctrine, and addicted to every upstart Sect or Superstition.*
>
> « Quand les hommes ne trouvent rien en eux-mêmes qui les agite ; quand ils ne sont pas préoccupés par des sentiments *paniques*, le témoignage des autres peut toujours leur en imposer, & les porter à croire bonnement quantité de faux prodiges. Ce caractere peut tourner leur esprit de tous les côtés, leur faire admettre toute sorte de doctrine & d'innovation, & varier continuellement leur Foi[34]. »

---

33 *Ibid.*, II, p. 11.
34 *Ibid.*, VI, p. 36.

Comme on peut le lire, ce sentiment simultané d'égarement et de communion est appelé « sentiment panique », un état de confusion mentale qui autorise à dire du patient :

> *The Evidence of the Senses lost, as in a Dream ; and the Imagination so inflam'd, as in a moment to have burnt up every Particle of Judgment and Reason. The combustible Matters lie prepar'd within, and ready to take fire at a spark ; but chiefly in a Multitude seiz'd with that Spirit.*
>
> « Il a probablement perdu l'évidence des sens comme dans un songe ; son imagination s'est tellement allumée, qu'elle a absorbé tout ce qui lui restoit de raison : sa tête étoit pleine de matieres combustibles qu'une seule étincelle a pu enflammer, mais surtout au milieu d'une multitude de saisie du même esprit[35]. »

À l'instar des peuples primitifs, dont les communautés se rassemblaient autour de figures charismatiques dotées d'une éloquence débridée et de force de persuasion, les fanatiques appartiennent donc également à un système religieux corrompu par la superstition, dans lequel les individus sont amenés à accepter comme dignes de louanges les actes les plus dénaturés et les plus inhumains. Or c'est exactement en ce sens que la panique est définie, à savoir une passion outrée qui « s'excite dans une multitude, & [...] se propage par la vue, ou par un plausible contact de sympathie. C'est ainsi qu'on peut appeler *panique* la fureur du peuple, lorsque sa rage se porte à l'excès comme nous l'avons vu quelquefois, & surtout quand la Religion y entre[36] ».

Partant d'une approche essentiellement naturaliste, Shaftesbury identifie ainsi la peur comme l'un des sentiments les plus récurrents de l'action humaine, une force irrationnelle qui amplifie les affects jusqu'à compromettre la stabilité psychique et le comportement des sujets concernés. Ce type d'enthousiasme ne se limite pas uniquement à l'individu, il se répand surtout parmi les foules. Par la fascination, par une certaine « *effluvia* » ou exhalaison – deux théories corpusculaires appartenant à la terminologie de la révolution newtonienne –, l'enthousiasme devient contagieux, déclenchant une série de réactions en chaîne qui se manifestent à travers la crédulité populaire, la superstition.

---

35 *Ibid.*, VI, p. 37.

36 *Ibid.*, II, p. 13 : « *Which is rais'd in a Multitude, and convey'd by Aspect, or as it were by Contact, or Sympathy. Thus popular Fury may be call'd* Pannick, *when the Rage of the People, as we have sometimes known, has put them beyond themselves ; especially where Religion has had to do.* »

Jusqu'ici, dans ses grandes lignes, la réflexion du philosophe semblerait coïncider avec la philosophie traditionnelle de More et Locke, mais en proposant un remède au sentiment de panique, Shaftesbury en vient à assumer une position totalement innovante par rapport à celle de ses prédécesseurs. Bien que condamnant ces manifestations de fanatisme, le philosophe, en se référant aux Anciens, considère l'enthousiasme comme une passion innée chez l'homme au point de proclamer inutile et nuisible toute forme de persécution dirigée contre elle. Même Épicure, le plus matérialiste des philosophes de l'Antiquité, semblait avoir compris l'importance de donner libre cours à ce penchant naturel :

> *So necessary it is to give way to this Distemper of Enthusiasm, that even that Philosopher who bent the whole Force of his Philosophy against Superstition, appears to have left room for visionary Fancy, and to have indirectly tolerated Enthusiasm. For it is hard to imagine that one who had so little Religious faith as Epicurus, shou'd have so vulgar a Credulity as to believe those accounts of Armys and Castles in the Air, and such visionary Phænomena. Yet he allows them; and then thinks to solve 'em, by his Effluvia, and Aerial Looking-Glasses, and I know not what other Stuff. [...] 'Twas a sign this Philosopher believ'd there was a good stock of Visionary Spirit originally in Human Nature.*
>
> « Il est si nécessaire de céder à cette épidémie de l'enthousiasme, que ce Philosophe même qui se déclare hautement contre la superstition, semble avoir donné lieu aux visions des imaginations déréglées, & toléré indirectement l'enthousiasme ; car on se figurera difficilement qu'un indevot, tel qu'Epicure, fut assez puérilement crédule pour croire ces contes bleus d'armées, de forteresses qui paroissent dans les nues, & autres phénomenes chimériques de ce genre. Cependant il les admet, & il prétend ensuite résoudre la difficulté par ses *effluvia*, & autres machines que Lucrece décrit cependant d'une maniere imposante comme il fait toujours. [...] Tout ceci prouve que ce Philosophe trouvoit que la Nature Humaine étoit abondamment pourvue d'*esprit chimérique*[37]. »

Réprimer l'enthousiasme en ayant recours à la force ou à des instruments répressifs et dogmatiques ne contribuerait donc pas seulement à l'anéantissement de cette libre pensée nécessaire à la vie paisible d'une société, cela représenterait aussi un instrument de pur fanatisme car « Refuser au Magistrat un certain culte – précise Shaftesbury – ou renverser l'Eglise nationale, c'est un préjugé aussi fanatique que celui

37 *Ibid.*, VI, p. 39-40.

qui allume les flambeaux de la persécution[38] ». La répression exercée par l'Église officielle et par le gouvernement ne parvient qu'à exacerber les effets négatifs de ces événements :

> *They are certainly as ill Physicians in the Body Politick, who wou'd needs be tampering with these mental Eruptions; and under the specious pretence of healing this Itch of Superstition, and saving Souls from the Contagion of Enthusiasm, shou'd set all Nature in an uproar, and turn a few innocent Carbuncles into an Inflammation and mortal Gangrene.*
>
> « Ceux-là ne sont pas moins maladroits qui combattent brusquement les désordres de l'esprit dans le corps politique, & qui sous prétexte de guérir un accès de superstition & de soustraire les ames à la contagion de l'enthousiasme, troubleroient toute la nature, & tourneroient en gangrene une légere tumeur[39]. »

Par cette énergique déclaration, Shaftesbury n'a pas seulement lancé une attaque péremptoire contre la politique anglaise de son temps, qui souhaitait une étroite collaboration entre la doctrine religieuse anglicane et le système gouvernemental bicaméral, il a également posé les bases philosophico-morales décisives qui allaient bientôt soutenir l'édifice intellectuel des philosophes européens. Dans ses écrits, en effet, on peut lire à quel point il condamnait cette volonté du clergé d'assujettir le petit peuple au bon vouloir des hautes hiérarchies de l'Ancien Régime, l'emprisonnant, de fait, dans l'obscurantisme et l'aveuglement de la superstition :

> *But a new sort of Policy, which extends it self to another World, and considers the future Lives and Happiness of Men rather than the present, has made us leap the Bounds of natural Humanity; and out of a supernatural Charity, has taught us the way of plaguing one another most devoutly. It has rais'd an Antipathy which no temporal Interest cou'd ever do; and entail'd upon us a mutual Hatred to all Eternity. And now Uniformity in Opinion (a hopeful project!) is look'd on as the only Expedient against this Evil. The saving of souls is now the Heroick Passion of exalted Spirits; and is become in a manner the chief care of the Magistrate, and the very end of Government it self.*
>
> « Mais un nouveau genre de Politique qui s'étend jusqu'à l'autre monde, & qui s'occupe plus du bonheur à venir des hommes que de leur félicité présente,

38 *Ibid.*, II, p. 14 : « *For to deny the Magistrate a Worship, or take away a National Church, is as mere Enthusiasm as the Notion which sets up Persecution.* »

39 *Ibid.*, II, p. 12.

> nous a fait franchir les bornes de l'humanité, & nous a enseigné l'art de nous déchirer pieusement par le motif d'une charité surnaturelle. Ce systême a créé une antipathie entre les hommes, qu'aucun intérêt temporel n'auroit jamais pu produire ; de sorte que nous sommes en quelque sorte prédestinés à nous haïr éternellement. Je ne vois d'autre remede contre ce mal qu'une uniformité d'opinion : projet qu'il seroit bien à desirer qu'on exécutât. Le *salut des ames* est la passion héroïque des cœurs élevés ; il est devenu, pour ainsi dire, le principal devoir du Magistrat, & l'objet du Gouvernement même[40]. »

Selon le philosophe, l'étatisation de la religion, au lieu de les combattre, fomenterait au contraire la superstition et la haine entre les hommes, alimentant ainsi l'émergence de massacres et de guerres. Si le magistrat « avoit recours à des remedes sérieux, s'il prétendoit guérir les malades par le fer ou le feu, le désordre augmenteroit infailliblement[41] ». Exactement comme Michel Foucault l'affirmera presque trois siècle plus tard dans son *Ordre du discours*, Shaftesbury est lui aussi convaincu qu'il existe, dans les sociétés, des « principes d'interdiction » soutenus par des « procédures d'exclusion » mathématiques au profit de la « doctrine » et de l'« éducation ». Foucault écrit :

> La doctrine effectue un double assujettissement : des sujets parlants aux discours, et des discours au groupe, pour le moins virtuel, des individus parlants. [...] Tout système d'éducation est une manière politique de maintenir ou de modifier l'appropriation des discours, avec les savoirs et les pouvoirs qu'ils emportent avec eux[42].

Or, si pour le philosophe français, la seule vérité possible serait celle que le pouvoir détermine et impose comme savoir par la seule foi d'un discours hégémonique (*doxa*), pour Shaftesbury, en revanche, il existerait une vérité pure et objective : Dieu. Toutefois, afin de puiser dans cette vérité sans contrainte, dans ce réservoir illimité du savoir universel, il exige de l'homme un effort intellectuel, une sorte d'auto-éducation critique et ironique. Il s'agit du fameux *test of ridicule*, qui va permettre à l'intéressé d'acquérir cette faculté de penser librement, indispensable à la suppression des instances les plus mélancoliques et destructives :

---

40 *Ibid.*, II, p. 15-16.

41 *Ibid.*, II, p. 14 : « *For to apply a serious Remedy, and to bring the* Sword, *or* Fasces, *as a Cure, must make the Case more melancholy, and increase the very Cause of the Distemper.* »

42 Michel Foucault, *L'ordre du discours. Leçon inaugurale au Collège de France prononcée le 2 décembre 1970*, Paris, Gallimard, 1971, p. 45-46.

Methinks [...], it wou'd be well for us, if before we ascended into the higher Regions of Divinity, we wou'd vouchsafe to descend a little into our selves, and bestow some poor Thoughts upon plain honest Morals. When we had once look'd into our selves, and distinguish'd well the nature of our own Affections, we shou'd probably be fitter Judges of the Divineness of a Character, and discern better what Affections were sutable or unsutable to a perfect Being.

« Il me semble [...] qu'avant de s'élever aux notions sublimes de la Divinité, il seroit à propos que l'on descendît en soi-même, & que l'on s'occupât un peu des leçons de la simple & honnête Morale. Quand nous aurons une fois examiné notre cœur, & distingué exactement la nature de nos affections, nous pourrons alors juger plus sainement des vrais attributs de la Divinité, & de ce que l'idée d'un Etre parfait admet ou exclut[43]. »

Comprendre la vérité de la divine bonté reviendrait donc non seulement à acquérir la capacité de faire la distinction entre les impostures des hommes et les actes réellement nobles, mais orienterait également le jugement des hommes vers une prise de conscience : celle que cette prédisposition à faire le bien par la voie de Dieu doit se refléter avant tout dans la société, avant de se refléter dans la vie privée. Celui qui ne croit pas au bien divin est contre le bien social car « Aimer les hommes, faire le bien général, & s'intéresser pour le monde entier, autant qu'il est en nous, c'est là sans contrédit le comble de la bonté, ce qui forme le caractere que nous nommons *divin*[44] ». Prêcher le faux, corrompre les hommes par les artifices de la superstition, c'est transgresser la sacralité du *kósmos*. C'est ainsi que la présence de Dieu en soi prêchée par Shaftesbury ne peut que faire penser au sens originel de l'enthousiasme donné par Platon dans ses *Dialogues* : « De sorte que l'Inspiration peut très-bien s'appeler *Enthousiasme Divin*. Le mot même signifie *Présence divine*, & le Philosophe, que les premiers Peres de l'Église appellerent *divin*, en fit usage pour exprimer tout ce qu'il y avoit de sublime dans les passions humaines[45]. » C'est donc ici que le philosophe anglais s'écarte définitivement de la tradition pour s'investir vers une nouvelle définition

43 Shaftesbury, *Lettre sur l'enthousiasme*, ouvr. cité, V, p. 34.

44 *Ibid.*, IV, p. 30 : « *To love the Publick, to study universal Good, and to promote the Interest of the whole World, as far as is in our powers, is surely the Height of Goodness, and makes that Temper which we call* Divine. »

45 *Ibid.*, VII, p. 44 : « *So that Inspiration may be justly call'd Divine Enthusiasm : For the Word it self signifies Divine Presence, and was made use of by the Philosopher whom the earliest Christian fathers call'd Divine, to express whatever was sublime in human Passions.* » En note de ce passage, Shaftesbury reprend des exemples tirés d'œuvres de Platon et Plutarque :

de l'enthousiasme qui va perdurer dans la conscience européenne du XVIIIe siècle.

Dans la philosophie fondamentale de Shaftesbury, il y a donc un dialogue continuel entre la raison et les tendances naturelles, lesquelles sont des inclinaisons irrationnelles inhérentes à l'homme. Ce dialogue ne doit cependant pas viser à supprimer ces élans de l'esprit[46], mais doit servir à les détourner vers la juste voie de la sociabilité, du « *sensus communis* ». La philosophie et la libre pensée se font ainsi les paladins de cette forme d'éducation spécifique. À la différence de Locke pour lequel la seule raison aurait conduit à la révélation, notre philosophe cherche une réconciliation entre la sagesse rationnelle et l'inspiration divine, ce que dès à présent nous appellerons l'« enthousiasme philosophique ». Si être inspiré par le divin, selon la tradition platonicienne, est synonyme d'enthousiasme, l'enthousiasme philosophique se distingue de l'« enthousiasme de seconde main[47] » précisément par sa propension à s'orienter vers l'action collective et le bien commun. C'est là ce qu'explique Bernd Bösel lorsqu'il écrit que « sans un sentiment approprié au moment de l'action, toute action supposée "bonne" est sans valeur[48] ».

En se référant à l'école antique, Shaftesbury fournit au lecteur un spectre de l'enthousiasme séparant le noble du vulgaire, ce dernier étant entendu comme une dégénérescence fanatique du *Moral sense* inné. Il est inutile de supprimer les grandes passions humaines – la théorie de la *Leidenschaftsauslöschung* était très à la mode à son époque[49] – car une telle méthode conduirait à une exacerbation du saisissement fanatique ; toutefois, par la puissance éducative de la philosophie, enfin séparée de la religion, les individus pourront apporter à l'humanité une contribution massive et primordiale en se libérant de ces faux pâturages qui alimentent les anciens systèmes de valeurs.

Pour la première fois, avec Shaftesbury, le grand enthousiaste devient celui qui, grâce à un sens moral du respect de la communauté, veut faire progresser le monde non plus au nom d'un sentiment religieux – vers

du premier, le *Phèdre* – *cf.* notre premier chapitre – le *Ménon* et l'*Apologie de Socrate* ; du deuxième, le *Caton*.

46 Voir Bösel, ouvr. cité, p. 141 : « Aux XVIIe et XVIIIe siècles, l'idée de raison [*Vernunft*] devient un appel collectif à lutter contre la passivité des passions. »

47 Shaftesbury, *Lettre sur l'enthousiasme*, ouvr. cité, VI, p. 36 : « *Enthusiasm of second hand* ».

48 Bösel, ouvr. cité, p. 144.

49 « Extinction des passions ». Voir Schings, ouvr. cité, p. 175.

la fin de sa *Letter*, le philosophe attribue, de manière surprenante, le sentiment enthousiaste également aux athées[50] – mais au nom d'une mission morale qui aspire à la fois au tout et au bien social : le *sociable Enthusiast* est né[51].

Sans pour autant laisser de côté la composante fanatique, placer cet « enthousiasme réhabilité » dans l'horizon de la construction des sociétés modernes occidentales va nous aider à mieux comprendre les mécanismes culturels complexes qui vont se jouer, à l'aube de la déflagration révolutionnaire, entre la France et l'Allemagne – deux culture qui, nous le verrons, doivent beaucoup à Shaftesbury.

50 Shaftesbury, *Lettre sur l'enthousiasme*, ouvr. cité, VII, p. 43 : « Ce que je prétends conclurre de toutes ces réflexions, c'est que l'Enthousiasme est prodigieusement étendu ; que c'est une matiere délicate, & la plus difficile à connoître complettement & distinctement, puisque l'Athéisme même n'est pas sans enthousiasme. »

51 *The Sociable Enthusiast* paru en 1704 était le titre de la première version de *The Moralist*, publié en 1709.

ENTHOUSIASME, FANATISME, PHILOSOPHIE

Voltaire, Diderot, Rousseau et l'enthousiasme dans la France des Lumières

Dans une lettre qu'il adresse à l'abbé André Morellet en 1770, Anne-Robert-Jacques Turgot, alors intendant de la province de Limoges, exprime ainsi ses impressions sur l'*Histoire des deux Indes* de Raynal :

> J'ai été un peu choqué de l'incohérence de ses idées, et de voir tous les paradoxes les plus opposés mis en avant ou défendus avec la même chaleur, la même éloquence, le même fanatisme. Il est tantôt rigoriste comme Richardson, tantôt immoral comme Helvétius, tantôt enthousiaste des vertus douces et tendres, tantôt de la débauche, tantôt du courage féroce ; traitant l'esclavage d'abominable, et voulant des esclaves ; déraisonnant en physique, déraisonnant en métaphysique, et souvent en politique. Il ne résulte rien de son livre, sinon que l'auteur est un homme plein d'esprit, très-instruit, mais qui n'a aucune idée arrêtée, et qui se laisse emporter par l'enthousiasme d'un jeune rhéteur[1].

Manifestement, Turgot n'appréciait guère les considérations critiques de l'*Histoire des deux Indes* qui allait pourtant prendre place parmi les œuvres fondamentales du substrat culturel de la philosophie révolutionnaire[2]. Sa lettre a toutefois le mérite de montrer comment, dans la France de la seconde moitié du XVIIIe siècle, l'idée d'enthousiasme était définitivement entrée dans la rhétorique politique et culturelle. Les propos du futur contrôleur général des finances nous dévoilent sans ambages la façon dont le concept a continué à survivre dans les débats officiels, notamment par cette acception péjorative liée à l'irrationnel et à l'inconduite qui enflamma les controverses des intellectuels du siècle

1 Turgot, *Œuvres*, Paris, Guillaumin, 1844, vol. 2, p. 801.
2 Voir Anatole Feugère, *Un précurseur de la Révolution. L'abbé Raynal*, Angoulême, Imprimerie Ouvrière, 1922. Pour une définition de la « philosophie radicale », voir Israel, *Idées révolutionnaires…*, ouvr. cité.

précédent. On y trouve un champ lexical significatif avec des mots comme « chaleur », « fanatisme », « immoral », « débauche » illustrant une éloquence encore définie comme extravagante (« déraisonnant », « aucune idée arrêtée », « qui se laisse emporter »), voire insolente (« d'un jeune rhéteur »). En somme, dans les discours officiels de la France d'alors, comme en Angleterre, l'évaluation du concept suit les voies parallèles de l'inspiration poétique et du fanatisme religieux. Pourtant, dans le sillage de l'enthousiasme philosophique théorisé par Shaftesbury, l'alliance la plus progressiste des Lumières françaises va opter pour des positions véritablement novatrices et pleines de sens, notamment du point de vue du tournant révolutionnaire de 1789.

La translation du terme vers un sens politisée doit se lire entre les lignes d'un discours qui, encore à mi-siècle, s'exprimait en France dans un style purement esthétique. Dans l'article « Enthousiasme » introduit dans l'édition de 1765 du *Dictionnaire Philosophique*, Voltaire donne une définition de l'enthousiasme en dénigrant sa légitimité religieuse au profit d'une utilité effective dans le seul domaine artistique. Conformément à son projet d'apostasie déchristianisant le savoir philosophique, le philosophe désigne l'enthousiasme comme une maladie de l'âme qui s'écarte de la raison et produit des visions irréelles et nocives. Une argumentation qu'avait déjà développée Locke, on s'en souvient, par la réflexion empirique :

> L'enthousiasme est surtout le partage de la dévotion mal entendue. Le jeune fakir qui voit le bout de son nez en faisant ses prières s'échauffe par degrés jusqu'à croire que s'il se charge de chaînes pesant cinquante livres, l'Être suprême lui aura beaucoup d'obligation. Il s'endort l'imagination toute pleine de Brahma, et il ne manque pas de le voir en songe. Quelquefois même, dans cet état où l'on n'est ni endormi ni éveillé, des étincelles sortent de ses yeux ; il voit Brahma resplendissant de lumière, il a des extases, et cette maladie devient souvent incurable[3].

Fidèle à l'esprit le plus modéré des Lumières, Voltaire semble donc identifier l'enthousiasme à l'exécrable fanatisme religieux, forme de déraison dangereuse qui conduirait à la corruption de la vraie religion naturelle et, plus dangereusement encore, à la régression de l'homme

3 Voltaire, *Dictionnaire philosophique* [1765], dir. Alain Pons, Paris, Gallimard, 1994, p. 246-247.

vers un état de superstition primaire. Le philosophe, opposé à toute forme de providentialisme et de fatalisme, et en accord avec la tradition déiste anglaise, élabore le concept de fanatisme par quasi-synonymie à celui d'enthousiasme, l'incluant également dans le champ du religieux : à la lecture de l'article du *Dictionnaire*, il paraît évident que la seule différence entre les deux concepts serait l'assassinat au nom de la folie enthousiaste, théorie du délire qui devient une praxis sanglante : « Celui qui a des extases, des visions, qui prend des songes pour des réalités, et ses imaginations pour des prophéties, est un enthousiaste ; celui qui soutient sa folie par le meurtre, est un fanatique[4]. »

Dans cet article, la critique de la superstition est encore plus véhémente que dans les pages concernant l'enthousiasme. Il est opportun de noter qu'une telle critique se trouvait déjà dans la tragédie *Le Fanatisme, ou Mahomet le Prophète* écrite en 1739, mais que cette approche semble ici teintée de tons plus sombres et plus terrifiques, au fil d'une lucidité prolixe et argumentée :

> Que répondre à un homme qui vous dit qu'il aime mieux obéir à Dieu qu'aux hommes, et qui, en conséquence, est sûr de mériter le ciel en vous égorgeant ?
>
> Ce sont d'ordinaire les fripons qui conduisent les fanatiques, et qui mettent le poignard entre leurs mains ; ils ressemblent à ce Vieux de la Montagne qui faisait, dit-on, goûter les joies du paradis à des imbéciles, et qui leur promettait une éternité de ces plaisirs dont il leur avait donné un avant-goût, à condition qu'ils iraient assassiner tous ceux qu'il leur nommerait[5].

Le fanatisme, donc, comme enfant de la superstition… Il n'est pas exagéré d'alléguer qu'à la lecture de la lettre que Voltaire adressa le 20 janvier 1740 à Frédéric II de Prusse pour lui présenter sa pièce antireligieuse, on jurerait être en présence du fils spirituel de ce précurseur des Lumières que fut Shaftesbury. On y retrouve, en effet, les mêmes termes critiques sur la superstition qu'avait exposés l'auteur de la *Letter concerning Enthusiasm* en parlant de la secte des camisards : « N'a-t-on pas vu de nos jours – se demande Voltaire – les prophètes des Cévennes tuer au nom de Dieu ceux de leur secte qui n'étaient pas assez soumis[6] ? » Et plus loin :

4 *Ibid.*, p. 263.

5 *Ibid.*, p. 265.

6 Voltaire, « À Frédéric II, Roi de Prusse », *Correspondance*, dir. Théodore Besterman, Paris, Gallimard, Bibliothèque de la Pléiade, 1977, II, p. 469.

> Si la superstition ne se signale pas toujours par ces excès qui sont comptés dans l'histoire des crimes, elle fait dans la société tous les petits maux innombrables et journaliers qu'elle peut faire. Elle désunit les amis, elle divise les parents ; elle persécute le sage, qui n'est qu'homme de bien, par la main du fou qui est enthousiaste. [...] Mahomet n'est ici autre chose que Tartuffe les armes à la main[7].

L'enthousiaste-fanatique abdiquerait sa prédisposition au bien, prédisposition qui, rappelons-le, est pour Shaftesbury inhérente à l'homme, bien que toujours exposée et vulnérable aux dérives de la crédulité car la superstition, affirme Voltaire, « étouffe en lui toute lumière naturelle[8] ». La résolution que propose l'auteur de *Candide* semble donc bien correspondre à l'*aurea mediocritas* souhaitée par l'Anglais.

Même s'il ironise sur les contorsions des pythies et autres visions des fakirs avec la sagacité habituelle qui le distingue, le philosophe de Ferney reconnaît qu'il est possible de conjuguer raison et enthousiasme, mais à la condition d'insérer cette concordance dans un contexte expressément esthétique : « La chose la plus rare est de joindre la raison avec l'enthousiasme ; la raison consiste à voir toujours les choses comme elles sont. Celui qui, dans l'ivresse, voit les objets doubles est alors privé de sa raison[9]. » Dans la pensée du Français, le seul type d'enthousiasme acceptable serait donc l'« enthousiasme raisonnable », une forme d'ébriété plus sur-rationnelle qu'irrationnelle, utile au seul poète au moment de la création. Voltaire dit :

> L'enthousiasme raisonnable est le partage des grands poètes.
>
> Cet enthousiasme raisonnable est la perfection de leur art ; c'est ce qui fit croire autrefois qu'ils étaient inspirés des dieux, et c'est ce qu'on n'a jamais dit des autres artistes.
>
> Comment le raisonnement peut-il gouverner l'enthousiasme ? C'est qu'un poète dessine d'abord l'ordonnance de son tableau ; la raison alors tient le crayon. Mais veut-il animer ses personnages et leur donner le caractère des passions ; alors l'imagination s'échauffe, l'enthousiasme agit ; c'est un coursier qui s'emporte dans sa carrière ; mais la carrière est régulièrement tracée[10].

Même si le philosophe semble légitimer les égarements de l'enthousiasme dans la seule création artistique, il est possible de discerner

7 *Ibid.*, p. 471-472.
8 *Ibid.*, p. 472.
9 Voltaire, *Dictionnaire philosophique*, ouvr. cité, p. 247.
10 *Ibid.*

entre ses lignes la conviction qu'un tel « enthousiasme raisonnable » puisse et même doive se référer au savoir « philosophique », seul régime discursif capable, par son essence laïque, de libérer les hommes du joug de l'ignorance. Nous verrons bientôt qu'une telle équation aurait constitué, pour la génération des encyclopédistes, un véritable diktat :

> Elle [la superstition] ne donne pas toujours de la ciguë à Socrate, mais elle bannit Descartes d'une ville qui devait être l'asile de la liberté [Amsterdam] ; elle donne à Jurieu, qui faisait le prophète, assez de crédit pour réduire à la pauvreté le savant et philosophe Bayle. Elle bannit, elle arrache à une florissante jeunesse qui court à ses leçons, le successeur du grand Leibnitz [Wolff] ; et il faut, pour le rétablir que le ciel fasse naître un roi philosophe ; vrai miracle qu'il fait bien rarement. En vain la raison humaine se perfectionne par la philosophie qui fait tant de progrès en Europe[11].

Cette nette distinction explicitée par Voltaire nous permet de mieux cerner l'évolution des événements qui mèneront la Révolution française jusqu'à ses développements les plus extrêmes. Le maître de Ferney pose, sur la définition d'un affect, les jalons de l'antinomie indéfectible qui sépare la philosophie – avec sa charge d'intellectualisme, de modération, de réformisme et d'enthousiasme philosophique – et le fanatisme – incluant sa mythopoïétique corrompue, subversive et nationaliste : « On voit dans ce même siècle, où la raison élève son trône d'un côté, le plus absurde fanatisme dresser encore ses autels de l'autre[12]. » Bien qu'aucun programme de réforme sociale ne soit formulé dans sa pensée – car au demeurant, Voltaire était à part entière un homme d'Ancien Régime qui acceptait le principe d'une hiérarchie sociale prédéterminée –, il est évident que l'enthousiasme positif prôné par le philosophe se réfère à une impulsion réformiste que l'on peut qualifier de modérée et qui, par l'apport éducatif de la pratique philosophique, serait en mesure de racheter l'être humain des fausses visions de la religion.

Un autre point sur lequel il est nécessaire de s'interroger réside dans le fait que, chez Voltaire, le fanatisme est dénoncé bien au-delà du seul cadre théologique. Dans les écrits auxquels nous nous référons, il apparaît que Voltaire ne renvoie pas uniquement au contexte religieux, mais aussi à des événements dont la matrice se veut purement politico-subversive.

11 Voltaire, « À Frédéric II, Roi de Prusse », ouvr. cité, p. 471.

12 *Ibid.*

Il va sans dire, dans son propos, que l'aspect captieux de ces péripéties s'avère autant exécrable que les cruautés perpétrées au cours des siècles par le catholicisme et les autres religions révélées : « L'esprit de parti dispose merveilleusement à l'enthousiasme ; il n'est point de faction qui n'ait ses énergumènes[13]. » Voici donc une liste de crimes ignobles commis par des « énergumènes » fanatisés : l'assassinat du duc François de Guise, des rois Henri III et Henri IV – à ce dernier, Voltaire dédia le poème *La Henriade* composé en 1723 –, jusqu'à remonter à l'histoire antique avec les épisodes d'Holopherne, d'Ehud et bien d'autres. Derrière les railleries de Voltaire, il devient possible de nuancer le discours religieux dans une optique plus politique et sociale dont la violence subversive et antisystémique renvoie directement à certaines conjonctures qui se produiront lors de la radicalisation de la Révolution, processus qu'a décrit l'historien François Furet[14]. Un passage de l'article « Fanatisme », en particulier, met en exergue ce saut temporel :

> Le plus détestable exemple de fanatisme est celui des bourgeois de Paris qui coururent assassiner, égorger, jeter par les fenêtres, mettre en pièces, la nuit de la Saint-Barthélemy, leurs concitoyens qui n'allaient point à la messe[15].

Pour la première fois au XVIIIe siècle, l'idée qu'un certain type d'action politique équivalait à la pratique fanatique d'une religion fondamentaliste a joué un rôle décisif dans la réflexion de nombreux intellectuels. Cette alternance entre « enthousiasme philosophique » et « fanatisme », assortie de développements dialectiques nourris, va s'avérer riche de sens et de conséquences. Voltaire ayant pesé davantage dans la conception historique de l'enthousiasme par sa tendance à développer le pôle négatif du concept, il en abandonne l'aspect social et formateur, même sous-entendu, aux lettrés qui voudront bien s'y pencher. Le dialogue entre histoire et fiction présent dans ses œuvres n'en demeure pas moins capital pour engager une réflexion sur le rapport entre pouvoir politique et pouvoir religieux mais la théorie esthétique qu'il y oppose reste finalement ancrée dans une idée totalement classiciste de l'enthousiasme, idée qui, à plusieurs reprises, avait déjà été revendiqué au cours des premières décennies du siècle des Lumières à travers des

13 Voltaire, *Dictionnaire philosophique*, ouvr. cité, p. 246.
14 Voir François Furet, *Penser la Révolution française*, Paris, Gallimard, 1978.
15 Voltaire, *Dictionnaire philosophique*, ouvr. cité, p. 264.

écrits académiques tels que le *Cours de peinture par principes* de Roger de Piles (1708), le *Traité philosophique et pratique de poésie* de Claude Buffier (1728), le *Cours de Belles-lettres* de l'abbé Charles Batteux (1753), pour citer les titres les plus célèbres. Les frontières entre « enthousiasme raisonnable » et « fanatisme » étant établies, et le message implicite des écrits de Voltaire révélé, comment et où situer la réelle portée réformatrice – n'utilisons pas encore le terme « révolutionnaire » – de l'enthousiasme, c'est-à-dire ce prestige moral et social entrevu par Shaftesbury dans sa *Letter*, qui nous intéresse au plus haut point ? Pour trouver une réponse à cette question, il est nécessaire d'étudier certaines définitions qui, à première vue, n'auraient pas grand-chose à voir avec le concept d'enthousiasme exprimé par le philosophe anglais mais qui pourtant, dans leurs points les plus marquants, font évoluer le débat vers des territoires jusqu'ici peu explorés en Europe. En ce sens, un tournant notoire est amorcé par Denis Diderot et, de façon plus générale, par le cercle des encyclopédistes.

Penchons-nous précisément sur l'*Encyclopédie*, en particulier sur l'article « Enthousiasme » rédigé en 1751 par le dramaturge Louis de Cahusac. Dans une lettre à d'Alembert datée du 13 novembre 1756, Voltaire exprime ses perplexités concernant cet article, selon lui trop incomplet dans la part de signification historique :

> On n'a que faire d'un si long discours pour savoir que l'enthousiasme doit être gouverné par la raison. Le lecteur veut savoir d'où vient ce mot, pourquoi les anciens le consacrèrent à la divination, à la poésie, à l'éloquence, au zèle de la superstition ; le lecteur veut des exemples de ce transport secret de l'âme appelé enthousiasme ; ensuite il est permis de dire que la raison, qui préside à tout, doit aussi conduire ce transport[16].

Si Voltaire s'autorise à souligner les déficiences de cette contribution du point de vue historique et philologique – Cahusac, homme de théâtre, manquait sans doute de méthode en matière d'histoire de la philosophie –, il nous offre de fait quelques points de réflexions judicieux. En restant toujours dans le cadre artistique traditionnel, Cahusac élabore une théorie certes alambiquée de l'enthousiasme mais qui révèle néanmoins un élément notable : le rapport entre enthousiasme et « imagination créatrice ». En cela, l'encyclopédiste associe l'homme pris d'enthousiasme

16 Voltaire, *Correspondance*, 1978, IV, p. 885.

à un « génie » qui, à l'instar d'un peintre, est doté de la faculté de recréer ce que son imagination avait préfiguré au moment de l'inspiration :

> J'entends par le mot *génie*, l'aptitude naturelle à recevoir, à sentir, à rendre les impressions du tableau supposé. Je le regarde comme le pinceau du peintre, qui trace les figures sur la toile, qui les crée en effet, mais qui est toujours guidé par des inspirations précédentes. Dans les livres, comme dans la conversation, on commence à partir du pinceau, comme s'il était le premier moteur. Le style figuré chez des peuples instruits, tels que le nôtre, devient insensiblement le style ordinaire ; & c'est par cette raison que le mot *génie*, qui ne désigne que l'instrument indispensable pour produire, a été successivement employé pour exprimer la cause qui produit[17].

L'imagination est donc l'outil de la création artistique, mais non plus la source de l'inspiration enthousiaste : le mouvement est ici inversé.

> Observez encore que je n'ai point employé le mot *imagination*, qu'on croit communément la source unique de l'*enthousiasme* ; parce que je ne la vois dans mon hypothèse que comme une des causes secondes, & telle (pour m'aider encore d'une comparaison prise de la Peinture), telle, dis-je, qu'est la toile sous la main du peintre. L'imagination reçoit le dessein rapide du tableau qui est présenté à l'âme, & c'est sur cette premiere esquisse que le génie distribue les couleurs[18].

L'enthousiasme est alors le moteur de tout. Il est le déclencheur du mouvement imaginatif qui projette sur la toile les images générées par l'esprit, point zéro de la création : « Il s'agit donc – continue Cahusac – d'un tableau qui n'a point encore été vû, d'un tableau que la raison vient de créer, d'une image toute de feu qu'elle présente tout-à-coup à une ame vive, exercée, & délicate ; l'émotion qui la saisit est en proportion de sa vivacité, de ses connoissances, de sa délicatesse[19]. » Comme Voltaire, nous voyons ici aussi comment cet « *enthousiasme* qui produit[20] » renvoie à une dimension esthétique et picturale. Nous sommes donc encore bien loin de l'enthousiasme philosophique professé par Shaftesbury, et pourtant, même en ces termes, l'auteur de l'article a le mérite d'avoir

17 Louis de Cahusac, art. « Enthousiasme », dans l'*Encyclopédie ou Dictionnaire raisonné des sciences, des arts et des métiers, par une société de gens de lettres*, Paris, chez Briasson, David, Le Breton, Durand, 1755, V, p. 720.

18 *Ibid.*

19 *Ibid.*

20 *Ibid.*

revalorisé le rôle de l'imagination dans le processus de création (fût-elle artistique) selon des modalités incontestablement novatrices, modalité que Diderot saura retravailler de manière plus approfondie, c'est-à-dire au-delà de toute pâture esthétique. Il s'agira d'un processus graduel qui traverse toute la pensée philosophique de Diderot et qui va évoluer pas à pas jusqu'à aboutir à une réévaluation radicale du binôme enthousiasme-fanatisme. Mais procédons par étapes, et restons pour l'instant dans le climat encore « modéré » de l'*Encyclopédie*.

L'œuvre, comme nous l'avons vu, n'offre pas d'ouvertures suffisantes pour projeter l'enthousiasme dans les territoires politiques et sociaux qui nous intéressent. En elle-même, l'idée d'enthousiasme y sert presque toujours de pendant à un autre thème majeur dans la théorisation esthétique du siècle : le génie. Bien que tout à fait pertinente dans son champ d'investigation, une telle combinaison thématique, avec les nuances sémantiques qu'elle véhicule, détournerait notre enquête. Roland Mortier, dans l'article « Enthousiasme » du *Dictionnaire européen des Lumières*, fait remarquer que le seul article encyclopédique témoignant d'une – minime – évolution dans ce sens se trouve sous la rubrique « Éclectisme » signée par Diderot lui-même[21]. En bref, le philosophe consacre une longue digression aux penseurs qui ont représenté pour lui la plus grande source d'inspiration. Ainsi, en décrivant le tempérament mélancolique de Porphyre de Tyr, élève de Plotin, Diderot s'éloigne un instant de son intitulé et ouvre une parenthèse éclairante sur sa vision de l'enthousiasme, laquelle mérite d'être rapportée dans sa quasi-intégralité :

> L'enthousiasme est un mouvement violent de l'ame, par lequel nous sommes transportés au milieu des objets que nous avons à représenter ; alors nous voyons une scene entiere se passer dans notre imagination comme si elle étoit hors de nous ; elle y est en effet, car tant que dure cette illusion, tous les êtres présens sont anéantis, & nos idées sont réalisées à leur place ; ce ne sont que nos idées que nous apercevons, cependant nos mains touchent des corps, nos yeux voyent des êtres animés, nos oreilles entendent des voix. Si cet état n'est pas de la folie, il en est bien voisin. Voilà la raison pour laquelle il faut un très-grand sens pour balancer l'enthousiasme. L'enthousiasme n'entraîne que quand les esprits ont été préparés & soûmis par la force de la raison ; c'est un principe que les Poëtes ne doivent jamais perdre de vûe dans leurs fictions, & que les hommes éloquens ont toûjours observé dans leurs mouvemens

21 Voir Roland Mortier, art. « Enthousiasme », dans le *Dictionnaire européen des Lumières*, ouvr. cité, p. 468.

> oratoires. Si l'enthousiasme prédomine dans un ouvrage, il répand dans toutes ses parties je ne sais quoi de gigantesque, d'incroyable & d'énorme. [...] on tient des discours alternativement insensés & sublimes ; on se porte à des actions d'un héroïsme bisarre, qui marquent en même temps la grandeur, la force & le desordre de l'ame. L'enthousiasme prend mille formes diverses : l'un voit les cieux ouverts sur sa tête, l'autre les enfers s'ouvrir sous ses piés : celui-ci se croit au milieu des esprits célestes, il entend leurs divins concerts, il en est transporté ; celui-là s'adresse aux furies, il voit leurs torches allumées, il est frappé de leurs cris ; elles le poursuivent : il fuit effrayé devant elles[22].

Avec l'élégance qu'on lui connaît, Diderot met l'accent sur la portée mythopoïétique de l'enthousiasme qui, en enflammant l'imagination – comme le voulait Cahusac –, se fait porteur d'un monde fabuleux dans lequel « tous les êtres présens sont anéantis, & nos idées sont réalisées à leur place », élément qui n'a pas échappé à Christian Ruby dans son précieux essai intitulé *L'Enthousiasme* paru en 1997 :

> L'enthousiasme se fait d'autant plus vigoureux qu'on accorde plus de crédit à l'événement ou que celui-ci enchante l'imagination. Celle-ci passa aussitôt pour une part essentielle de l'enthousiasme, puisque – étant une fonction du futur visé à vide – elle le nourrit de perspectives globales et sollicite une capacité à inventer des mondes nouveaux, dont la configuration est susceptible d'encourager à bouleverser le présent le plus rapidement possible[23].

Chez Diderot, donc, la tension créatrice que provoque l'enthousiasme ne trouve plus ses pôles positif et négatif dans la « raison », mais semble s'y joindre dans le seul but d'en atténuer certains aspects dégénératifs. En d'autres termes, la séparation nette entre le bon enthousiasme et le mauvais enthousiasme disparaît : la raison n'est certes pas destituée, mais elle n'est plus, cette fois, incompatible *in toto* avec la « folie ». Nous voici à un tournant de la pensée française du XVIIIe siècle : en affirmant que même sans le soutien inconditionnel de la raison, l'enthousiasme serait capable de produire quelque chose de positif – même si, pour l'instant, l'on ne saurait définir quoi –, le rôle des passions et de l'imagination créatrice dans l'univers mental de l'époque est enfin réhabilité. La tendance, dominante entre les XVIIe et XVIIIe siècles, à rationaliser les choses du monde au moyen des sciences mathématiques et newtoniennes, s'estompe

22 Diderot, art. « Éclectisme », dans l'*Encyclopédie*, V, p. 276.
23 Ruby, ouvr. cité, p. 12.

en faveur d'une juste mesure entre raison et passion, d'une nouvelle dramaturgie mentale liée aux instances intérieures. Bien qu'au fil des ans Diderot ait atténué ses élans enthousiastes et passionnels – notamment dans le *Paradoxe sur le comédien* (1773) où le philosophe va jusqu'à nier la centralité de certaines passions dans le processus artistique, reléguant la sensibilité de l'artiste à un domaine purement amateur[24] –, nous insisterons sur l'assonance évidente qui existe entre l'esprit du Diderot des débuts et le concept d'enthousiasme philosophique de Shaftesbury. La réception du philosophe anglais dans le cercle des philosophes français est d'une importance décisive pour le développement de cette aile radicale de la philosophie européenne du XVIIIe siècle qui va devenir, malgré elle, l'un des moteurs propulseurs des soulèvements révolutionnaires.

En 1745, Diderot traduisit l'*Inquiry concerning Virtue, or Merit* de Shaftesbury[25]. Il ne fait aucun doute que la lecture de ce texte contribua à la maturation intellectuelle du jeune philosophe. Il le déclare d'ailleurs

24 « C'est au sens-froid à tempérer le délire de l'enthousiasme », Diderot, *Paradoxe sur le comédien*, dans *Œuvres complètes. Paradoxe… Critique III*, dir. Jane Marsh Dieckmann, Georges Dulac, Jean Varloot *et alii*, Paris, Hermann, 1995, vol. XX, p. 52.

25 Nous savons que Diderot ne fut pas le premier traducteur de Shaftesbury. Voir Paolo Casini et John S. Spink, « Introduction à l'*Essai sur le mérite et la vertu* » (*Le modèle anglais*) dans Diderot, *Œuvres complètes*, ouvr. cité, 1975, vol. I, p. 270-271 : « C'est à Pierre Coste, à Jean Leclerc, à Basnage de Beauval que l'on doit les premières traductions […] de ses essais philosophiques. […] Les gazettes littéraires en parlèrent et en firent des résumés ; ses idées circulèrent dans les milieux "libertins" de la Régence, en se mêlant au courant souterrain des manuscrits impies, aux ouvrages de Locke et des déistes anglais qui avaient suivi la même route. Montesquieu dut lire les *Characteristics* avant d'écrire ses *Lettres persanes*. Voltaire, en 1733, traça un parallèle approprié entre les idées de Shaftesbury et le fameux poème de Pope. […] Bien que l'œuvre de Shaftesbury n'ait été traduite en entier qu'en 1769, son nom était donc familier même à qui ne lisait pas l'anglais. » Comme le précise Andrea Olivieri dans sa thèse de doctorat, « Shaftesbury est présenté au public français à partir de 1708, année où paraît sur le périodique littéraire *Histoire des ouvrages des savants* une analyse détaillée de la *Letter concerning Enthusiasm*, publiée la même année en Angleterre » (A. Olivieri, *La realtà dell'immagine. Studio sull'immaginazione in Shaftesbury*, Univ. di Trieste, 2008, p. 22. Mis en ligne le 24 avril 2009, consulté le 15 juillet 2021 : http://hdl.handle.net/10077/3214). Pour une analyse des commentaires sur les œuvres de Shaftesbury dans les revues françaises du XVIIIe siècle, voir Luisa Simonutti, « A. A. Cooper, 3° conte di Shaftesbury e la "Bibliothèque Choisie" », *Giornale critico della filosofia italiana*, Florence, Licosa-Sansoni, mai-août 1987, p. 235-281, *id.*, « Shaftesbury, dissidenti e *réfugiés* in Olanda », dans Giancarlo Carabelli et Paola Zanardi (dir.), *Il gentleman filosofo. Nuovi saggi su Shaftesbury*, Padova, Il Poligrafo, 2003, Ennemond Casati, « Hérauts et commentateurs de Shaftesbury en France », *Revue de littérature comparée*, Paris, Hazard et Baldensperger, 1934, XIV, p. 615-645 et « Quelques correspondants français de Shaftesbury », *id.*, 1931, XI, p. 219-236. Pour un panorama supplémentaire

lui-même dans le *Discours préliminaire* de la traduction en affirmant : « je l'ai lu et relu : je me suis rempli de son esprit, et j'ai, pour ainsi dire, fermé son livre, lorsque j'ai pris la plume[26] ». Comme différentes études distinctives l'ont démontré[27], la traduction de l'*Inquiry* faite par Diderot s'écarte de l'original, notamment au niveau linguistique. Sur ce point, le traducteur admet avoir pris quelques libertés :

> On n'a jamais usé du bien d'autrui avec tant de liberté. J'ai resserré ce qui m'a paru trop diffus ; étendu ce qui m'a paru trop serré ; rectifié ce qui n'était pensé qu'avec hardiesse ; et les réflexions qui accompagnent cette espèce de texte sont si fréquentes, que l'Essai de M S… qui n'était proprement qu'une démonstration métaphysique, s'est converti en éléments de morale assez considérables. La seule chose que j'aie scrupuleusement respectée, c'est l'ordre qu'il était impossible de simplifier[28].

Et pourtant, ce n'est pas pour cela que la traduction de l'*Essai* doit être considérée comme une mauvaise traduction, encore moins lorsque notre intention est de la situer dans un contexte culturel plus vaste. « L'*Essai*– nous dit Franco Venturi – est une traduction sans en être une. C'est Diderot qui nous parle à travers les idées de Shaftesbury ; un Diderot que nous pouvons plutôt deviner que repérer mais qui n'en a pas moins, déjà, des traits typiques et caractéristiques[29]. » En effet, avec le Voltaire des *Lettres anglaises* (1734), Diderot s'est révélé être, d'une certaine façon, un pionnier des Lumières continentales entre autres grâce à cette traduction qui permit d'établir un lien entre le milieu philosophique français et l'écrivain anglais le plus original du début du siècle : « Examiner de près cette tentative de divulgation et d'interprétation partielle de Diderot, – continue Venturi – c'est voir l'aspect de Shaftesbury qui fait de lui, plus spécialement, un "philosophe

---

de l'œuvre de Shaftesbury en France voir Dorothy B. Schlegel, *Shaftesbury and the French Deists*, Chapel Hill, The University of North Carolina Press, 1956.

26 Diderot, *Discours préliminaire* (*Le modèle anglais*), dans *Œuvres complètes*, ouvr. cité, p. 300.

27 Les plus significatives sont René P. Legros, « Diderot et Shaftesbury », *The Modern Language Review*, 19, 2, 1924, p. 188-194, Franco Venturi, *Jeunesse de Diderot (de 1713 à 1753)*, Paris, Skira, 1939, Casini, « Diderot e Shaftesbury », dans *Giornale critico della filosofia italiana*, XXXIX, 1960, p. 253-273, D. B. Schlegel, « Diderot as the Transmitter of Shaftesbury's Romanticism », dans *Studies on Voltaire and the Eighteenth Century*, XXVII, 1963, p. 1457-1478.

28 Diderot, *Discours préliminaire*, ouvr. cité, p. 300.

29 F. Venturi, ouvr. cité, p. 49.

des Lumières"[30]. » Son influence doit, de fait, être considérée non pas tant dans la réception directe de la traduction publiée par Diderot, que dans la réverbération qu'elle a diffusée au sein de la génération des philosophes et des encyclopédistes.

Comme nous l'avons mentionné précédemment, l'*Inquiry*, en tant qu'œuvre de jeunesse de Shaftesbury, ne traite pas encore directement du thème de l'enthousiasme philosophique mais pose déjà les bases de ce que sera la réflexion socio-morale de l'auteur de la *Letter.* Outre la nette distinction qu'il définit entre morale et religion d'État, on y trouve des principes qui, grâce à Diderot, trouveront un large écho dans les cercles intellectuels de la France du milieu du XVIIIe siècle : l'idée de la sociabilité innée à l'homme, sa bonté naturelle, l'équilibre entre « *private affections* » et « *social affections* ». C'est précisément ce dernier aspect, au-delà d'un anticléricalisme évident, qui semble le plus intéresser Diderot et, dans ce sens, le *Discours préliminaire* fait office de manifeste irrécusable :

> L'homme est intègre ou vertueux, lorsque, sans aucun motif bas et servile, tel que l'espoir d'une récompense ou la crainte d'un châtiment, il contraint toutes ses passions à conspirer au bien général de son espèce : effort héroïque, et qui toutefois n'est jamais contraire à ses intérêts particuliers[31].

Les mots que Diderot consacre à l'essai qu'il a traduit renvoient immédiatement à l'idée du *Sensus communis* élaborée par Shaftesbury dans son œuvre, cette juste mesure qui correspond à l'équilibre entre instances intimes et élan social. Il semble clair qu'un tel discours s'insère pleinement dans cette réhabilitation des « passions fortes » qui, partant de Sir Francis Bacon en passant par les réflexions de Hutcheson, Mandeville, Shaftesbury, Adam Smith puis David Hume, a pénétré le siècle des Lumières continentales à la faveur de certaines adhésions françaises comme celles de Diderot et, dans une certaine mesure, de Helvétius. Nous ne pouvons que nous sentir en harmonie avec le propos de Michel Delon lorsqu'il conclut au paragraphe « Passions » dans son *Dictionnaire européen des Lumières* que « L'apologie des passions fortes chez Diderot et Helvétius marque la nostalgie d'une grandeur primitive, d'une vertu héroïque qui débouche à la fois sur une esthétique du sublime et

30 *Ibid.*, p. 50.

31 Diderot, *Discours préliminaire*, ouvr. cité, p. 296.

une politique tendanciellement révolutionnaire[32] ». L'énergie suscitée par les passions de l'homme ne se résout donc pas dans le seul champ de la morale abstraite, elle vient établir un rapport sociopolitique entre l'homme et les événements : du champ de l'éthique et de la religion, nous sommes passés à la praxis.

Diderot avait certainement lu la *Letter concerning Enthusiasm* de son précurseur philosophique – le texte avait été traduit en français à peine un an après sa publication et fut inséré par Le Clerc dans un volume de sa *Bibliothèque choisie* – si bien que les présuppositions concernant la notion d'enthousiasme créatif et philosophique se retrouvent, bien que de façon pas toujours explicite[33], dans une grande partie de ses écrits en répliques à l'exaltation des passions individuelles. À ce propos, Venturi précise ceci :

> L'essentiel de l'enseignement que Diderot put trouver dans l'enthousiasme de Shaftesbury, ce fut donc l'exaltation de cette force interne qui prend l'homme et le subjugue dans les meilleures de ses productions, force qui apparaît comme une *nécessité*, une *force de la nature* à laquelle tous les autres éléments viennent se subordonner. Dans l'enthousiasme de Shaftesbury, il a dû trouver, pour parler un moment un langage plus moderne, l'apologie et l'exaltation de la valeur morale d'une expérience vivante et concrète par opposition aux schèmes abstraits, l'apologie et l'exaltation de la valeur morale de l'abandon à la partie la plus intime et la plus profonde de nous-mêmes. C'est là le point essentiel de la personnalité de Diderot comme homme et comme écrivain[34].

Les confluences entre le vitalisme matérialiste de Diderot et la métaphysique platonisante de Shaftesbury dévoilent ainsi un esprit d'époque en opposition flagrante avec la conception abstraite et géométrisante de la raison, d'héritage cartésien, autant qu'avec la condamnation ascétique

32 Delon, ouvr. cité, p. 949.

33 Nous savons par ailleurs que tout l'appareil philosophique et romanesque de Diderot est fondé sur un système complexe intertextuel tissé de citations dans lequel, toutefois, les références directes à ses maîtres sont rares. Barbara de Negroni l'explique fort bien en écrivant que « lire et relire Diderot, c'est être pris dans un jeu infini d'opérations intertextuelles : palimpseste de toutes les lectures sur lesquelles le texte est écrit, pluralité des points de vue qui donnent un sens au texte même, résonances que le livre produit dans son lecteur, effets sourds, inattendus, nouvelles idées qui apparaîtront et dont un lecteur naïf pourrait avoir la prétention de se penser l'auteur ». (« Diderot et le bien d'autrui », dans Diderot, *Œuvres philosophiques*, dir. M. Delon, Paris, Gallimard, Bibliothèque de la Pléiade, 2010, p. XXXVIII.)

34 Venturi, ouvr. cité, p. 55.

des passions mondaines de matrice janséniste, insistant alors sur la nécessité de l'enthousiasme et de la passion dans le monde. Il n'y a rien d'étonnant à ce que le premier article de la première vraie œuvre de Diderot, ces *Pensées philosophiques*, ouvrage qui doit tant à Shaftesbury, s'ouvre de la sorte :

> On déclame sans fin contre les passions ; on leur impute toutes les peines de l'homme, et l'on oublie qu'elles sont aussi la source de tous ses plaisirs. C'est dans sa constitution un élément dont on ne peut dire ni trop de bien ni trop de mal. Mais ce qui me donne de l'humeur, c'est qu'on ne les regarde jamais que du mauvais côté. On croirait faire injure à la raison, si l'on disait un mot en faveur de ses rivales. Cependant il n'y a que les passions et les grandes passions qui puissent élever l'âme aux grandes choses. Sans elles, plus de sublime, soit dans les mœurs, soit dans les ouvrages ; les beaux-arts retournent en enfance, et la vertu devient minutieuse[35].

L'historien Paolo Casini le confirme et nous ne pouvons qu'y souscrire ; Diderot a accompli l'impossible :

> Dans le climat rationaliste dominant de la culture française, il était difficile de faire accepter l'élan émotionnel et fantastique de Shaftesbury. Et Diderot a surmonté cette difficulté en introduisant l'artifice littéraire du délire : c'est à un Saunderson mourant et un d'Alembert fébrile et rêveur, qu'il a confié l'expression de ses visions les plus pénétrantes sur la vitalité et le dynamisme de toute chose[36].

Bien que les premiers écrits de Diderot n'abordent pas encore l'aspect proprement politique de la question – chose qui adviendra, en revanche, dans la réflexion mûre du philosophe français après la découverte de Hobbes et l'amitié difficile avec Rousseau –, ceux-ci s'avèrent déjà éloquents en ce qui concerne la valeur qu'il attribuait à la philosophie en tant que doctrine de promotion sociale. Pour lui, la philosophie était un lieu de débat rendant possible la création des conditions nécessaires qui permettraient à l'homme de s'extraire de cet état de minorité dans lequel il avait été relégué jusque-là. L'aspect le plus novateur que Diderot tire de la doctrine de Shaftesbury semble être l'afflux enthousiaste dévorant et intimement optimiste qui portera les sociétés du monde à une renaissance totale : le dialogue entre les hommes favoriserait la réalisation

---

35 Diderot, *Pensée Philosophiques*, dans *Œuvres philosophiques*, ouvr. cité, p. 3.

36 Casini, *Diderot e Shaftesbury*, ouvr. cité, p. 272.

de ce nouvel horizon culturel et c'est fort à propos que la forme dialoguée comme genre littéraire est largement utilisée par Diderot car « le modèle du dialogue est la mise en scène d'une pluralité. [...] Pluralité de personnages [...] qui font apparaître plusieurs ensembles de thèses, construisent des figures du savoir[37] ».

> Les points morts et les positions abstraites sont mises [*sic*] en lumière par la force intime des questions et des réponses. Mais, ajoutait-il [Diderot], une forme semblable est impossible aujourd'hui parce que nous n'avons pas, en fait, de société capable de discuter longuement et profondément des problèmes philosophiques et moraux. « Les originaux manquent », dit-il. L'enthousiasme, la forme rhapsodique a précisément cette fonction : créer cette atmosphère, ce milieu où des discussions semblables deviennent possibles. Seul un groupe d'amis, tous saisis d'enthousiasme pour le beau ou pour le bon, peut servir de fond à un dialogue philosophique moderne[38].

Avec Diderot, s'ouvre une nouvelle saison intellectuelle où l'enthousiasme ne constitue plus une catastrophe de la raison ou une pathétique exaltation égotique. L'enthousiasme, au contraire, se fait désormais le promoteur d'un tempérament actif, d'une réceptivité au monde renouvelée de la part du sujet ; en bref, il se fait affection, entendue ici comme modification d'un être déterminé par un agent externe ou interne et par l'état conséquent ou la condition qui en résulte. Certes, puisqu'il ne s'agit pas d'un attribut lié au savoir, l'homme n'en tirera aucune leçon, encore moins un quelconque enseignement mais, dans l'éveil d'une émotion interne – le terme provient d'*ex-motu*, « mise en mouvement », « sortie de soi » –, l'enthousiasme établit un lien inédit entre l'individu et la collectivité. La communauté philosophique naissante semblait alors accomplir ce qu'avait espéré le curé athée Jean Meslier au début du XVIIIe siècle lorsqu'il écrivit dans son *Testament* :

> Les seules lumières de la raison sont capables de conduire les hommes à la perfection de la science et de la sagesse humaine ; aussi bien qu'à la perfection des arts ; et elles sont capables de les porter non seulement à la pratique de toutes les vertus morales, mais aussi à la pratique de toutes les plus belles, et de toutes les plus généreuses actions de la vie[39].

37 De Negroni, ouvr. cité, p. XXXIII.
38 Venturi, ouvr. cité, p. 54.
39 Jean Meslier, *Œuvres complètes*, éd. de Jean Deprun, Roland Desné et Albert Soboul, Paris, Anthropos, III, 1972, p. 141.

Bien sûr avec certaines réserves, il est légitime d'inscrire cette nouvelle communauté dans le cercle des philosophes « radicaux » que les études de Margaret Jacob et Jonathan Israel précédemment évoquées ont cherché à mettre en évidence dans le contexte des Lumières au cœur du XVIIIe siècle. Ce cercle intellectuel, bien que généralement athée, matérialiste et anti-absolutiste, conservait dans son hétérogénéité constitutive[40] une propension innée aux élans enflammés de l'enthousiasme philosophique, un instinct « humaniste » enclin à promouvoir à grande échelle de nouvelles idées profitables à la vie en société. Le rejet de l'antinomie cartésienne entre corps et esprit, et la conception retentissante de l'unité de l'univers venant à la fois de Spinoza et d'autres philosophies « dynamiques », érigent une pierre angulaire dans le programme pédagogique des radicaux qui fera l'objet de débats animés durant la période révolutionnaire[41].

> Avant 1789, les Lumières n'avaient pratiquement pas eu d'impact sur l'éducation primaire et secondaire en France. Bien avant cette date, cependant, elles avaient su convaincre nombre de Français qu'il était nécessaire de délaisser l'enseignement basé sur le catéchisme et la doctrine catholique. Les idées de Diderot, des encyclopédistes et d'Helvétius en matière d'éducation étaient largement répandues. Il ne manquait pas d'auteurs pour affirmer que l'école jouait un rôle décisif dans la transformation de la société. Sans surprise, la Révolution s'inspira des Lumières et des projets de réforme de l'école propagés entre 1740 et 1788 pour moderniser l'instruction publique[42].

L'enthousiasme philosophique de Diderot, c'est aussi cela : concevoir la société des hommes en termes de champ fertile à tout enseignement politique et moral. C'est une sorte d'élan d'abord mental puis social, qui s'inscrit – et ce sera l'un des points essentiels du choc culturel de la Révolution française – dans un contexte intellectuel où les maîtres seraient les philosophes, et les disciples, le peuple. L'acte créateur suscité

---

40 Voir Israel, « Unité et diversité des Lumières radicales – Typologie de ses intellectuels et de ses racines culturelles », dans Tristan Dagron et Catherine Secrétan (dir.), *Qu'est-ce que les Lumières Radicales ? Libertinage, athéisme et spinozisme dans le tournant philosophique de l'âge classique*, Paris, Amsterdam, 2007.

41 Pour une analyse du sujet, voir Paul Vernière, *Spinoza et la pensée française avant la Révolution*, Paris, PUF, 2 vol., 1954, Israel, *Radical Enlightenment*... ouvr. cité, Antoine Lilti, « Comment écrit-on l'histoire intellectuelle des Lumières ? », *Annales. Histoire, Sciences sociales*, Paris, Éditions de l'EHESS, 1, 2009, p. 171-206.

42 Israel, *Idées révolutionnaires*..., ouvr. cité, p. 409.

par l'enthousiasme, qui passe de la théorie esthétique du XVIIIe siècle à des thèses plus distinctement sociales, se définit alors à travers cette volonté pédagogique des radicaux dans la *paideia* des Lumières : une volonté de créer, de forger les esprits, toujours appuyée par les philosophes les plus militants. Pour n'en citer que deux : d'Holbach, dans son *Système de la nature*, lorsqu'il affirme que l'enthousiasme doit produire « les choses utiles, la passion forte pour la vertu, l'amour de la patrie, la chaleur de l'amitié[43] » ; Guibert, dans son *Éloge du maréchal de Catinat*, critiquant les adversaires de l'enthousiasme[44], lorsqu'il écrit que l'idée générale à extraire des discussions des philosophes est que « l'enthousiasme permet d'acquérir le sens de la collectivité et de la continuité historique[45] ».

Jusqu'ici, nous avons traité de l'interprétation de l'enthousiasme en nous référant aux cercles des lettrés qui gravitaient autour des figures de Diderot et des encyclopédistes. Pour un panorama plus complet de la problématique et, surtout, pour comprendre au mieux son étroite relation avec la déflagration révolutionnaire, il est maintenant nécessaire de se plonger dans la contrepartie de l'enthousiasme philosophique. Nous avons vu que l'idée d'un enthousiasme créateur, capable d'insuffler à la société un nouveau modèle de conception du monde à travers l'enseignement de la philosophie – et ici, le *Discours préliminaire de l'Encyclopédie* de d'Alembert (1751) et le modèle Holbachien du *Catéchisme* (1790) symbolisent les principaux manifestes intellectuels de ce noble programme –, émane d'une poussée de l'« élite pensante », c'est-à-dire d'un contexte érudit pour lequel la division sociale entre

43 D'Holbach, *Le système de la nature ou Des lois du monde physique et du monde moral* [1770], éd. de Jean-Pierre Jackson, Paris, Coda, 2008, p. 86. Intéressant, dans cette perspective catéchétique, l'introduction à l'œuvre posthume de d'Holbach, *Éléments de la morale universelle ou Catéchisme de la nature*, rédigée par Vincenzo Barba, « La virtù senza Dio. Il pensiero etico-politico di d'Holbach », dans D'Holbach, *Elementi di morale universale o catechismo della natura* [1790], éd. de Vincenzo Babra, Roma-Bari, Laterza, 1993, p. XI-LXXXIV.

44 Jacques-A.-H. de Guibert, *Éloge du maréchal de Catinat*, Édimbourg, s. n., 1775, p. 86-87 : « On est parvenu dans ce siecle à décrier sous le nom d'*enthousiasme* tout mouvement noble & généreux. Il n'est plus permis aux ames de prendre d'élan ; la jeunesse même n'a plus le droit d'être passionnée. L'enthousiasme, cette émanation céleste, ce mobile de tant grandes choses, ce mouvement qui honore la nature humaine, & qui l'agrandit, on le tourne en ridicule ; on dit que ce n'est qu'une effervescence passagere et dangereuse, une fausse chaleur qui s'évapore en paroles. »

45 Delon, *L'idée d'énergie…*, ouvr. cité, p. 369.

maîtres et disciples était bien définie et le regard à l'égard des classes inférieures plutôt indifférent[46]. D'autre part, et nous y reviendrons, au paragraphe « Goût » du *Dictionnaire philosophique*, Voltaire ne manquera pas d'enfoncer le clou :

> Il faut la capitale d'un grand royaume pour y établir la demeure du goût; encore n'est-il le partage que du très petit nombre, toute la populace en est exclue. Il est inconnu aux familles bourgeoises, où l'on est continuellement occupé du soin de sa fortune, des détails domestiques, et d'une grossière oisiveté, amusée par une partie de jeu. [...] Le goût est donc comme la philosophie; il appartient à un très petit nombre d'âmes privilégiées[47].

Se limiter à la compréhension de cette seule approche serait donc insuffisant pour satisfaire à l'intention historiographique de dresser un tableau exhaustif des origines de la Révolution placée sous le signe de l'enthousiasme. Le pôle opposé, l'élan provenant « d'en bas », va nous éclairer sur cette part d'enthousiasme sans médiations intellectuelles et rationnelles, au lyrisme féroce mais non moins romantique qui caractérise tout homme. Rousseau, en ce sens, incarne cette nouvelle motivation de l'énergie révolutionnaire.

Deux considérations sont à prendre en compte. La première nous est offerte par Jean Starobinski dans sa thèse de doctorat consacrée au philosophe genevois, *La transparence et l'obstacle* (publiée en 1957), dans laquelle il dépeint ainsi le personnage :

> Il [Rousseau] est l'homme de la spontanéité impulsive, sa nature permanente répugne à la réflexion. Il n'agit que de primesaut, et les mouvements de sa sensibilité, aussi ardents qu'éphémères, ne s'engagent jamais dans les « voies obliques ». Jean-Jacques est gouverné par la sensation immédiate. [...]

46 L'historien Robert Darnton propose une interprétation des Lumières en ce sens, visant à renverser nombre de *diktats* historiographiques qui ont persisté jusqu'au XXe siècle : « À quelques exceptions près, comme ce fut le cas de Rousseau, les philosophes étaient élitistes. Ils ont exercé leurs Lumières sous la rubrique *noblesse oblige* et en compagnie des aristocrates, souvent avec une attitude paternaliste à l'égard des bourgeois mais aussi des gens du peuple. [...] Loin de naître avec les classes moyennes, le libéralisme, ainsi que les Lumières, sont les épigones d'une longue lignée d'aristocrates. À l'exception d'hommes comme Condorcet, les derniers philosophes s'accommodent très bien des porcelaines de Sèvres et des *chinoiseries* de salons; les "hautes" Lumières ont servi de colle pour l'émail fragile et mince qui recouvrait la France ». (*The Kiss of Lamourette. Reflections in Cultural History*, New York, Norton & Company, 1990, p. 229.)

47 Voltaire, *Dictionnaire philosophique*, ouvr. cité, p. 323.

> Rousseau distinguait-il l'homme de la sensibilité et l'homme de la réflexion ; il en faisait deux personnages différents et complémentaires[48].

L'homme de sensibilité est incarné par Émile ou Saint-Preux, transfuges de Jean-Jacques, l'homme de réflexion, plutôt négatif, serait le précepteur d'Émile, ou encore Wolmar, voire Diderot et ses amis-ennemis philosophes. Il est clair que si l'école diderotienne des encyclopédistes, comme on l'a remarqué, se fit promotrice de la réhabilitation des « passions fortes », elle s'est aussi opposée à cette « mollesse » de l'esprit sentimental, de la « sensibilité » ou, du moins, elle ne lui a pas attribué cette valeur absolue que l'auteur du *Contrat social*, au contraire, a toujours mise en évidence, notamment dans les œuvres autobiographiques de sa maturité. Notre confrère philologue Gerhard Sauder a noté que, pour les matérialistes français tels qu'Helvétius, La Mettrie et d'Holbach, « la sensibilité est [...] réduite à une composante physique, et les sentiments humains à de simples phénomènes biologiques et médicaux », tandis que chez Rousseau, continue-t-il, « le concept de sensibilité, poussé à l'extrême, est problématisé : c'est elle qui rend possible le sentiment de l'existence même[49] ».

Une autre considération à ce propos vient de Michel Delon :

> Rousseau tient à signer tout ce qu'il publie, il en revendique et en assume la responsabilité. [...] Diderot n'a cessé de se mettre en scène dans des dialogues, sans se confondre avec ce personnage qui se nomme tantôt Diderot, tantôt Moi. [...] Jean-Jacques Rousseau se dénude et se montre tel qu'en lui-même il se dit prêt à paraître devant un Juge suprême. Diderot se démultiplie en images de lui-même. [...] À Rousseau, obsédé par l'identité et la vertu, Diderot

48 Jean Starobinski, *Jean-Jacques Rousseau. La transparence et l'obstacle*, Paris, Plon, 1957, p. 261 et 268.

49 Gerhard Sauder, art. « Sensibilité », dans le *Dictionnaire européen des Lumières*, ouvr. cité, p. 1133. Pour éviter toute ambiguïté, rappelons que le mot sensibilité a eu depuis son origine des significations très différentes non seulement d'une nation à l'autre, mais aussi selon différents auteurs. Il convient donc de ne pas confondre la *sensibility* de Shaftesbury, Butler, Hutcheson – pour lesquels le terme était connoté d'un sens moral et éthique rigoureux – avec l'*Empfindsamkeit* allemande, et encore moins avec la *sensibilité* française. La polysémie des termes *passion* et *sensibilité* pouvant induire en erreur le lecteur, précisons donc que, pour nous, la *passion forte* se distingue de la *sensibilité* par son caractère plus distinctement intellectuel et de médiation, en opposition ouverte à la matérialité et à l'immédiateté du sentimentalisme, lequel est afférent à la *sensibilité*, conçue ici non seulement dans sa portée matérialiste, mais surtout comme rapport direct entre l'âme, le corps et l'expérience.

> répond implicitement en dénonçant les illusions de cette illusion que serait l'individu moral. [...] Rousseau est tendu vers la quête d'une identité, Diderot accepte la dispersion dans la multiplicité de ses dialogues avec les autres[50].

Les deux citations nous offrent deux faces de la même problématique : chez Starobinski, l'interprétation de la sensibilité – pour Rousseau, supérieure à la juste mesure de la réflexion philosophique – et, chez Delon, la subjectivation de l'expérience. La tranchée philosophique qui sépare Diderot et Rousseau sur ces points témoigne non seulement des divergences humaines des deux penseurs, mais elle met également en évidence une façon de concevoir l'enthousiasme considérablement différente.

Tout part du rapport entre le Moi et le monde. L'horizon gnoséologique de Rousseau est bien loin de l'*aurea mediocritas* de Diderot. Comme nous l'avons vu, chez ce dernier, en effet, les passions fortes s'insèrent dans un processus de médiation par lequel les sensations venant de l'extérieur sont recadrées par le bon sens, ou sens commun, pour ensuite être traitées et régurgitées par la raison dans un rapport équilibré avec le monde. Diderot, pris d'un enthousiasme éclairé, demeure conscient de sa fonction de promotion culturelle. En d'autres termes, son Moi ressent le besoin d'établir un rapport critique avec la réalité : l'écart entre « passion simple » et « passion forte » s'acte précisément sur ce point.

> Cette expérimentation de soi donne à l'homme une conscience de la relativité des sens et de la nécessité d'un contrôle critique par le toucher ; il peut alors exercer la même vérification sur les objets extérieurs. La progression dans la maîtrise de soi et du monde s'accompagne d'un raffinement de ce rapport[51].

Diderot, en somme, rejette le sentimentalisme totalisant selon lequel le monde serait l'apanage de la seule représentation subjective des sentiments. Chez Rousseau, au contraire, nous assistons à une radicalisation de l'influx enthousiaste, un « enthousiasme de la sensibilité » qui n'est pas si différent de ce fanatisme irrationnel condamné depuis toujours par la génération des Lumières. L'instinct rousseauiste n'a rien à voir avec l'instinct humaniste de Diderot, si bien que désormais la sensibilité

---

50 Michel Delon, « Préface », dans Diderot, *Œuvres philosophiques*, ouvr. cité, p. XIV-XV.

51 Michel Delon, « L'éveil de l'âme sensible », dans Alain Corbin (dir.), *Histoire des émotions. 2. Des Lumières à la fin du XIXe siècle*, Paris, Seuil, 2016, p. 21.

prend le ton d'un sentimentalisme émotionnel à fleur de peau qui va particulariser les écrits autobiographiques de Rousseau : « le ton sentimental est la revendication d'un droit à parler de soi[52]. »

Ainsi, les définitions analytiques de l'enthousiasme données par Locke, Voltaire, et en général par les penseurs les plus modérés des Lumières précédemment évoqués, semblent coïncider parfaitement avec la propension aux « rêveries » qui caractérise Jean-Jacques Rousseau, et au moins autant – mais là, dans un esprit tout autre que polémique – avec la pensée de Sophie de Grouchy Condorcet lorsqu'elle écrit en 1798 :

> L'enthousiasme vient de la faculté qu'a plus ou moins notre âme de se représenter à la fois, et d'une manière en quelque sorte indéterminée, tous les plaisirs ou toutes les peines qui peuvent résulter pour nous d'une certaine situation, ou de l'existence d'une certaine personne et de nos rapports avec elle. Cette représentation réunit sur un seul instant ce qui, dans la réalité, doit occuper des mois, des années et quelquefois une vie entière. Ainsi, l'enthousiasme envisage son objet avec une sorte d'exagération[53].

Et il semble de même que ce soit précisément ce portrait de Rousseau qui ressort des *Confessions*, des *Dialogues de Rousseau juge de Jean Jacques* et des *Rêveries du promeneur solitaire* : « Un homme sans repos, esclave d'une imagination perpétuellement agitée par mille fantasmes, qui s'enflamme et se décourage, désire et craint, ambitionne et déteste sans trêve, poursuit les rêves avec ténacité et ignore les faits les plus évidents[54]. » En fait, dès les premières pages des *Confessions*, le subjectivisme extrême de l'auteur est lié à cet enthousiasme dégénéré en fanatisme imaginatif, à cette « sensibilité-sentimentalité » que Diderot condamne – on se souvient du *Paradoxe sur le comédien*[55] – en la considérant comme une tendance

52 *Ibid.*, p. 10.

53 Marc A. Bernier et Deirdre Dawson (dir.), *Les « Lettre sur la sympathie » (1798) de Sophie de Grouchy : philosophie morale et réforme sociale*, Oxford, Voltaire Foundation, 2010, p. 49.

54 Silvia Parigi, « La critica all'entusiasmo nel Settecento », dans Bettini et Parigi, ouvr. cité, p. 146.

55 Diderot, *Paradoxe sur le comédien*, dans *Œuvres complètes…* ouvr. cité, p. 57 : « C'est l'extrême sensibilité qui fait les acteurs médiocres ; c'est la sensibilité médiocre qui fait la multitude des mauvais acteurs ; et c'est le manque absolu de sensibilité qui prépare les acteurs sublimes. » Pour Diderot, en somme, « tout artiste, pour être défini comme tel, doit regarder son œuvre et son action avec distance ; l'artiste doit être avant tout "maître de lui" et en quelque sorte insensible à ce qu'il produit. La sensibilité n'est pas et ne doit pas être la qualité d'un grand génie : ce n'est pas son cœur, mais sa tête qui fait tout. » (Bettini et Parigi, « Introduzione », ouvr. cité, p. 27)

aux « passions faibles », c'est-à-dire aux passions qui ne sont pas fondées sur des idées morales, passions inconsistantes et nuisibles, typiques des âmes faibles et prisonnières. Rousseau oppose à cette modération les élans de son « cœur sensible », étant capable d'une compréhension des choses par voie passionnelle avant même d'en connaître les tenants, capable d'une conscience, en somme, pré-rationnelle. L'enthousiasme de Rousseau est impulsion, subjectivisme extrême, et les fantasmes qui en jaillissent sont peut-être la réalité la plus authentique :

> En peu de temps j'acquis [...] non seulement une extrême facilité à lire et à m'entendre, mais une intelligence unique à mon âge sur les passions. Je n'avais aucune idée des choses, que tous les sentiments m'étaient déjà connus. Je n'avais rien conçu, j'avais tout senti. Ces émotions confuses, que j'éprouvai coup sur coup, n'altéraient point la raison que je n'avais pas encore ; mais elles m'en formèrent une d'une autre trempe, et me donnèrent de la vie humaine des notions bizarres et romanesques, dont l'expérience et la réflexion n'ont jamais bien pu me guérir[56].

De même, dans le second dialogue de *Rousseau juge de Jean Jaques*, le philosophe attaque les détracteurs de la « sensibilité » en esquissant les motifs les plus heureux du sentimentalisme humain :

> J'ai souvent ouï reprocher à J. J., comme vous venez de faire, un excès de sensibilité, et tirer de là l'évidente conséquence qu'il étoit un monstre. C'est surtout le but d'un nouveau livre Anglois intitulé Recherches sur l'ame, où [...] l'on établit en principe que la sensibilité dans l'homme [...] est la seule cause de ses vices et de ses crimes. [...] La sensibilité est le principe de toute action. Un être, quoiqu'animé, qui ne sentiroit rien, n'agiroit point : car où seroit pour lui le motif d'agir ? Dieu lui-même est sensible puisqu'il agit[57].

Or, dans les lignes suivantes du dialogue, émerge une distinction qui mérite une réflexion approfondie. Rousseau identifie deux types de sensibilité, une sensibilité « physique et organique », passive, et une sensibilité « morale », active :

> Il y a une sensibilité physique et organique, qui, purement passive, paroit n'avoir pour fin que la conservation de notre corps et celle de notre espèce

56 Jean-Jacques Rousseau, *Les Confessions* [1782], dans *Œuvres complètes. I. Les Confessions – Autres textes autobiographiques*, dir. Bernard Gagnebin et Marcel Raymond, Paris, Gallimard, Bibliothèque de la Pléiade, 1959, p. 8.

57 Rousseau, *Rousseau juge de Jean Jaques* [1780-1782], dans *Œuvres complètes. I...*, ouvr. cité, p. 804-805.

> par les directions du plaisir et de la douleur. Il y a une autre sensibilité que j'appelle active et morale qui n'est autre chose que la faculté d'attacher nos affections à des êtres qui nous sont étrangers. [...] Sa force est en raison des rapports que nous sentons entre nous et les autres êtres, et, selon la nature de ces rapports elle agit tantôt positivement par attraction, tantôt négativement par répulsion. [...] L'action positive ou attirante est l'œuvre simple de la nature qui cherche à étendre et renforcer le sentiment de notre être ; la négative [...] qui comprime et rétrécit celui d'autrui est une combinaison que la réflexion produit[58].

Rousseau semble ici réaffirmer cette distinction déjà avancée par Diderot et Shaftesbury en ce qui concerne la différentiation à établir entre prédisposition égotique intime et prédisposition socialisante de l'individu[59]. Mais alors que chez les deux déistes, la contradiction entre ces pulsions naturelles était affinée et résolue par l'éducation, l'étude et le « *common sense* » – grâce, en somme, à cet enthousiasme philosophique qui devait constituer le point de départ du programme pédagogique pour une nouvelle société des Lumières –, chez Rousseau, nous pouvons lire qu'un tel réformisme intellectuel perd toute sa valeur pour, au contraire, venir se transformer en un modèle culturel à renier. L'auteur des *Confessions* rejette toute médiation philosophique entre les intellectuels et le « commun des mortels » puisque dans une telle hiérarchie se nicherait le germe de l'inégalité entre les hommes : la civilisation

58 *Ibid.*, p. 805.

59 L'amitié entre Diderot et Rousseau est bien connue. « Même si Rousseau et Diderot ont fini par s'éloigner l'un de l'autre, en 1744 leur amitié était à son apogée. À cette période, chaque semaine, Diderot, Rousseau et Condillac dînaient ensemble au *Panier fleuri*. Diderot devait prendre beaucoup de plaisir à ces rencontres, selon ce que Rousseau écrivit de lui plus tard : "Il falloit que ces petits diners hebdomadaires plussent estrêmement à Diderot, car lui qui manquoit presque à tous ses rendez-vous ne manqua jamais à aucun de ceux-là." [*Les Confessions*] » (Schlegel, « Diderot as the Transmitter... », ouvr. cité, p. 1459). De plus, on sait que Diderot donna à son ami une copie de sa traduction de Shaftesbury : « Quoique de nombreuses idées de Shaftesbury aient dû être communiquées à Rousseau verbalement, nous savons que Diderot a effectivement remis à Rousseau une copie de sa traduction du traité le plus abouti de Shaftesbury, l'*Enquête sur la vertu*, puisque Rousseau avait lui-même écrit en marge de ce livre, "Ce livre m'a été donné par l'auteur le 16 de mars 1745". Avec ce livre, Diderot a offert à Rousseau et à ses contemporains les bases et peut-être même l'aspect le plus important de la pensée de Shaftesbury, ce déisme que lui-même et ses partisans avaient avancé comme alternative au christianisme institutionnalisé. » (Schlegel, ouvr. cité, p. 1464) Bien que le lord anglais n'ait été mentionné par Rousseau dans aucune de ses œuvres majeures, Dorothy Schlegel nous a fourni une étude contrastive intéressante (*Shaftesbury and the French Deists*, ouvr. cité, p. 99-108) qui met en exergue les points de convergence entre les deux philosophes.

des lettres pervertirait la bonté substantielle de l'homme par nature, c'est-à-dire son enthousiasme inné. C'est là un sujet épineux que le philosophe genevois a affronté et revendiqué plusieurs fois au cours de sa vie et qui fut la cause déterminante de son isolement vis-à-vis des milieux intellectuels de son époque. Dès l'origine de sa production littéraire, dans son *Discours sur les sciences et les arts* (1750), Rousseau prêchait déjà le retour à un stade originel dans lequel la simplicité et la vertu de l'homme n'avaient pas encore été corrompues par le progrès des idées :

> Qu'il seroit doux de vivre parmi nous, si la contenance extérieure étoit toûjours l'image des dispositions du cœur. [...] Avant que l'Art eut façonné nos maniéres et appris à nos passions à parler un langage apprêté, nos mœurs étoient rustiques, mais naturelles. [...] La nature humaine, au fond, n'étoit pas meilleure ; mais les hommes trouvoient leur sécurité dans la facilité de se pénétrer réciproquement, et cet avantage, dont nous ne sentons plus le prix, leur épargnoit bien des vices[60].

Les thèses exposées ici étaient en conflit ouvert avec la vision du monde des cercles des Lumières de l'époque – nous l'avons souligné à plusieurs reprises, ces cercles reconnaissaient au progrès scientifique et culturel un rôle déterminant dans la perfectibilité de la condition humaine, enfin libérée de la superstition et émancipée de sa tutelle. La critique anti-intellectuelle de Rousseau est ici intimement liée à la critique de la civilisation politique de son temps : selon lui, les sciences et les arts n'ont rien fait d'autre que de corrompre les mœurs et camoufler le joug des tyrans en occupant les hommes avec des futilités et en leur faisant oublier leur état servile :

> Les Sciences, les Lettres et les Arts étendent des guirlandes de fleurs sur les chaînes de fer dont les hommes sont chargés, étouffent en eux le sentiment de cette liberté originelle pour laquelle ils sembloient être nés, leur font aimer leur esclavage et en forment ce qu'on appelle des Peuples policés[61].

Le clivage entre les détenteurs du savoir – cette élite des lettrés qui abandonneront Rousseau à une vie d'errance et de solitude – et le commun des mortels serait donc l'aspect le plus manifeste de l'inégalité

---

60 Rousseau, *Discours « Sur les sciences et les arts »* [1750], dans *Œuvres complètes. III. Du Contrat social – Écrits politiques*, ouvr. cité, 1964, p. 7-8.

61 *Ibid.*, p. 7.

entre les hommes. Par suite, dans le *Discours sur l'origine et les fondements de l'inégalité parmi les hommes* (1755), ces opinions seront confirmées. Comme on le sait, dans ce discours, Rousseau impute l'origine de tous les maux de l'homme non pas tant à la nature de l'homme lui-même (considéré comme intrinsèquement bon), mais au moment où il s'est associé à ses semblables dans l'institution de la société et des cercles oligarchiques politico-intellectuels. L'homme contemporain aurait oublié l'« amour de soi » – autrement dit sa capacité à s'élever par l'empathie – en abdiquant l'« amour propre » – pour lequel l'homme jouirait moins de son bien propre (égoïsme passif), que du fait d'être mieux loti que les autres (égoïsme actif). Ce serait donc dans cet écart égoïste que résiderait l'iniquité économique, culturelle et sociale des hommes. Ainsi l'idée de progrès et de confrontation philosophico-intellectuelle permanente, promue par les Lumières, dissimulerait donc une volonté de domination de chacun sur son prochain.

Dans la bataille entreprise par Rousseau contre le système sociopolitique, se reflète sa conscience d'une répression de cet élan naturel à l'homme qui légitime son existence même : l'enthousiasme. Pour le philosophe, l'autonomie du sujet et la capacité d'interprétation de ses sentiments sont à la base de la vie elle-même. Dans l'*Émile*, qu'il publie en 1762, la revendication de la prédominance de ce type d'enthousiasme, que l'on peut dire vitaliste, et de la « sensibilité » qu'il prête à son personnage, atteint des tons paroxystiques. En particulier dans le livre IV, l'auteur chante les louanges du fanatisme dont il fait remonter les principes psychiques à l'essence du Moi contre les superstructures castratrices de l'intellect :

> Ce qu'il n'a eu garde de dire, et qui n'est pas moins vrai, c'est que le fanatisme, quoique sanguinaire et cruel, est pourtant une passion grande et forte qui élève le cœur de l'homme, qui lui fait mépriser la mort, qui lui donne un ressort prodigieux et qu'il ne faut que mieux diriger pour en tirer les plus sublimes vertus ; au lieu que l'irréligion et en général l'esprit raisonneur et philosophique, attache à la vie, effémine, avilit les âmes, concentre toutes les passions dans la bassesse de l'intérêt particulier, dans l'abjection du moi humain, et sape ainsi à petit bruit les vrais fondements de toute société ; car ce que les intérêts particuliers ont de commun est si peu de chose, qu'il ne balancera jamais ce qu'ils ont d'opposé[62].

62 Rousseau, *Émile ou De l'éducation* [1762], dans *Œuvres complètes. IV. Émile. Éducation-Morale-Botanique*, ouvr. cité, 1969, p. 632-633.

Le système pédagogique complexe élaboré ici par Rousseau aspire donc à réhabiliter l'enthousiasme originel de l'homme, cette passion si « grande et forte qui élève le cœur » et qui trouve comme principal ennemi « l'esprit raisonneur et philosophique » de l'athéisme.

Si l'on s'arrêtait à cette considération fruste, il serait légitime de penser que l'enthousiaste rousseauiste est un homme à l'individualisme exacerbé, relégué dans sa contradiction intrinsèque. À la lecture de nombreux passages des écrits du philosophe genevois, il semble que la contradiction entre le Moi et l'Autre, bien qu'indispensable à la préservation du Moi, soit insoluble dès ses prémisses. L'enthousiaste-fanatique Rousseau vivrait en somme en constante contradiction avec lui-même, oscillant perpétuellement entre deux extrêmes opposés :

> Deux choses presque inalliables s'unissent en moi sans que j'en puisse concevoir la manière : un tempérament très ardent, des passions vives, impétueuses, et des idées lentes à naître, embarrassées, et qui ne se présentent jamais qu'après coup. On dirait que mon cœur et mon esprit n'appartiennent pas au même individu[63].

Afin de mieux comprendre le caractère visionnaire de la pensée de Rousseau et de ne pas tomber dans le piège d'une banalisation du fanatisme irrationnel et individualiste, il est indispensable de ramener de tels principes à sa philosophie politique. La radicalisation de l'enthousiasme individualiste trouve sa contrepartie – et son accomplissement dialectique – à travers un sens de la communauté et du collectivisme très éloigné de la représentation monarchique constitutionnelle modérée des modèles sociaux proposés par les Lumières, alors dans leur maturité à cette même période. Voyons de quelle façon.

Comme le dit l'auteur dans son *Émile*, cette éducation anti-intellectuelle à l'état naturel de l'homme servirait « à mieux diriger pour en tirer les plus sublimes vertus[64] ». Dans le schéma idéologique de Rousseau, les vertus exposées ici seraient celles de l'engagement civique qui caractérisaient l'*ethos* de la République romaine :

> Dépassant les médiocres intérêts particuliers, excédant la frontière entre l'être et le paraître, le fanatique valorisé par Rousseau n'a rien d'un apôtre de la

63 Rousseau, *Les Confessions*, ouvr. cité, p. 113.
64 Rousseau, *Émile…*, ouvr. cité, p. 633.

> théocratie. Paradoxalement, son fanatisme est tolérant. Il rejoint l'engagement civique des vertueux Romains, des patriotes Brutus et Caton[65].

On se souvient que, dans la République romaine, les vertus personnelles de l'individu reposaient sur ces qualités morales que chaque citoyen était tenu de cultiver de façon à former une cohésion commune avec les vertus publiques[66]. Eh bien, Rousseau, dans son *Contrat social* – ouvrage publié (par hasard ?) la même année que l'*Émile* –, a cherché à étendre la revendication de la sensibilité de l'individu au champ politique, suivant expressément l'exemple du système moral du républicanisme romain ! Chez Rousseau, « tout tient radicalement à la politique, alors le *moi* lui-même n'y échappe pas[67] ». Dans le *Contrat* résiderait donc la tentative d'identifier, par la participation politique, le moyen le plus adapté pour satisfaire les exigences intimes de chacun au sein d'un monde définitivement dépravé par le progrès de la civilisation. L'âge d'or de l'état de nature est un paradis perdu, Rousseau en est conscient. C'est précisément pour cette raison que l'enthousiasme de l'homme libre présocial devra être récupéré et réintégré dans un élan existentiel renouvelé ; cette nouvelle forme d'enthousiasme, chez Rousseau, est explicitée par les concepts d'« aliénation » et de « volonté générale ».

Dans son traité politique le plus important, Rousseau cherche à résoudre en termes techniques et politiques le problème de la pertinence d'un retour à l'état de nature déjà argumenté dans le *Discours* de 1755. Or, alors que dans le discours un tel état de nature était présenté comme une simple fiction philosophique, hypothèse purement heuristique qui présupposait l'existence d'un état idéal obtenu par abstraction, dans le *Contrat*, l'intention de l'auteur est de fournir un programme pratique à sa réflexion. Procédant par éliminations, Rousseau en vient à théoriser le fait qu'une organisation sociale juste devrait reposer sur un pacte qui puisse garantir l'égalité et la liberté entre tous les citoyens. Par ce pacte social, chacun renoncerait ainsi à sa liberté naturelle pour acquérir un

---

65 Graille, art. cité, p. 522.

66 Les vertus personnelles sont, dans l'ordre : *auctoritas, comitas, clementia, dignitas, firmitas, frugalitas, gravitas, honestas, humanitas, industria, pietas, prudentia, salubritas, severitas, veritas.* Les vertus publiques : *abundantia, aequitas, bonus eventus, clementia, concordia, felicitas, fides, fortuna, genius, hilaritas, iustitia, laetitia, liberalitas, libertas, nobilitas, ops, patientia, pax, pietas, providentia, pudicita, salus, securitas, spes, uberitas, virtus.*

67 Gérard Mairet, « L'invention du "moi politique" », dans J.-J. Rousseau, *Écrits politiques*, éd. de G. Mairet, Paris, Le Livre de Poche, 1992, p. 7.

nouveau type de liberté : la liberté civile. En d'autres termes, la « sensibilité passive » doit céder le pas à la « sensibilité active ». La question est de savoir en quoi consiste cette liberté civile et, surtout, sur quelle base humaine se fonderait un tel contrat.

> Ce que l'homme perd par le contrat social, c'est sa liberté naturelle et un droit illimité à tout ce qui le tente et qu'il peut atteindre ; ce qu'il gagne, c'est la liberté civile et la propriété de tout ce qu'il possède. [...] On pourrait, sur ce qui précède, ajouter à l'acquis de l'état civil la liberté morale qui seule rend l'homme vraiment maître de lui ; car l'impulsion du seul appétit est esclavage, et l'obéissance à la loi qu'on s'est prescrite est liberté[68].

C'est ici que le philosophe introduit le concept d'« aliénation », c'est-à-dire la renonciation de chaque individu à ses privilèges et à son pouvoir particuliers afin de satisfaire à l'équilibre des droits et devoirs que la nouvelle société sera tenue de garantir. La légitimité de ce pacte repose sur une soumission des individus aux mêmes lois objectives et impartiales que celles de la nature, à ceci près que désormais l'autorité de l'État empêchera la domination d'un homme sur un autre, domination par la force ou par les biens. La liberté civile transcende la liberté individuelle et l'« amour-propre » ; l'État prévaut sur l'individu :

> Ces clauses [celles du pacte social] se réduisent toutes à une seule : savoir l'aliénation totale de chaque associé avec tous ses droits à toute la communauté : car premièrement, chacun se donnant tout entier, la condition est égale pour tous ; et la condition étant égale pour tous, nul n'a intérêt de la rendre onéreuse aux autres[69].

Pour préserver cette condition d'équilibre, Rousseau rejette la possibilité de déléguer des représentants sur les questions d'intérêt général comme, par exemple, les lois de l'État. En vertu de ce principe élémentaire, le peuple deviendrait alors son propre souverain, exprimant à travers le pouvoir législatif une communion d'exigences et d'objectifs que le philosophe appelle « volonté générale » :

> Quand tout le peuple statue sur tout le peuple, il ne considère que lui-même ; et s'il se forme alors un rapport, c'est de l'objet entier sous un point de vue à l'objet entier sous un autre point de vue, sans aucune division du tout. Alors la

68 Rousseau, *Du contrat social* [1762], dans *Œuvres complètes. III*..., ouvr. cité, p. 364-365.
69 *Ibid.*, p. 360.

> matière sur laquelle on statue est générale comme la volonté qui statue. C'est cet acte que j'appelle une loi. [...] J'appelle donc République tout Etat régi par des lois, sous quelque forme d'administration que ce puisse être : car alors seulement l'intérêt public gouverne, et la chose publique est quelque chose[70].

C'est donc formellement dans l'acte législatif populaire que s'opère le passage politique de la représentativité à la participation directe du citoyen aux affaires de l'État. La volonté générale exprimée par Rousseau incarne un enthousiasme nouveau qui, s'il représente une aspiration humaine et communautaire à l'équilibre naturel entre « *social affections* » et « *private affections* » comme chez Diderot et Shaftesbury, s'en distingue désormais par cette poussée intrinsèquement démocratisante et totalisante ; de l'enthousiasme philosophique du savoir, nous voici passés à un enthousiasme collectif qui trouve son inspiration non plus dans les hautes sphères du savoir civilisé, mais bien dans la revendication du droit naturel de l'homme à être lui-même au milieu de la multitude. La « volonté générale » du *Contrat social* se fonde sur le concept de l'individu non individualiste, un individu mû par son « amour de soi » non égoïste. Le contrat de Rousseau est un mode d'éducation civile qui, contrairement à la pédagogie corrective des Lumières de l'*Encyclopédie*, fonde ses principes sur la négation de tout modèle social existant : « Ces éducations négatives écartaient toutes les erreurs des modèles sociaux existants pour réinventer une société sur de nouvelles bases, conformes à l'ordre naturel[71]. »

Les deux modèles d'enthousiasme que nous avons présentés diffèrent sur le fond plus que sur la forme. Tous deux participent d'une prise de conscience partagée – commune à la plupart des philosophes les plus progressistes du XVIIIe siècle français –, ainsi que d'un besoin urgent de rétablir un ordre moral et social dans l'espace politique de l'Ancien Régime, mais les divergences conceptuelles que notre comparaison fait ressortir vont s'avérer pour le moins problématiques lors des développements ultérieurs de la société européenne. Pour ce qui est de la concordance d'idées, elle a été confirmée par Jonathan Israel lorsqu'il énonce ce qui suit :

70 *Ibid.*, p. 379-380.

71 Delon, « L'éveil de l'âme sensible », ouvr. cité, p. 23. Pour une définition de l'« éducation négative », voir Christophe Martin, *« Éducations négatives ». Fictions d'expérimentations pédagogiques au dix-huitième siècle*, Paris, Classiques Garnier, 2010.

> Rousseau et les philosophes radicaux divergeaient d'opinion sur de nombreux sujets, mais deux doctrines politiques fondamentales les rapprochaient. Premièrement, l'ensemble de la structure institutionnelle de la société était corrompue, répréhensible, despotique et devait être remplacée. Deuxièmement, la transformation du droit, des institutions et des mœurs politiques avait la capacité de rendre les hommes meilleurs et plus heureux. Rousseau et les philosophes étaient également d'accord pour affirmer le besoin de révolutionner l'éducation afin de changer la façon de penser des hommes, ils en faisaient un élément central de la révolution politique dont ils rêvaient. Mais les philosophes radicaux étaient bien plus insistants à ce sujet que ne l'était Rousseau[72].

Bien que l'approche critique de notre confrère historien soit scrupuleuse et amplement argumentée de thèses et références, avec tout le respect que nous lui devons, nous nous permettrons d'émettre quelques réserves sur les déductions qu'il en tire. À la fin de son étude, Jonathan Israel parvient à la conclusion que la véritable Révolution française aurait été préparée uniquement par ces philosophes « radicaux » si défavorables à Rousseau. Il est vrai que les radicaux ont influencé les hautes sphères de l'intelligentsia politique française plus que ne le fit le philosophe genevois ; il est vrai qu'ils ont ouvert la voie aux partis politiques démocrates et républicains de la période révolutionnaire ; et il est également vrai qu'ils ont fourni de solides bases théoriques à ces valeurs de représentativité législative et de tolérance religieuse qui allaient façonner les consciences politiques des sociétés modernes. Mais était-ce là la « vraie et unique » Révolution ? Peut-on réduire la Révolution française à la seule part visible d'un événement politique et social ? Il semble que la réponse soit négative si l'on veut bien saisir les processus de certaines implications mentales et, hasardons-le, métaphysiques qu'a pu induire la pensée de Rousseau. Nous avons vu que le programme de Rousseau incarnerait un élan égalitaire sans précédent mais aussi, en raison de son approche extraordinairement enthousiaste et passionnelle, que ce programme courait le risque de développer un paradoxe particulièrement inquiétant. C'est sur ce paradoxe, croyons-nous, que va se jouer l'enjeu des sociétés modernes postrévolutionnaires. S'il est vrai que Rousseau anticipe et dévoile les substrats nettement proto-romantiques de Shaftesbury, il est tout aussi vrai qu'il en accentue les aspects les plus dangereux et alarmants. Cela n'avait pas échappé à Dorothy Schlegel dans son étude portant sur le déisme français :

---

72 Israel, *Idées révolutionnaires…*, ouvr. cité, p. 736.

> Avec Rousseau, l'influence de Shaftesbury s'étendit sur tout le siècle et implanta dans l'esprit des gens du peuple un humanitarisme qui mena à la Révolution, une émotivité qui se mua en sentimentalisme, et un individualisme qui évolua en un égoïsme individuel et national outrecuidant[73].

Chez Rousseau, le fait politique marche dangereusement sur le fil d'un équilibre précaire entre instances individuelles et participation civile, équilibre qui se romprait immédiatement si un seul élément de la communauté élevait la voix plus que les autres, revendiquant pour quelque bonne raison un droit à la parole plus prépondérant, ce qui dénoncerait alors le pacte indispensable à sa survie civile. Les hypothèses de Rousseau quant à cette uniformisation politique seraient, en somme, imprévisibles dans leurs développements. Ce fameux « enthousiasme de la collectivité » prompt à inspirer les foules a certainement une portée idéale plus puissante et plus communicative que le modérantisme philosophique, mais il risque plus facilement de se voir subverti en une course effrénée à l'autodétermination. C'est précisément cet argument limitatif qui mérite d'être débattu.

La réception de la philosophie de Rousseau par des observateurs extérieurs tel qu'Adam Lux sera le sismographe dans lequel il deviendra possible d'enregistrer cette alternance entre un idéal communautaire et une rhétorique de l'excès individualiste et factieux. En ce sens, l'Allemagne et, plus particulièrement le cas Adam Lux vont illustrer parfaitement les apories que porte cet imaginaire de la démocratie directe et populaire promu par Rousseau.

---

73 Schlegel, *Shaftesbury and the French Deists*, ouvr. cité, p. 99.

L'*ENTHUSIASMUS* D'ADAM LUX

Une réflexion sous le signe de la *Spätaufklärung* allemande

À l'instar de la France des débuts du XVIIIe siècle, l'Allemagne a elle aussi développé un discours articulé autour de l'enthousiasme. Toutefois, contrairement au milieu français plus restreint où le débat s'élaborait autour de deux principaux axes interprétatifs – d'une part l'axe philosophico-encyclopédique de Voltaire et Diderot, redevable au *Moral sense* de Shaftesbury et son enthousiasme philosophique, d'autre part l'axe lié à la sensibilité de Rousseau –, sur le sol allemand, la question s'est ramifiée de manière plus confuse, dans une disparité argumentative due au caractère fragmentaire et provincial particulier qui distingua l'*Aufklärung*, mouvement plus général que spécifique, c'est-à-dire non lié à un unique centre de pouvoir intellectuel comme pouvait l'être Paris à l'époque. Comme nous le savons, les Lumières allemandes se sont répandues à travers les territoires de l'empire de manière éphémère, chacune avec sa propre déclinaison, s'établissant dans les différents royaumes selon les tendances culturelles qui y prévalaient. Au moins jusqu'à la fin des années 1780, années de la consécration de Kant dans le panorama européen, ce qui manqua à l'Allemagne, en somme, c'était une conscience précise de ce que devaient être les composantes fondatrices du mouvement des Lumières. Dans son essai sur la transition de la philosophie allemande de Leibniz à Kant, Giorgio Tonelli dresse de l'*Aufklärung* un descriptif avisé :

> Les philosophes du XVIIIe siècle, divisés comme ils l'étaient entre des écoles opposées, n'avaient pas encore conçu l'idée d'appartenir à une époque dotée dans son ensemble d'une physionomie propre, ni compris qu'ils présentaient eux-mêmes certains traits communs prédominants au-delà de leurs positions particulières ; ils se considéraient ou wolffiens, ou piétistes, etc., et cela seul avait, à leurs yeux, un sens. Ce fut plus tard que des forces menaçantes alarmèrent les différentes écoles philosophiques, et éveillèrent en elles un sentiment général

> de solidarité. En dehors de la Prusse, la mentalité du *Sturm und Drang* se mit à évoluer, avec son comportement typique [...], politiquement subversif, ce qui constitua une menace sérieuse pour les apôtres du rationalisme[1].

Tonelli ajoute que les gouvernements allemands menacèrent de restreindre les droits d'expression des philosophes. Quant aux sociétés secrètes, telles que les Rose-croix, elles inquiétèrent également les dirigeants par leur orthodoxie mystique réactionnaire ressentie par la suite dans le pays après la mort de Frédéric le Grand. De plus, contrairement à la France rurale et populaire où un minimum de scolarité garantissait un niveau d'alphabétisation satisfaisant et par conséquent un certain nivellement social, dans la première moitié du XVIIIe siècle, le nombre de lecteurs allemands en dehors des cercles universitaires et académiques était, dans l'ensemble, très faible, ce qui contribua certainement à faire échouer toute prétention d'homogénéisation. C'est là une donnée symptomatique qui illustre la fragilité de la situation socio-économique qui allait persister durant la majeure partie du siècle et conditionner grandement les développements culturels et politiques jusqu'au siècle suivant[2].

Ces précisions s'avèrent nécessaires pour circonscrire un contexte culturel particulier, le contexte allemand, façonné par un syncrétisme linguistique, philosophique, littéraire et surtout religieux. En l'occurrence, toutes les théories qui se sont développées autour du thème de l'enthousiasme sont représentatives de tous ces facteurs. En étudier les bases sémantiques sera donc utile pour identifier les repères et tracer

1 Giorgio Tonelli, *Da Leibniz a Kant. Saggi sul pensiero del Settecento*, Napoli, Prismi, 1987, p. 29.

2 De telles observations sont rendues possibles grâce aux outils de l'histoire sociale des idées. En cela, des études de fond ont été conduites dans les revues *Livre et Société*, *Annales* ainsi que par Daniel Mornet et ses étudiants. Voir Daniel Mornet, *Les origines intellectuelles de la Révolution française*, Paris, Armand Colin, 1933, Robert Mandrou, *De la culture populaire aux XVIIe et XVIIIe siècles*, Paris, Stock, 1964, Geneviève Bollème, *Les Almanachs populaires aux XVIIe et XVIIIe siècles. Essai d'histoire sociale*, Paris-La Haye, Mouton, 1969. Par la suite, Daniel Roche, Roger Chartier et Robert Darnton ont développé le propos : Roger Chartier, *L'Éducation en France du XVIIe au XVIIIe siècle*, Paris, Société d'édition d'enseignement supérieur, 1976, Daniel Roche, *Le Siècle des Lumières en province. Académies et académiciens provinciaux, 1689-1789*, Paris-La Haye, Mouton, 1978, R. Darnton, *Bohème littéraire et Révolution. Le monde des livres au XVIIIe siècle* [1983], Paris, Gallimard, 2010. Pour un panorama sur les conditions économiques et sociales de l'Allemagne au XVIIIe siècle, voir Gerhard Sauder, art. « Allemagne », dans le *Dictionnaire européen des Lumières*, ouvr. cité.

un profil au moins satisfaisant de la *Spätaufklärung* (fin du siècle des Lumières) et du jacobinisme allemands, l'une de ses conséquences les plus significatives.

L'électorat de Mayence est situé au carrefour des Provinces-Unies, du royaume de France et du Saint-Empire romain germanique. Adam Lux est un jeune docteur de l'université de Mayence et membre de la Convention rhéno-germanique lorsqu'il adhère avec « enthousiasme » aux idées révolutionnaires françaises. Avec le rattachement à la France de l'éphémère république de Mayence, ville tout juste conquise par le général Custine, il obtient la nationalité française et devient député extraordinaire, ce qui lui vaudra d'être entendu dans nos frontières. De sa réflexion sur l'enthousiasme, qui fut l'objet de sa thèse alors qu'il était encore allemand, nous allons pouvoir extraire le point de vue germanique qui transparaît à travers un thème vivement discuté dans l'effervescence des années quatre-vingts du siècle, en particulier dans les rapports transversaux entretenus avec les théories de certains des principaux penseurs européens. Les répercussions, sur le travail de Lux, des considérations de Wieland, Thomasius et de la période précritique de Kant, nous permettront de mieux saisir comment et selon quelles modalités la pensée de ces derniers a pénétré la conscience du jacobin de Mayence et, plus généralement, celle de sa génération. Nous verrons ainsi sur quels facteurs matériels ces éléments, particulièrement denses, ont fini par influencer l'anthropologie et les esprits de la fin du siècle.

La dissertation d'Adam Lux va nous être profitable principalement pour deux raisons. D'un point de vue historico-intellectuel et biographique, l'*Enthusiasmus* de Lux permet de comprendre l'état d'esprit de son auteur d'abord dans le contexte du *Kurmainz* (l'électorat de Mayence) puis dans la république de Mayence, et ensuite dans celle de Paris. Nous passerons sur les deux premiers contextes, que plusieurs historiens ont déjà en partie commentés[3]. Dans une perspective comparatiste plus

3 Sur l'histoire intellectuelle de Mayence au XVIIIe siècle, voir Joseph Hansen, *Quellen zur Geschichte des Rheinlandes im Zeitalter der französischen Revolution 1780-1801*, Bonn, Publikationen der Gesellschaft für Rheinische Geschichtskunde, Band 42, 1931, Ernst Jakobi, *Die Entstehung des Mainzer Universitätsfonds von 1781*, Stuttgart, Steiner, 1959, François G. Dreyfus, *Sociétés et mentalités à Mayence dans la seconde moitié du dix-huitième siècle*, Paris, Armand Colin, 1968, Timothy C. W. Blanning, *Reform and Revolution in Mainz 1743-1803*, Cambridge, Cambridge University Press, 1974, Helmut Mathy, *Die Universität Mainz. 1477-1977*, Mainz, Dr. Hanns Krach, 1977, Hermann Weber (dir.),

large et pour une étude de la réception philosophique et littéraire, la théorie sur l'enthousiasme du futur *Jakobiner* va cependant nous permettre de démontrer la persistance de cette circulation culturelle transnationale qui a non seulement déterminé la mentalité de toute une génération, mais aussi posé les termes de la constitution d'un esprit des Lumières et d'un esprit révolutionnaire allemands plus réfléchis. Il est vrai que le morcellement du contexte intellectuel germanique rend difficile l'identification d'une tendance générale. En revanche, il est tout autant admissible d'affirmer qu'à partir des trois dernières décennies du XVIIIe siècle – la période de la *Spätaufklärung* –, la forte perméabilité des frontières de l'Empire, surtout dans les territoires occidentaux, a facilité la pénétration spontanée des influences les plus diverses en provenance de nombreuses régions d'Europe. À terme, cela a également contribué à la formation d'une *koiné* intellectuelle en Allemagne. Adam Lux ayant été l'un des cas les plus frappants de ce syncrétisme culturel. Son interprétation originale de l'enthousiasme en renferme l'essence.

La liste des étudiants de l'ancienne université de Mayence donne une idée très succincte du parcours universitaire d'Adam Lux[4]. On peut y

---

Aufklärung in Mainz, Wiesbaden, Franz Steiner, 1984, Franz Dumont, Ferdinand Scherf et Friedrich Schütz (dir.), *Mainz. Die Geschichte der Stadt*, Mainz, Philipp von Zabern, 1998, Jörg Schweigard, *Die Liebe zur Freiheit ruft uns an den Rhein. Aufklärung, Reform und Revolution in Mainz*, Gernsbach, Casimir Katz, 2005, David Matteini, *Entusiasmo e Rivoluzione. Il caso Adam Lux*, Pisa, Pacini, 2020.

4 Voir Joseph Benzing et Alois Gerlich (dir.), *Verzeichnis der Studierenden der alten Universität Mainz*, Wiesbaden, Steiner, vol. IV, 1981, p. 541. Comme l'ont fait les auteurs, nous avons consulté les documents suivants dans les archives de Darmstadt et Mayence : *Rationarum Rectorale Universitatis Moguntinae*, II, 1767-1784, Darmstadt, Staatsarchiv, 356 ; *Rationarum Facultatis Philosophicae 1688-1797*, Mainz, Stadtarchiv, Abt. 18, Nr. 170, 312r, 315v ; *Protocollum Facultatis Philosophicae Moguntinae 1756-1798*, Mainz, Stadtarchiv, p. 105-107 ; *Konvolut 1-26*, Darmstadt, Staatsarchiv, VI, 1/6, 4 f°.11r e VI, 1/26, 2 f°.488r. – Pour une biographie sommaire d'Adam Lux, voir Emanuel Leser, « Lux, Adam », dans *Allgemeine Deutsche Biographie*, Leipzig, Duncker & Humblot, Band 19, 1884, p. 724-726, Alfred Börckel, *Adam Lux, ein Opfer der Schreckenszeit*, Mainz, Victor von Zabern, 1892, Arthur Chuquet, « Adam Lux », dans *Minerva. Revue des Lettres et des Arts*, Paris, Albert Fontemoing, n° 25 (1er mars 1903), p. 5-26 et n° 26 (15 mars 1903), p. 161-177, A. Börckel, *Mainzer Zeit- und Lebensbilder*, Mainz, Diemer, 1928, p. 120-132, Friedrich Hirth, « Adam Lux, der Mainzer Revolutionär », dans August Schuchert (dir.), *Jahrbuch für das Bistum Mainz*, t. 5, 1950, p. 494-503, Justinus G. Kerner, « Anmerkung zum "Dritten Brief aus Paris vom 2. März 1795" », dans Hedwig Voegt (dir.), *Georg Kerner. Jakobiner und Armenarzt. Reisebriefe, Berichte, Lebenszeugnisse*, Berlin Ost, Rütten und Loening, 1978, p. 96-109, Franz Dumont, « Lux », dans Axel Kuhn, Helmut Reinalter, Alain Ruiz (dir.), *Biographisches Lexikon Zur Geschichte der Demokratischen und Liberalen Bewegungen in*

lire que le futur jacobin, né le 27 décembre 1765 à Obernburg am Main dans une famille de paysans pauvres – les registres mentionnent son inscription sous la dénomination de *pauper* –, obtint son baccalauréat de philosophie le 24 septembre 1783 et présenta son projet de soutenance le 9 septembre de l'année suivante pour accéder, par suite, au titre de *Magister philosophiæ* le 22 septembre de la même année[5]. Quelques semaines plus tard, le 19 novembre 1784, Adam Lux est admis au titre de *Doctor philosophiae* après la soutenance de sa *Dissertatio inauguralis Enthusiasmus* devant un jury présidé par les professeurs Appel, Ladrone, Dorsch et Johann Heinrich Vogt (ce dernier fut son grand maître). L'historien Arthur Chuquet – peut-être le seul, avec Louis Bamberger, à avoir établi en détail la biographie de Lux – rapporte que la soutenance fut un énorme succès, une liesse même, probablement conditionnée, ajoute-il, par le climat de fête dû à l'imminente inauguration de la nouvelle université. Après avoir répondu, comme à l'accoutumée, à une série de questions sur diverses matières, l'étudiant était invité à exposer ses considérations sur le sujet de sa thèse, l'enthousiasme, devant un parterre de sommités locales en grand apparat :

> Selon l'usage, il offrit de répondre en outre à des thèses, au nombre de cent vingt-deux, sur la philosophie grecque, sur l'origine des idées, sur le beau, sur l'immortalité de l'âme et l'existence de Dieu ; sur certains points de l'astronomie, de la géométrie et de la physique.
>
> Le jury d'examen en robe bleu de ciel aux galons d'or se composait sans doute des professeurs de philosophie Jean-Henri Vogt [Johann Heinrich], Ladrone, Dorsch, et il avait pour président un ancien jésuite, Chrétien Appel, auteur d'un *Sistema universæ philosophiæ*. Il traita le candidat avec d'autant plus de bienveillance que tout Mayence était alors en fête. Durant cinq jours, du 15

Mitteleuropa, Bern, Peter Lang, 1992, p. 75-76, David Matteini, « L'*Enthusiasmus* di Adam Lux. Una riflessione sotto il segno della *Spätaufklärung* », dans *Studi germanici*, n° 13, 2018, p. 57-93, *id.*, « *Plus grande que Brutus !* Adam Lux e Charlotte Corday. Un esempio di transfert di sacralità in epoca rivoluzionaria », dans *Rivista di letterature moderne e comparate*, n° 73, 1, 2020, p. 1-20. Précisons que toutes ces biographies renvoient constamment les unes aux autres.

5 Comme rapporté dans le programme des soutenances de thèses de l'université de Mayence (Stadtbibliothek Mainz), Adam Lux soutint sa thèse en premier, le matin du 9 septembre 1784 à 8h. Son nom figure en premier dans la liste des « Domini Defendentes » mentionnés à la deuxième page. *Theses philosophicae, quae A.D.O.M. pro secunda philosophiæ laurea consequenda propugnabuntur Moguntiae, in auditorio primo theologico mane ab hora 8. a prandio ab hora 3. diebus 9. 10. 11. Septembris, ANNO MDCCLXXXIV* (Mainz, Haeffner, 1784).

> au 19 novembre 1784, l'Université à qui l'Électeur Charles-Frédéric d'Erthal avait, par la suppression de trois couvents, octroyé de nouvelles ressources et de nouveaux cours, célébra le troisième centenaire de sa fondation ou plutôt, comme on disait, sa restauration. Tous les matins, des examens de doctorat ; tous les après-midi, des conférences et des expériences des professeurs. Ce fut le dernier jour de ces réjouissances, le 19 novembre 1784, que Lux fut proclamé docteur, et il se souvint longtemps des « sentiments agréables qu'il avait eus en chaire à la fête de la restauration[6] ».

L'historien considère donc que la thèse manque de profondeur linguistique et intellectuelle pour être élevée au rang de véritable œuvre philosophique[7]. Pour notre part, même dans son désordre argumentatif, nous estimons que l'*Enthusiasmus* révèle plusieurs aspects dignes d'être examinés, notamment pour leur sensibilité critique et leur valeur culturelle. De fait, même si à la première lecture la remarque d'Arthur Chuquet peut s'avérer justifiée (il est vrai que Lux n'approfondit pas son sujet avec la rigueur expressive de ses principaux contemporains), cette thèse repose incontestablement sur une solide préparation théorique et livresque qui en dit long sur le substrat intellectuel des penseurs, ou encore plus simplement des étudiants moyens de l'époque. Y sont souvent cités et commentés des auteurs qui ont manifestement enrichi la formation d'Adam Lux et de ses collègues : des classiques comme Ovide, Plutarque, Cicéron, des philosophes du XVIIe et XVIIIe siècles comme Saverio Bettinelli, Voltaire et les déistes anglais. Par ailleurs, ses conclusions revêtent une signification politico-sociale dense, utile pour comprendre les enjeux liés à l'imaginaire révolutionnaire de ces fameuses années. Nous nous trouvons, par essence, devant un texte polysémique et fortement paratextuel.

La thèse s'ouvre sur le constat de la pluralité des interprétations dont le concept d'enthousiasme a fait l'objet au fil du temps :

> L'enthousiasme est quelque chose d'important et pourtant tout le monde ne le juge ni ne l'estime de la même façon. Pour certains, il s'agit d'une

6 Chuquet, ouvr. cité, p. 6. Voir aussi Karl G. Bockenheimer, *Die Restauration der Mainzer Hochschule im Jahre 1784*, Mainz, Diemer, 1884.

7 « Le travail, écrit en un latin médiocre et qui sent l'allemand, manque d'ampleur et parfois d'ordre et de clarté. Mais il témoigne d'un savoir étendu, d'une intelligence éveillée, d'une réflexion sagace et subtile » (ouvr. cité, p. 7). Friedrich Hirth est également de cette opinion : « Les idées exposées dans la thèse de Lux ne présentent pas une grande originalité. […] Le niveau de la langue latine dont fait preuve Lux est modeste » (art. cité, p. 495).

> chose sublime et divine. Pour plein d'autres, il peut tourner en vacarme. Il ne manque certainement pas d'exemples d'abus, au nombre suffisamment important, en mesure de démontrer, de toute évidence, que l'enthousiasme peut facilement tourner en vacarme, en dévoilant par là sa véritable nature. [...] Cette recherche succincte éclairera une telle équivoque. Qu'est-ce que l'enthousiasme, en vérité ? Quels sont ses buts et son exercice ? Quel est l'abus de ceux qui le profanent ? Cette thèse éclairera ces arguments[8].

Lux introduit sa recherche en soulevant ce problème de fond qui alimentait les débats des XVIIe et XVIIIe siècles : l'enthousiasme peut-il être ramené à la seule nature de sentiment dégénéré ? S'agit-il d'un simple *abusus* de la raison, d'une maladie de l'âme ? Dans ce préliminaire, Adam Lux commence par situer l'enthousiasme sur les plans sémantique et historique. Dans le paragraphe suivant, *Quid enthusiasmus ?*, il le définit comme « une activité improvisée et exceptionnelle de la force de l'âme [due] à quelque force supérieure [...] pour laquelle une image très vive se trouve unie à une extraordinaire activité [productive][9] ». Ensuite, dans les paragraphes *Nominis origo* et *Nominis res*, il passe en revue les différentes significations qui furent attribuées à ce terme dans l'Antiquité. Son enquête, proche de l'inventaire, réduit les considérations des anciens Grecs et Latins à la signification bicéphale classique de l'enthousiasme imputable à Platon : le sens religieux et le sens artistico-poétique. En somme, c'est la composante imaginative et irrationnelle typique qui est mise en avant :

> On attribue à cet état d'âme, en l'absence de n'importe quel procédé rationnel concernant l'excitation réelle et l'inspiration, le nom d'enthousiasme. [...] Le sens de l'usage commun et de la notion que nous avons adoptée, et qui est issue de ces cas de figure, renvoie à la proximité de ces phénomènes qui, finalement, se résolvent en une vivacité de l'imagination, ainsi qu'en une activité proportionnelle de l'âme[10].

Cette définition était la plus communément adoptée dans le débat médico-philosophique de l'époque. Toutefois, pour mieux comprendre le substrat intellectuel d'où est issue la réflexion de Lux, il est indispensable

8 Adam Lux, *Enthusiasmus*, Mainz, Alef, Stadtarchiv, Mog Diss 1784, Appel, Nr. 1, p. 2. La traduction française a été effectuée à ma requête par Sarah Ventimiglia, docteur en Études italiennes à la Sorbonne, que je remercie ici.

9 *Ibid.*, p. 3-4.

10 *Ibid.*, p. 4.

d'introduire ici un terme qui, dans la culture germanophone du XVIIIe siècle, était indistinctement associé à celui d'*Enthusiasmus* : il s'agit de la *Schwärmerei*.

Cette dénomination particulière de l'enthousiasme, si l'on en croit les nombreux analystes qui en ont cherché l'origine, remonterait aux invectives que proféra Luther dans les années vingt du XVIe siècle lorsqu'il anathématisait ses opposants comme Andreas Carlstadt, Thomas Müntzer ou Ulrich Zwingli[11]. Dans son essai sur l'enthousiasme propre à la culture allemande au XVIIIe siècle, Anthony La Vopa illustre cette analogie diachronique en corrélant l'esprit des Lumières allemandes et les réquisitoires protestants : « Leur attachement [celui des *Aufklärer*] au discours de la *Schwärmerei* est en soi une preuve que les Lumières allemandes ont été un phénomène profondément protestant, reposant sur un socle de valeurs luthériennes et puisant dans les richesses du fonds d'images luthériennes à prendre comme métaphores, et ce malgré leur désaccord avec l'orthodoxie confessionnelle[12]. » En effet, les diatribes de Luther contre les masses fanatiques de *Schwärmer* sont imprégnées de cette stigmatisation qui, dans les siècles suivants, sera exploitée par les philosophes contre la dégénérescence de la raison. La Vopa poursuit son analyse en observant que « le qualificatif tirait en grande partie sa force d'un faisceau de métaphores, évoquant toute sorte d'implications sur la déviance et la conformité, l'individualisme et la collectivité, la fantaisie privée et l'autorité publique. Il a conservé cette intensité lors du passage de la polémique religieuse au langage séculier portant sur la science médicale[13] ». Une telle concordance survivra en Allemagne pendant une grande partie du XVIIIe siècle. Tout comme le médecin traditionnel avait pour mission de préserver la santé du corps humain, le philosophe se vit désormais attribuer la charge de médecin de la santé morale et sociale : l'enthousiasme-fanatisme, la *Schwärmerei*, est alors une véritable maladie,

---

11 Voir Wilhelm Maurer, « Luther und die Schwärmer », dans Friedrich Hübner (dir.), *Schriften des Theologischen Konvents Augsburgischen Bekenntnisses*, Berlin-Spandau, Lutherisches Verlagshaus, Heft 6, 1952, p. 7-37, Karl G. Steck, « Luther und die Schwärmer », *Theologische Studien*, Zollikon-Zürich, Evangelischer Verlag, Heft 44, 1955, John S. Oyer, *Lutheran Reformers against Anabaptists. Luther, Melanchthon and Menius and the Anabaptists of Central Germany*, The Hague, Martinus Nijhoff, 1964, Mark U. Edwards, *Luther and the False Brethren*, Stanford CA, Stanford University Press, 1975.

12 La Vopa, « The Philosopher and the *Schwärmer*. On the Career of a German Epithet from Luther to Kant », dans Klein et La Vopa, ouvr. cité, p. 87.

13 *Ibid.*, p. 88.

aussi nocive au bien-être de l'homme et de la société que les maladies courantes ; « La mission du philosophe-médecin n'était pas de guérir les malades, mais de les empêcher de contaminer autrui[14]. »

Comme ce fut le cas venant des philosophes anglais et français, les Allemands du début du XVIIIe siècle considéraient l'aspect pathologique de l'enthousiasme, qu'ils traduisaient le plus souvent par les antinomies classiques – rationnel/irrationnel, sérieux/émotionnel, etc. –, soutenu par les pilastres de la *Vernunft* (raison) sacralisée et de la religion naturelle. Pour exemple d'un cas d'espèce, on se souviendra que Leibniz, comme Gottsched et Wolff avant lui, au chapitre qu'il consacre à l'enthousiasme dans ses *Nouveaux essais sur l'entendement humain* publiés à titre posthume en 1765, se réfère à la lecture lockienne de l'enthousiasme irrationnel :

> Les fanatiques comparent leur opinion à la vue et au sentiment. Ils voient la lumière divine comme nous voyons celle du soleil en plein midi, sans avoir besoin que le crépuscule de la *raison* la leur montre. Ils sont assurés parce qu'ils sont assurés et leur persuasion est droite parce qu'elle est forte, car c'est à quoi se réduit leur langage figuré. [...] Mais comment peuvent-ils voir que c'est Dieu qui révèle et que ce n'est pas un feu follet qui les promène autour de ce cercle : c'est une révélation parce que je le crois fortement, et je le crois parce que c'est une révélation. [...] L'on sait que le diable a eu des martyrs, et s'il suffit d'être bien persuadé, on ne saura distinguer les illusions de Satan des inspirations du Saint-Esprit[15].

Il est donc évident que de nombreux penseurs du début du XVIIIe siècle allemand ont pleinement accepté la leçon anglo-française de cette réinterprétation rationaliste des religions révélées. En atteste leur lutte contre la superstition et le fanatisme, déviances de l'esprit, à comprendre comme effets délétères *a posteriori* d'un sentiment religieux archaïque et rétrograde. Certains observateurs ont fait remarquer à juste titre que, parallèlement à ce courant causal, « en Allemagne et déjà lors de la période des proto-Lumières, une floraison de théories philosophiques sur le *préjugé* se développa[16] ». On peut en lire l'expression dans les aspects les plus brûlants

---

14 *Ibid.*, p. 89-90. À ce sujet, voir Doris Kaufmann, *Aufklärung, bürgerliche Selbsterfahrung und die "Erfindung" der Psychiatrie in Deutschland, 1770-1850*, Göttingen, V&R Unipress, 1995, p. 55-78.

15 Leibniz, *Nouveaux essais sur l'entendement humain* [1765], éd. de Jacques Brunschwig, Paris, Flammarion, 1990, p. 398.

16 Pietro Kobau, « Rischiaramento e iconoclastia. Due figure dell'*Aufklärung* (Thomasius/Kant) », dans Bettini et Parigi, ouvr. cité, p. 154.

du débat non pas tant à travers la négation *in toto* de tout argument lié à la Révélation, mais, au contraire, dans l'élaboration de méthodologies correctives *a priori* utiles pour une interprétation plus authentique de la parole de Dieu. De tels arguments constituaient les signes évidents de la profonde différence épistémologique qui, certes à quelques exceptions près, allait distinguer les Lumières allemandes des Lumières françaises et anglo-saxonnes. Partant de l'analyse de la philosophie leibnizienne, Giorgio Tonelli montre qu'en particulier au début du XVIIIe siècle, « en Angleterre et en France, c'était la Raison elle-même qui fixait ses propres limites ; en Allemagne, au contraire, les frontières de la raison étaient essentiellement déterminées sur la base de considérations religieuses (tendant à sauvegarder le rôle de la Grâce et de la Révélation)[17] ».

Dans l'évolution des rapports entre raison et religion, une première grande différentiation s'impose entre les Lumières européennes.

Il est donc avéré qu'au cours du XVIIIe siècle, la critique allemande de l'enthousiasme a été caractérisée par la composante religieuse de manière beaucoup plus prégnante que les courants philosophiques et culturels contemporains. L'alternance entre vraie foi et fausse foi, révélation et préjugé-fanatisme, se retrouve effectivement dans la plupart des réflexions, tant au début du XVIIIe siècle comme celle de Thomasius, que plus tard dans le discours d'Adam Lux. Ce dernier témoigne de la large diffusion de la philosophie anglaise et française qui se développe dans tous les territoires de l'Empire sous l'influence des Lumières berlinoises[18], notamment à partir des années 1740. Pour autant, son propos montre également comment l'élément théologique si présent dans les œuvres allemandes de la fin du XVIIe et du début du XVIIIe siècles a en réalité survécu beaucoup plus longtemps, jusqu'à marquer profondément la culture la plus tardive des Lumières : « Aux vérités de la raison [de la *Hochaufklärung*] – écrivent les germanistes Raul Calzoni et Elena Agazzi – la *Spätaufklärung* [...] a souvent opposé les vérités de la religion en véritable contrepoids dialectique, abordant ainsi l'un des noyaux les plus problématiques de la réflexion sur l'homme et son bonheur dans

17 Tonelli, ouvr. cité, p. 27.

18 *Ibid.*, p. 28 : « Si l'on écarte quelques autres influences étrangères secondaires, aussi importantes soient-elles, on peut affirmer que le principal centre de diffusion des Lumières occidentales en Allemagne fut l'Académie de Berlin, réformée par Frédéric II après son accession au trône en 1740, lequel "roi philosophe" était imprégné de culture française et considérait avec dédain la littérature et la pensée allemandes, les jugeant barbares. »

le cadre d'un *projet* esthétique, social et politique[19]. » C'est précisément la planification téléologique inhérente à ces réflexions qui détermine la différence majeure avec les pédagogies des Anglais et des Français. Car si ces derniers espéraient une rééducation du genre humain fondée sur des bases généralement antireligieuses, de nombreux Allemands, au contraire, s'en remettaient à une vision millénariste de l'histoire du monde, à un progrès orienté vers la régénération morale et en même temps spirituelle de l'humanité.

Jusqu'aux années soixante-dix du siècle, la terminologie concernant l'enthousiasme a cependant été vague et confuse. La différence entre enthousiasme, fanatisme et *Schwärmerei* n'a jamais été clairement établie et son champ sémantique spécifique était souvent réduit à la simple antithèse entre théologie positive et négative, ou vérité de la révélation et fausseté des préjugés. L'*Enthusiasmus* était, en somme, à abhorrer dans tous les cas. Chez Thomasius, par exemple, le terme *Enthusiasmus* est indistinctement absorbé par celui de préjugé comme état initial et naturel de l'erreur gnoséologique, ou élan irrationnel de l'esprit qui conduirait à une connaissance erronée du mystère céleste. C'est pour cette raison que le programme pédagogique du philosophe de Leipzig souhaitait un contrôle total de l'enfant, une supposée *Vernunftlehre* (science de la raison) qui permettrait au disciple de s'amender cette condition primordiale erronée afin d'acquérir un art de la connaissance et de distinguer, enfin, le vrai du faux et du vraisemblable. Cette *Bildung* (éducation) de la faculté de jugement se placerait, en somme, non pas « comme une pure théorie de l'argumentation formelle, mais comme un art (une *technè*), une science pratique ou une éthique de la connaissance portant à agir de manière correcte, responsable, orientée sur des principes, et visant à l'amélioration de l'individu et de ses œuvres[20] ». L'exercice de formation des facultés rationnelles et la surveillance consécutive que cela implique quant à leur bonne réception nieraient, en fin de compte, « toute particularité sur l'influence de l'imagination et de l'enthousiasme dans la génération de l'erreur (l'enfance) autant que dans l'élaboration des connaissances[21] ». La portée éthique d'une telle doctrine est claire,

19 Elena Agazzi et Raul Calzoni, « Il "progetto" fra *Spätaufklärung* e *Frühromantik* », dans *Cultura tedesca*, n° 50, juin 2016, p. 14.

20 *Ibid.*, p. 156.

21 *Ibid.*, p. 162.

et le philosophe ne tarde pas à l'identifier lorsqu'il déclare que, « de même que celle-ci [la raison], en tant qu'essence principale de l'homme, est indiscutablement bonne, de même sa privation / que l'on appelle fureur ou folie / ou seulement sa diminution : sottise / erreur / déraison, etc., sont mauvaises. Et ce qui renforce et préserve la raison / est bon / mais ce qui l'affaiblit ou la diminue / est mauvais[22]. » Dans la pensée de Thomasius, règne la conviction que l'homme est affligé d'une erreur gnoséologique innée et que pour en guérir, il s'agirait de la démasquer, ainsi que d'en interrompre la transmission, processus de correction ardu qui, cela a finement été souligné par ailleurs, « a lieu dans les empêchements qu'implique l'impossibilité de substituer une praxis logique infaillible à une connaissance biaisée et fantasmée, puisque la praxis logique n'est explicitement rien d'autre que l'*amendement* [entendu ici comme une réduction continue des préjugés acquis] d'une erreur inévitable toujours préétablie[23] ». Il n'est donc pas étonnant que Thomasius, après une approche fugace de la mystique piétiste d'August Hermann Francke, ait embrassé dans sa maturité cette déclinaison religieuse particulière de la pensée des Lumières, la Lumière théologique, dont la substance est à rechercher dans la lutte contre toute forme de théologie mystique et notamment enthousiaste qu'imposait la logique luthérienne du bon citoyen chrétien. Dans cet esprit, la vraie foi et le sens civique seraient en opposition franche avec l'enthousiasme-fanatisme, la *Schwärmerei* des mystiques possédés, lesquels, en synthétisant à l'extrême, nuiraient à la morale civique et sociale. Il s'agit d'un précepte moral qui, dans les années suivantes, allait connaître une large répercussion.

Comment la thèse d'Adam Lux s'inscrit-elle dans ce manichéisme du début du XVIIIe siècle ? La subdivision systématique et articulée des différents types d'enthousiasme que l'étudiant expose dans sa dissertation en 1784 participe d'une maturation théorique qui semble avoir accepté l'invitation lancée par Wieland dans « *Schwärmerei und Enthusiasmus* », article publié en novembre 1775 dans son *Teutsche Merkur*. Dans cet article,

---

22 Thomasius, *Von der Kunst Vernünfftig und Tugendhafft zu lieben*, Halle, Salfeld, 1692 : « Und gleich wie diese als das Hauptwesen des Menschen ohnstreitig gut ist ; also ist auch die Beraubung derselbigen / welche man Raferey oder Wahnwitz nennet / so wohl auch ihre Verringerung oder die Thorheit / Irrthum / Unvernunfft u.s.w. böse. Und was die Vernunfft oder den Verstand stärcket und erhält / ist gut / was sie aber schwächet oder verringert / ist böse. » (chap. 1, § 45, p. 19.)

23 Kobau, ouvr. cité, p. 165.

le poète essaie de conférer aux mots galvaudés que sont *Schwärmerei* et *Enthusiasmus* un sens fixe pour les sauver d'une crise sémantique qui durait, selon lui, depuis trop longtemps et qui risquait, en outre, d'amalgamer chaotiquement les termes sans parvenir à saisir les aspects positifs de l'enthousiasme, lesquels avaient déjà été révélés hors d'Allemagne : « Je trouve que beaucoup d'érudits [...] utilisent encore *Schwärmerey* et *Enthusiasmus* comme synonymes, confondants ainsi des concepts qui devraient être séparés avec le plus grand soin, de sorte qu'ils courent le risque de fournir à leurs lecteurs des énoncés non complètement exacts, causant encore davantage de désordre dans des esprits déjà confus[24]. » Il est clair qu'à la base de ce souci de distinguer le mauvais enthousiasme du bon, se trouve l'influence de la leçon shaftesburienne exposée dans la fameuse *Letter concerning Enthusiasm* parue en 1708. Bernd Bösel le confirme dans son étude sur l'idée d'enthousiasme à l'époque prémoderne, « Shaftesbury fut particulièrement bien accueilli surtout en Allemagne : Gottsched, Hamann, Winckelmann et Wieland comptaient parmi ses lecteurs les plus assidus, et Herder admirait tant le poète-philosophe anglais qu'il l'appela à plusieurs reprises le "Platon de l'Europe"[25] ».

Comme Shaftesbury, Wieland aussi considéra que la philosophie aurait pour mission de scinder les aspects bénins de la question sans succomber aux impératifs absolus de la raison. C'est ainsi que le poète, se référant à la tradition médicale et religieuse désormais bien ancrée, établit sa différenciation : la *Schwärmerei* serait une maladie de l'âme, une fièvre qui ne permettrait pas de distinguer les objets réels de la

---

24 Christoph M. Wieland, *Enthusiasmus und Schwärmerei* [1775]. *Werke*, éd. de Peter-Henning Haischer et Tina Hartmann, Berlin-New York, Walter de Gruyter, 2009, Band 12.1, p. 395.

25 Bösel, ouvr. cité, p. 142. Il y a beaucoup d'exemples de l'influence de Shaftesbury en Allemagne. Leibniz, par exemple, reçut de l'éditeur Pierre Coste une copie de *Characteristics* et dans son *Jugement sur les Œuvres de Mr. Le Comte de Shaftesbury* (1712), il qualifie les *Moralists* de « sacrarium de la plus sublime philosophie », au point d'avoir affirmé plusieurs fois y avoir décelé presque toutes les pensées exprimées dans la *Teodicea* (voir Leibniz, *Die philosophischen Schriften*, éd. de Carl I. Gerhardt, Berlin, Olms, 7 vol., 1978, III, p. 423-431). Ou encore, Herder qui lui attribua le titre de « Virtuoso der Humanität » dans la lettre 23 des *Briefe zu Beförderung der Humanität* (1794). Pour une étude approfondie sur la réception de Shaftesbury en Allemagne, voir Jean-Paul Larthomas, *De Shaftesbury à Kant*, Paris, Didier Érudition, 1982. Soulignons l'exhaustive bibliographie de ce volume où l'on trouve une liste complète des éditions et traductions françaises et allemandes des œuvres du moraliste anglais, signe d'une large réception de sa pensée dans les cercles littéraires germanophones.

Révélation et de la nature, une acception qui, comme de coutume, si on la reporte au champ religieux, prend le nom de *Fanaticismus* :

> J'appelle *Schwärmerey* un échauffement de l'âme causé par des objets qui ne figurent pas du tout dans la nature, ou du moins qui ne sont pas ce que l'âme exaltée considère comme tels. [...] Pris dans ce sens, le mot *Fanaticismus* correspond presque complètement au mot *Schwärmerey* ; bien que le premier ait été dévolu par usage à une acception particulière de *Schwärmerey*, l'acception religieuse[26].

Mais pour Wieland – ici nous pouvons enregistrer sa capacité d'innovation –, il existerait aussi un « *Erhitzung der Seele* » (échauffement de l'âme), exempt de tout préconcept et inspiré d'une perception spontanée du divin, pouvant inspirer à l'être humain le sens authentique de ce qui est beau et de ce qui est bon : l'*Enthusiasmus*. Les mots qui suivent semblent faire écho à ce que disait Shaftesbury en conclusion de sa *Letter* près de soixante-dix ans plus tôt :

> Mais il existe aussi un *échauffement de l'âme*, qui n'est pas une *Schwärmerei*, mais l'effet de la contemplation directe du beau et du bon, du parfait et du divin dans la nature et dans notre essence la plus intime, son miroir ! [...] Pour décrire cet état d'âme, je ne vois aucun nom plus approprié que celui d'*Enthusiasmus*. Car ce dont notre âme rayonne alors relève du divin, c'est (en des termes plus humains) comme un rayon, une effluence, un toucher de Dieu ; et cet amour ardent pour ce qui est vrai, beau et bon relève en réalité d'une « inspiration divine », ou (comme le dit Platon) de « Dieu en nous ». Lève les yeux et regarde : que sont les âmes humaines qui n'ont jamais ressenti cet enthousiasme ? Et que sont celles dont c'est là l'état le plus ordinaire, le plus naturel[27] !

Contrairement à ses prédécesseurs allemands, Wieland ne nie pas l'existence d'une excitation positive et créatrice induite par l'enthousiasme. Au contraire, il semble même promouvoir un tel sentiment dans le cas où le sujet se sentirait fortement inspiré à faire « quelque chose de grand et d'important » : d'une part le mensonge et la tromperie, la *Schwärmerei*, d'autre part la vérité et le bien, l'*Enthusiasmus* qui, n'étant pas l'apanage de la seule raison, est aussi et surtout une « *Einwirkung der Gottheit* » (inspiration divine) : « La *Schwärmerei* est une maladie de l'âme, véritable

26 Wieland, ouvr. cité, p. 395-396.
27 *Ibid.*, p. 396.

fièvre ; l'*Enthusiasmus* est la vie réelle ! – Quelle différence de nature, de cause et d'effet ! [...] Le *Schwärmer* est autant inspiré que l'*Enthousiast*, à ceci près que l'un est inspiré d'un Dieu, l'autre d'un fétiche[28]. » Il est évident que la réflexion de Wieland est empreinte d'un fort sentiment de religiosité. Cependant, on peut y discerner un dépassement conceptuel, une impulsion plus séculière, et même communautaire de l'enthousiasme. En substance, on en revient à ce qu'affirmait déjà Diderot en 1746 dans ses *Pensées philosophiques*, à savoir la nécessité, pour l'homme, de mettre sa propre personne et ses sentiments au service de quelque chose de grand et bon. Mais en quoi consiste réellement ce « quelque chose » ? Cela désigne-t-il la naissance d'un sens moral renouvelé au sein de l'individu ? Une réaction endémique à un sentiment social déterminé ? Ou encore une perception mystique de ses propres facultés intellectuelles vouées à la connaissance de Dieu ? Adam Lux répond à ces questions et élabore une définition de l'enthousiasme idéal, dont les composantes fusionnent tous ces aspects : l'enthousiasme universel.

Après avoir esquissé les traits les plus communs de l'enthousiasme, Adam Lux, dans le second paragraphe de sa thèse, élabore une distinction qui rend compte d'un dépassement de la *doxa* binaire prévalant aux époques grecque et romaine. À cet effet, partant de la présentation d'un type d'enthousiasme tiré de l'*Amatorius* de Plutarque, Lux identifie un troisième type d'enthousiasme qui se détacherait de la bipartition traditionnelle entre le divin et l'esthétique : « Une inspiration [...] qui ne jaillit pas de l'intérieur mais qui est, au contraire, une sorte d'activité de l'intellect inspirée et mouvementée, dont la cause et le mouvement vers le bien seraient la faculté principale[29]. » Afin d'aider à saisir et situer les nuances de ces trois figures de l'enthousiasme, la thèse évolue alors en processus de ramification sémantique, travail de discernement nécessaire selon Lux, puisque, comme il le précise dans ses déductions, « cette extension [du concept d'enthousiasme] ne plaît pas à tout le monde. On dit qu'elle est excessive et qu'elle doit donc être limitée au seul domaine des beaux-arts, si elle ne veut pas être en proie aux abus. Injustement. [...] Personne ne pourra montrer facilement que l'enthousiasme ne concerne que les beaux-arts[30] ».

28 *Ibid.*, p. 396-397.
29 Lux, *Enthusiasmus*, réf. cit., p. 4.
30 *Ibid.*, p. 26-27.

Lux divise l'enthousiasme en deux branches principales : un enthousiasme « représentationnel » ou imaginatif (l'*enthousiasme repræsentationis*) et un « enthousiasme actif » (l'*enthusiasmo activitatis*), distinction fondée sur le degré de force imaginative ou agissante présent par intermittence chez l'individu. Comme l'écrit l'auteur, « parfois l'un ou l'autre prévaut » et cette alternance dépendrait autant de la prédisposition naturelle de l'individu que de son niveau d'éducation.

L'enthousiasme « représentationnel » se subdivise en deux sous-classes liées à la source primaire du sentiment d'engouement. Dans le cas où il provient d'un stimulus interne de l'âme, on parlera d'un enthousiasme « endogène », caractérisé par une « vivacité de la représentation interne ». Sur ce point, Lux ne nous fournit pas d'autre information. Plus complexe et interrogatrice est la description de l'enthousiasme exogène, c'est-à-dire l'enthousiasme provoqué par une représentation ou un événement extérieur au sujet. Cette forme se divise également en deux sous-classes : un enthousiasme « véritable » et un enthousiasme « apparent/fanatique », autrement dit le « fanatisme ». L'enthousiasme véritable « est cet état d'âme dans lequel les images surgissent pour l'action réelle d'un esprit ». À son tour, cet enthousiasme véritable présente un double aspect : « d'un côté *theopneustia* (l'inspiration divine) et, de l'autre, l'inspiration maléfique, communément appelée tentation[31]. » Encore une fois, Lux n'avance aucun argument et passe directement à l'autre facette de l'enthousiasme exogène, le « fanatisme ». Ici le raisonnement devient plus pointu et mérite assurément d'être approfondi. Selon Lux, le fanatisme serait un sentiment faux, une illusion :

> Un enthousiasme apparent, à savoir cet état de l'âme dans lequel les images semblent parvenir et se figer en elle par le biais de l'inspiration véritable d'un esprit, de façon factice et sans preuves suffisantes. C'est pourquoi on le qualifie de fanatisme, car il n'y a pas de distinction entre inspiration réelle et apparente et, de plus, car les images sont considérées comme de réelles perceptions d'inspiration. Il diffère donc de la compréhension psychologique d'un objet donné et il faut alors le compter parmi les maladies de l'âme[32].

Suivant la piste classique du diagnostic médico-philosophique anglais, dont nous savons qu'il a influencé le milieu intellectuel allemand à partir

31 *Ibid.*, p. 9-10.
32 *Ibid.*, p. 10.

de More et Locke, voici que Lux fait remonter le fanatisme à un état pathologique de l'esprit, une maladie caractérisée par l'incapacité de démontrer empiriquement la validité de l'inspiration : « Celui qui parle d'inspiration divine doit en fournir une démonstration. Étant donné que le fanatisme peut survenir, il est évident que ce constat doit être établi avec des raisons suffisantes. C'est pourquoi il est nécessaire que ces indices irrécusables soient pris en compte en vue de la reconnaissance des esprits mauvais[33]. » Le plus souvent, l'erreur d'interprétation commise par la raison se traduirait donc par le « fanatisme théologique », sentiment aveugle, poursuit Lux, soutenu par ce que les théologiens appellent « conjecture » ou *opinio*. En se rapportant aux positions de Thomasius sur les préjugés et à l'école déiste anglaise, Adam Lux va jusqu'à affirmer que le fanatisme ne serait rien d'autre qu'une fausse inspiration, « caractérisé par l'intermédiaire de la seule imagination et en l'absence de n'importe quel processus rationnel coexistant[34] ». Dans ce long paragraphe, la discussion de l'*opinio* s'ouvre à des questionnements sociaux et religieux, nécessaires pour comprendre le contexte culturel au sein lequel Lux a opéré ses recherches. Après avoir défini le « fanatisme », l'auteur – on se rappelle qu'il est né et a grandi dans l'un des rares États allemands catholiques de l'époque, l'archevêché de Mayence – procède à une attaque acerbe contre la doctrine protestante. Selon Lux, les protestants seraient ceux auprès desquels le pire degré d'*opinio* – l'*opinio subtilior*, le *spiritus privatus* – aboutirait aux résultats les plus aberrants et les plus fanatiques. Ce genre d'esprit est celui d'un « juge perspicace. Cette *opinio* est la raison inévitable de nombreux et fréquents conflits, notamment chez les protestants. Ces derniers, en effets, ont l'obligation de démontrer leurs affirmations et leur existence, non seulement quant au genre, mais également quant à l'espèce[35] ». L'usage immodéré d'une libre interprétation de la parole de Dieu, typique de la foi protestante, aurait été, toujours selon Lux, le ferment des préjugés et des guerres sectaires qui ont bouleversé l'Europe du XVIIe et, en partie, du XVIIIe siècles. Ce serait à cause d'une foi aveugle en l'imagination individuelle que la conduite fanatique de ces sectes, par principe d'émulation, élargirait ses effets :

33 *Ibid.*, p. 11.
34 *Ibid.*
35 *Ibid.*

> Et son émulation – qui excite et attise bien souvent la fantaisie, de la part d'individus ou de sectes intégristes, qui n'ont pas honte de feindre au moyen du fanatisme ce qu'ils ne sont pas en mesure d'atteindre au moyen de la vertu – n'est pas non plus une raison négligeable ou un outil d'encouragement. De même que le fanatisme a conduit de nombreux artistes à produire des miracles, de même l'enthousiasme a produit plusieurs grands fanatiques. On comprendra alors pourquoi toutes les religions, et notamment les religions fausses, ont très souvent leurs propres fanatiques[36].

Ces propos paraîtraient certes surprenants si l'on considérait l'esprit religieux bigarré de l'époque du seul point de vue des strictes oppositions de valeurs. Il semblerait donc tout aussi absurde qu'un penseur tel que Lux, ayant grandi dans un contexte politico-pédagogique catholique fort, ait pu accepter, dans sa réflexion, nombre de ces diktats déistes opposés aux religions révélées. Pourtant, par un effort critique, si l'on se prête à observer l'ensemble vu d'en haut, globalement et avec nuance plus que dans le détail, on peut comprendre comment le discours de Lux s'inscrit pleinement dans cette aura de désécularisation du christianisme qui, surtout à la fin des Lumières allemandes, gagnait du terrain en faveur d'une nouvelle forme de croyance religieuse et d'une nouvelle sacralité terrestre, somme toute en faveur d'un humanisme universel renouvelé. En effet, la période de la *Spätaufklärung* se caractérisa distinctement par un effort continu visant à intégrer une vision anthropologique du monde – trait distinctif de l'ensemble des Lumières – au message évangélique de charité et d'amour envers ses semblables, message que le christianisme avait historiquement dénaturé. Ce sentiment, que l'historien Vincenzo Ferrone ne fait pas remonter sans raison à la réception de la philosophie de Rousseau, va se répandre dans la société intellectuelle par voie d'organisations souterraines telles que les loges maçonniques ou les cercles de lectures, décisifs dans l'affirmation de la nouvelle culture des Lumières de cette fin du XVIIIe siècle[37] : « L'invitation de Rousseau à placer le sentiment religieux dans le cœur des hommes, en réservant

36 *Ibid.*, p. 12.

37 Pour deux études italiennes enrichissantes sur le rôle de la maçonnerie dans l'Allemagne prérévolutionnaire, voir Gianluca Paolucci, *Ritualità massonica nella cultura della Goethezeit*, Roma, Istituto Italiano di Studi Germanici, 2014 et Marino Freschi, *Le luci del Settecento. Tra Illuminismo ed esoterismo*, Acireale, Tipheret, 2018. Bien que le sujet sur les rapports entre maçonnerie, le tournant des Lumières, jacobinisme et Révolution française soit captivant et pleins d'idées, nous ne pouvons pas ici nous concentrer sur cet aspect.

plutôt la sphère publique à la construction d'une nouvelle religion chrétienne civile, tolérante, ferme dans la sacralisation du principe de sociabilité et des droits de l'homme, devint la mission première des loges maçonniques et de ceux qui aimaient le panthéisme de Spinoza, la sacralisation de la nature[38]. » De la même façon, en se référant au concept florissant de l'*irdische Glückseligkeit* (bonheur terrestre), Andrea Blödorn a récemment montré que dans les milieux intellectuels allemands, au cours du dernier quart du XVIIIe siècle, s'est imposé ce projet anthropologique particulier pour lequel le bonheur terrestre des peuples serait l'objectif premier à poursuivre, dans une tentative de refonte d'une humanité désormais basée sur la fusion des éléments de la tradition chrétienne avec ceux de la spéculation sur l'homme du XVIIIe siècle, et ce contrairement à la tradition française et anglaise des Lumières[39]. Ce rapport fascinant entre christianisme et philosophie des Lumières n'a évidemment pas été une prérogative uniquement allemande[40], mais c'est dans les territoires d'outre-Rhin qu'il s'est affirmé de façon plus décisive et plus élaborée. Les raisons en sont complexes, aussi l'étude de la formation et de la thèse d'Adam Lux peut aider le chercheur à définir comment s'est produit ce curieux mélange entre la pédagogie de la très rationnelle *Vernunftlehre* de Thomasius, le sentimentalisme de Rousseau et la chrétienté préséculaire.

La seconde partie de la thèse d'Adam Lux est consacrée au développement du concept d'*enthusiasmus activitatis*, l'« enthousiasme de l'activité ». Contrairement à l'enthousiasme de la représentation, qui ne retravaille les stimuli externes ou internes que dans l'intériorité de l'individu, cette seconde typologie de l'enthousiasme décrirait les manifestations externes d'un tel état d'âme, véritable activité mythopoïétique qui, dans la pensée de Lux, joue un rôle de première importance. Toujours selon le parcours échelonné de l'enthousiasme vu par Lux, l'enthousiasme

38 Ferrone, *Lezioni illuministiche*, ouvr. cité, p. XI.

39 Voir Andreas Blödorn, « Zwischen "Himmel" und "Hölle auf Erden". Die Suche nach irdischer Glückseligkeit als Projekt der Spätaufklärung », dans *Cultura tedesca*, n° 50, p. 59-73.

40 Les exemples sont nombreux. L'une des figures françaises les plus célèbres qui croyait en cette union fut celle de l'abbé Claude Fauchet (1744-1793), lequel, « avant sa mort, […] considérait que la France des années 1780 se divisait en deux grandes forces culturelles : d'un côté la tradition et la religion rassemblaient la vaste majorité du pays, de l'autre la philosophie. […] Fauchet fit de son mieux pour s'élever au-dessus de ces divisions ». (Israel, *Idées révolutionnaires…*, ouvr. cité, p. 20.)

de l'activité se divise lui aussi en deux principaux volets qui sont « les forces cognitives et celles des appétits[41] ». L'activité générée par la force cognitive de l'individu est l'*enthusiasmus mentis*, de l'esprit ; celle générée par la force désirante, appétitive, l'*enthusiasmus cordis*, l'enthousiasme du cœur. Le premier s'articule lui aussi autour d'une bipartition :

> [Il] vise à un objet très important, grand, beau, plein de richesse et d'abondance. Il agit avec vigueur et, lorsqu'il est illuminé, il investit les yeux de l'esprit en excitant toutes les forces et en les attirant violemment. Ces forces sont donc soumises à des efforts intenses, soit pour comprendre l'objet dans son intégralité et pour se l'approprier agréablement à travers l'intuition, soit pour en créer un autre identique ou similaire. L'espèce est donc double : l'enthousiasme de l'esprit cognitif et de l'esprit créateur[42].

À première vue, l'enthousiasme de l'esprit, cognitif et contemplatif, peut sembler très proche de la variante « exogène » de l'enthousiasme représentationnel. C'est que lui aussi serait issu d'un processus gnoséologique tendant à l'autoreprésentation de l'objet observé. Il convient cependant de noter que Lux, reprenant une citation de l'écrivain et philosophe italien Saverio Bettinelli (1718-1808), explique que cet enthousiasme se traduit concrètement par une activité esthétique « de jugement », c'est-à-dire capable, grâce aux connaissances acquises par l'étude, de produire des considérations de nature esthétique sur le beau :

> L'enthousiasme contemplatif-cognitif se place au sein de l'intuition de l'objet et il excite les forces cognitives jusqu'à tâcher fortement de comprendre dans son ensemble l'objet lumineux et surtout grand, beau et admirable. L'esprit, associé en quelque sorte à son objet, n'est plus que sens, œil et oreille. Quiconque est pris par cet enthousiasme, qu'il soit au sommet du Vésuve, contemplant ce mont et les alentours, ou bien sur les Alpes, recouvertes de glaciers, lorsqu'il admire cette étendue de glace sans fin. *Cf. De enthusiasmo*, Bettinelli, p. 145. Par un tel enthousiasme ont été saisis cette année, à Mayence, tous ceux qui ont observé avec le soin nécessaire, depuis une butte, la crue du Rhin. Le niveau du fleuve, la glace arrachée, la ville inondée et submergée au milieu des silences et des angoisses, ont entièrement occupé notre esprit. Celui qui contemple une œuvre d'excellence prend d'autant plus plaisir qu'il est expert dans cet art et en a envisagé d'autant plus soigneusement les règles[43].

41 Lux, *Enthusiasmus*, réf. cit., p. 13.
42 *Ibid.*, p. 13-14.
43 *Ibid.*, p. 14.

S'en remettant aux théories esthétiques les plus novatrices de son époque – les considérations qu'avance Diderot dans ses *Salons*, par exemple, sont ici évidentes –, l'action de ce type d'enthousiasme se manifesterait ainsi dans la force discursive de l'expérience esthétique individuelle.

Au côté de cet enthousiasme de l'esprit contemplatif, se place l'enthousiasme *artifex*, « enthousiasme créatif » qui semble presque être la conséquence directe de son symétrique. Ici aussi, nous restons dans le domaine de l'esthétique. Toutefois, cet enthousiasme ne se borne plus à la simple investigation cognitive et verbale, il va au-delà, amorçant un processus d'*imitatio* nécessaire à la recréation de l'événement vécu ou observé. Dans sa description, Lux propose un raisonnement tout à fait convainquant pour l'époque, aussi bien par la profondeur de sa rhétorique que l'on peut qualifier d'avant-gardiste (on parle ici de sensations perçues, comme la spontanéité, l'intuition, l'imagination, la fantaisie de l'artiste), que pour le niveau de connaissance en la matière dont fait preuve l'auteur (signe supplémentaire, celui-ci, de son acquis méthodique) :

> L'enthousiasme créateur observe l'œuvre en sollicitant et attisant les forces de l'esprit en vue de la création du même produit artistique ou d'un produit similaire. [...] Il se peut qu'au début le mouvement soit assez lent, toutefois, par la suite, grâce à l'apport de l'évolution des représentations, le feu jaillit enfin, tel un éclair, et l'esprit ainsi attisé pénètre chaque chose. Des réflexions spontanées ont lieu. Des expressions inattendues et appropriées arrivent de toute part. Des choses insolites et extraordinaires se manifestent. Lorsque la fantaisie, la force de l'imagination, la mémoire, l'intelligence, la finesse, la perspicacité, la capacité critique et la raison des sens s'efforcent d'offrir leurs services, pourquoi être surpris qu'ils produisent des œuvres d'art ? Celui qui aura rassemblé beaucoup d'observations et de connaissances, pertinentes à son objet, celui qui aura choisi un argument approprié à ses propres capacités, en y ayant longtemps réfléchi, celui qui se sera familiarisé avec les observations, les exemples et les règles des autres, voire qui aura acquis la capacité de transgresser les règles elles-mêmes, celui qui saura être très sensible, celui-ci fera des progrès certains. Souvent, même encouragé par une occasion, il n'aboutira pas à son œuvre. Souvent le hasard suffira. [...] Et c'est ainsi que l'enthousiasme créateur agit à la fois spontanément, à la fois intentionnellement[44].

Ce processus créatif, continue Lux, peut se développer dans deux directions distinctes. Il peut en effet être esthétique, et « s'efforcera de

44 *Ibid.*, p. 14-15.

produire des œuvres belles et élégantes, concernent les arts libéraux et les sciences. [...] À ce sujet, Sulzer, Bettinelli et bien d'autres ont beaucoup écrit », ou logique, « visant à inventer et produire, de manière plus générale, des œuvres utiles, notamment dans le domaine des sciences[45] ».

Si l'enthousiasme de l'esprit est destiné aux instances cognitives de l'individu, l'enthousiasme du cœur s'adresse désormais à ses forces désirantes et appétitives :

> La représentation sensitive de l'objet, l'action énergique que ce dernier produit sur l'âme, la perception intense de l'action, l'activité affective et communicative sont ses éléments constitutifs. [...] Dans ce genre d'enthousiasme, l'âme est davantage tournée vers ce qu'elle ressent, vers sa propre capacité de ressentir, tout en étant orientée moins en direction de l'objet qu'à partir de l'objet lui-même. Les représentations de l'objet, dont est issu le processus sensitif, s'estompent aussitôt[46].

Cette sensibilité, ce « sentir » qui a beaucoup à voir avec la sensibilité de Rousseau, est un quelque chose de plus indéfini que la participation psychologique de l'esprit. Toutefois, ce quelque chose, précisément en vertu de cette fluidité, réussirait à saisir des connexions jusqu'alors cachées : « L'âme – dit Lux – voit, entend, sent ce qui en soi ne peut être véritablement senti. » Les sensations du cœur sont donc des idées abstraites. Prenant corps, elles deviennent enfin visibles, figuratives :

> L'impossible devient donc possible. Le passé, le futur, l'absence deviennent présents. Il en va de soi que l'âme, se familiarisant avec ce qui est présent, apparaisse, en même temps, vivement atteinte. Qu'y a-t-il, en effet, de plus aisé que de comprendre que ces représentations influencent et agissent sur les forces de l'appétit ? Et plus elles le font de façon énergique, plus l'ardeur s'en trouve augmentée. En effet, l'âme est intrinsèquement liée à la compréhension des représentations, et lorsqu'elle reconnaît que l'objet est grand, sublime, noble, utile, et riche, et que toutes les choses qui ont à présent une relation avec lui ou qui l'ont eue par le passé et qui demeurent cachées au fond de l'âme s'efforcent de jaillir avec empressement, elle est alors atteinte : elle commence à ressentir, plutôt qu'à réfléchir[47].

L'aptitude du sujet à reconnaître ce qui est grand et noble symbolise pour Lux le moteur au moyen duquel les actions les plus importantes

45 *Ibid.*, p. 15.
46 *Ibid.*
47 *Ibid.*, p. 16.

et les plus sublimes seraient rendues possibles. Là encore, Lux prend soin de faire passer ce « sentir », venant du cœur, par le contrôle de la raison. Car s'il est vrai que l'enthousiasme du cœur représente la faculté la plus noble et dynamique de l'être humain, il convient de prendre garde à toute dégénérescence qui conduirait à un fanatisme aveugle : « Il s'ensuit qu'un pareil enthousiasme dure plus longtemps lorsqu'il est associé à l'intellect. Au contraire, il est fugace lorsque l'intellect l'est aussi. C'est pourquoi, si l'intellect est précaire, l'enthousiasme sera proche du fanatisme, qui n'est pas en mesure de distinguer la vérité de l'apparence[48]. » C'est seulement dans cette direction que l'enthousiasme pourra se défaire de ses composantes égotiques et délirantes pour acquérir enfin un sens spécifiquement social et collectif. Un autre élément que l'on peut déduire des propos de Lux est une prise de position forte contre toute forme politique et religieuse fondée sur des pulsions irrationnelles et centralisatrices. Comme l'avait discerné Chuquet, il y a certainement un fond divinatoire dans ces paroles. L'engouement dont fut saisi le jeune jacobin allemand lors de la retentissante affaire de la girondine Charlotte Corday en 1793 porte en soi ce bagage de sentimentalisme social si vif, abordé dans cette section de la discussion :

> Certains passages ont quelque chose de prophétique. Quand Lux dépeint l'*enthusiasmus cordis*, l'enthousiasme du cœur transporté par une grande et sublime action, épanchant ses sentiments en vives et abondantes expressions, sans règle et sans art, avec mouvement et avec feu, on se souvient du panégyrique de Charlotte Corday. Lorsque Lux assure que l'enthousiasme politique est louable et que lors même qu'il échoue il aura toujours sa grandeur et ne manquera pas d'exciter l'admiration, on pense à son rôle futur[49].

Voilà une remarque transitionnelle qui nous sera utile pour approfondir la thèse doctorale du Mayençais, et mieux cerner son idée philosophico-politique.

Selon Lux, le sentiment politique serait transmissible entre les hommes par l'activité réciproque entre enthousiasme « du cœur » et instances sociales : autrement dit, l'enthousiasme acquerrait son sens le plus absolu et le plus complet exclusivement dans sa prédilection publique et collective. À dessein d'illustrer ce point décisif, l'auteur, dans le treizième paragraphe

48 *Ibid.*

49 Chuquet, ouvr. cité, p. 7-8.

de l'*Enthusiasmus*, adopte clairement une position anti-individualiste. Lux identifie alors une double activité de l'enthousiasme : « Dans le premier cas, [l'enthousiaste] ne perçoit qu'à travers lui-même, afin de posséder l'objet et d'en tirer parti. Dans le deuxième cas, il *ressent avec* les autres et partage avec eux sa propre capacité sensitive afin qu'eux aussi puissent posséder l'objet et en tirer parti. Le premier est *sentimental* et *monastique* (personnel), alors que le second est partagé et *social*[50]. » Lux prend ainsi parti et s'oppose explicitement à la première option, parce que « c'est ce à quoi se réfèrent la pédanterie et les charlatans des sciences ». En revanche, l'action tournée vers l'extérieur et donc vers autrui, l'action « sympathique », répondrait à un élan noble, d'abord moral, puis politique :

> L'enthousiasme sympathique prend en compte les sujets moraux, religieux et politiques ayant pour but le bien commun, physique et notamment moral. [...] Ce type d'enthousiasme est tout à fait louable et désirable notamment chez qui est en mesure d'en tirer profit. Il en va de même pour l'enthousiasme politique. Et bien que les intentions et les moyens employés ne puissent pas toujours parvenir au résultat espéré, cet enthousiasme ne manquera jamais d'être bénéfique et aimable. À cet égard, l'histoire nous présente des hommes parmi les plus dignes de toute gratitude[51].

On ne peut ignorer la similitude de ces considérations avec l'horizon politique ébauché par Rousseau quelques décennies plus tôt. Dans l'*Enthusiasmus*, en effet, les traits de ce modèle républicain vertueux présent dans plusieurs des écrits les plus conséquents du philosophe genevois (les deux *Discours* des années 1750, l'*Émile*...) semblent ici en partie réécrits par Lux : le rôle de la sensibilité à travers la redéfinition de l'individu dans la société avec ce sentimentalisme moral qui, selon Rousseau, « n'est autre chose que la faculté d'attacher nos affections à des êtres qui nous sont étrangers[52] » ; le culte du républicanisme romain et de ces hommes « dignes de toute gratitude », puisque pour Lux aussi, des personnalités telles que Brutus incarneraient les vertus indispensables à la constitution morale et civique de l'État[53] ; l'importance attribuée à

50 Lux, *Enthusiasmus*, réf. cit., p. 17.
51 *Ibid.*, p. 17-18.
52 *Rousseau juge de Jean-Jacques*, ouvr. cité, p. 806.
53 Sur ce sujet, lire le panégyrique que Lux avait dédié à Charlotte Corday après le meurtre de Marat, dans Louise Colet, *Charlotte Corday et Madame Roland*, Paris, Berquet et Pétion, 1842, p. 183-190.

la religion dont le rôle, en relisant le dernier chapitre du *Contrat Social*, serait de donner une aura sacrée, voire mystique au pacte afin de renforcer, chez les citoyens, le sens de l'appartenance et du bien commun[54]. Ce n'est donc pas sans égards ni déférence que Lux, à la fin de sa lettre testamentaire, se déclare un fervent « disciple de J.-J. Rousseau[55] ».

La théorie de Lux ébauche cependant un système pédagogique plus rigoureux que celui de Rousseau. Dans le paragraphe consacré aux *Observationes generales*, en effet, Lux énonce des directives précises à prendre en compte si l'on veut pratiquer au mieux l'exercice de l'enthousiasme politique, réflexion pédagogique qui semble plus redevable envers les enseignements intellectualistes du cercle diderotien qu'à l'éducation contre-civilisationnelle et antiacadémique de l'auteur de l'*Émile*. Lux indique ainsi cinq points à observer de près « pour la compréhension et la communication de cette sorte d'enthousiasme » :

> a) *Capacité et disposition naturelle.* Celles-ci impliquent une certaine irascibilité, une âme sensible, une attention diligente, une fantaisie et une mémoire vigoureuses, une force créatrice féconde, de l'intelligence et de l'acuité.

---

54 Nous rappellerons, en outre, que dans le quatrième livre de l'*Émile*, Rousseau attaque l'athéisme professé par certains philosophes : « Bayle a très bien prouvé que le fanatisme est plus pernicieux que l'athéisme, et cela est incontestable ; mais ce qu'il n'a eu garde de dire, et qui n'est pas moins vrai, c'est que le fanatisme, quoique sanguinaire et cruel, est pourtant une passion grande et forte, qui élève le cœur de l'homme, qui lui fait mépriser la mort, qui lui donne un ressort prodigieux, et qu'il ne faut que mieux diriger pour en tirer les plus sublimes vertus : au lieu que l'irréligion, et en général l'esprit raisonneur et philosophique, attache à la vie, effémine, avilit les âmes, concentre toutes les passions dans la bassesse de l'intérêt particulier, dans l'abjection du *moi* humain, et sape ainsi à petit bruit les vrais fondements de toute société ; car ce que les intérêts particuliers ont de commun est si peu de chose, qu'il ne balancera jamais ce qu'ils ont d'opposé. Si l'athéisme ne fait pas verser le sang des hommes, c'est moins par amour pour la paix que par indifférence pour le bien [...]. Ainsi le fanatisme, quoique plus funeste dans ses effets immédiats que ce qu'on appelle aujourd'hui l'esprit philosophique, l'est beaucoup moins dans ses conséquences. D'ailleurs il est aisé d'étaler de belles maximes dans les livres ; mais la question est de savoir si elles tiennent bien à la doctrine, si elles en découlent nécessairement ; et c'est ce qui n'a point paru clair jusqu'ici. Reste à savoir encore si la philosophie, à son aise et sur le trône, commanderait bien à la gloriole, à l'intérêt, à l'ambition, aux petites passions de l'homme, et si elle pratiquerait cette humanité si douce qu'elle nous vante la plume à la main. » (ouvr. cité, p. 634.)

55 Tiré du *Discours prononcé à la barre de la Convention Nationale* que le jacobin allemand aurait dû lire à la Convention Nationale. *Cf.* Louis Bamberger, « Adam Lux », dans la *Revue moderne*, n° 39, 1866, p. 118.

b) *Quantité et qualité de la connaissance*, que l'on aura obtenues soit de façon institutionnelle, soit par le biais de l'étude personnelle. Cela concerne avant tout la connaissance du cœur humain et l'étude des auteurs les plus importants.

c) *Une réflexion préalable et constante autour de l'objet*, pourvue d'une prise en compte attentive de chacune de ses parties et de toute sorte de relation, à travers des déductions logiques. Cette réflexion implique au moins une distinction sensitive et la compréhension globale.

d) *Représentation synthétique et efficace de l'ensemble*, d'où l'ardeur, le sentiment, ainsi qu'un état d'âme sensitif conséquent concernant la représentation.

e) L'effort de mener à bien, *avec une application constante*, la vigueur de l'état d'âme et son éclosion violente, afin qu'elle soit en mesure d'exciter dans les autres, grâce à l'expression sensitive, la perception de la condition même de l'objet. Plusieurs moyens peuvent être déployés, toutefois la nature sera toujours préférable[56].

De plus, ajoute Lux, l'enthousiasme politique positif qui commence à se dessiner dans cette dernière partie du débat, aura besoin de temps et de lieux opportuns pour se développer car « la nature ne saurait être brusquée » : rien de plus analogue à ce qu'avait écrit Shaftesbury dans la *Letter concerning Enthusiasm* et dans *The Moralist*. Lux reprend également cette idée voulant que les affinités de l'âme se doivent d'être cultivées et exploitées progressivement par l'éducation et par la réflexion. Ce n'est qu'ainsi, poursuit-il, qu'il sera possible d'établir des frontières précises entre les différents types de sentiment enthousiaste et de revendiquer définitivement l'indépendance du véritable enthousiasme désormais détaché du domaine pathologique auquel il avait été principalement rattaché jusque-là. L'enthousiasme, une fois encore, « semble proche des *troubles mentaux* et, en raison de l'appellation de fureur qui lui a été attribuée, il paraît concerner les maladies de l'âme, en dégénérant bien souvent dans leurs formes pathologiques. Toutefois, il s'en écarte[57] ». À l'instar de l'auteur de l'article « Enthousiasme » de l'*Encyclopédie*, pour Lux également, les fantaisies de l'imagination se rapportent à l'enthousiasme par conséquence plus que par causalité. Dans son rapport avec l'imagination créative, l'enthousiasme est revêtu d'un rôle originel primordial et, pour cela, également régulateur :

En effet, nous ne croyons pas que l'enthousiasme découle de la fantaisie : celle-ci est souvent débridée et provoque le fanatisme, qui ne sait pas distinguer

56 Lux, *Enthusiasmus*, réf. cit., p. 18.

57 *Ibid.*, p. 19.

> entre des images fantastiques et des sensations et qui dégénère soit dans la folie, soit dans le délire. L'enthousiasme, au contraire, est issu d'une force de l'imagination qui se développe à partir d'une intention précise et qui connaît le frein de la raison, même dans sa phase la plus fébrile. S'il n'est pas bridé en permanence par ce frein, il déborde carrément les limites. Dans ce cas, il ne pourra plus être désigné en tant qu'enthousiasme. Il sera, en revanche, placé entre l'anomalie du fou et les maladies de l'âme[58].

La décadence de l'enthousiasme en maladie ou vice moral dépendrait donc de la qualité de la force rationnelle que l'individu doit exercer pour moduler et contextualiser consciemment les images auxquelles il est confronté. Selon Lux, c'est sur la base de cette gradation entre vertu et vice, que l'enthousiasme pourra être « bon », « mauvais » ou « mixte » :

> L'enthousiasme consiste en une vivacité extraordinaire de la représentation et en une activité aussi fervente. Celle-ci est sa nature. Il peut découler soit d'objets bons, soit mauvais, soit les deux. Il se peut qu'il prenne naissance d'erreurs ou de préjugés. Il se peut que des objets mauvais ou interdits en entachent et en contaminent l'activité. Il se peut que l'état d'âme ou les intentions coopèrent à l'envers, si bien que l'esprit et l'âme s'écartent aussi rapidement que l'enthousiasme, qui emporte avec violence les forces cognitives et celles des appétits[59].

Mais le pire archétype des enthousiasmes serait l'enthousiasme « mixte », dans la mesure où, sous l'aspect flatteur d'une moralité présumée active et sociale, ce dernier cacherait en réalité des scories éthiques assurément exécrables. En plus d'entacher le potentiel bénéfique du véritable enthousiasme politico-religieux, celui-là duperait le citoyen et l'idée même de liberté qu'il est censé véhiculer. La cupidité, le pouvoir et la possession constitueraient dès lors les vices dans lesquels un tel type d'enthousiasme puiserait sa propre sève :

> Autant l'enthousiasme mixte s'approche du danger, autant sa composition – que l'on peut assez aisément examiner – est complexe. [...] Qu'y a-t-il de plus adorable que l'enthousiasme pieux et religieux, moral et politique ? Les enthousiasmes mixtes, où seront-ils ? Qu'y a-t-il de plus néfaste que l'association de l'enthousiasme politique et de la cupidité du pouvoir ? Elle met en œuvre et provoque la ruine des citoyens et le massacre des royaumes. Lorsqu'on associe la morale avec le plaisir effréné de dominer, en se souciant

58 *Ibid.*, p. 19-20.
59 *Ibid.*, p. 20.

> peu des abus et des butins, on essaiera d'attirer vers soi, en étant dégénéré, l'amour de tout le monde. [...] Souvent, des spectacles aussi cruels concernent les cultes divins les plus splendides et ils sont administrés par des sujets en état de jubilation[60].

Cette correspondance entre le fanatisme des persécutions religieuses et la cupidité du pouvoir politique sera fréquemment avancée dans les attaques des girondins les plus modérés contre le jacobinisme montagnard et terroriste de 1793. Lux, dans le pamphlet *Avis aux citoyens français* et dans le panégyrique qu'il dédie à Charlotte Corday, va lancer à son tour les mêmes flèches, motivé par la conviction d'une nécessaire réappropriation du sens le plus pur de la Révolution qui, selon lui et beaucoup d'autres, aura été dévoyé par la politique de Robespierre. Ici, il nous suffit de mettre en évidence le caractère moral de Lux, peu différent de celui du jacobinisme français le plus radical, mais qui, même dans ses divergences minimes, se révélera fatal pour le jacobin de Mayence.

Au fond, pour Adam Lux, le véritable enthousiasme ne serait concevable que par rapport à la fonction qu'il remplit dans le processus événementiel des affaires humaines. En allant plus loin, il semble que l'importance qu'attribue l'auteur au sentiment enthousiaste le mène finalement à construire toute une sémantique de la « chose bonne », de la « chose juste », des « nobles actions » évoquées dans les théories précédemment abordées. En dernier ressort, la force de l'enthousiasme, l'*enthusiasmi vis* serait, selon Lux, « la source de l'action, et la cause de beaucoup de révolutions, le guide important et très efficace dans les événements humains[61] ». C'est en raison de son caractère téléologique propre que l'enthousiasme se positionne comme force première guidant le destin des peuples et des nations, comme élan intime et collectif, lequel avait déjà été redéfini ainsi dans le *Contrat* de Rousseau à travers le concept de « volonté générale » : « Cela vaut pour les individus, ainsi que pour des nations entières. Par conséquent, l'enthousiasme entre individus doit être encouragé et il faut faire en sorte que celui des nations puisse également se répandre : il ne fait aucun doute que les deux soient possibles[62]. » La condition nécessaire à la réalisation de ce nouvel

60 *Ibid.*

61 *Ibid.*, p. 21. Vu l'importance d'une telle affirmation, nous estimons utile de la reporter ici dans sa version originale : « *Enthusiasmus executionis fons, & parens multarum revolutionum.* »

62 *Ibid.*

enthousiasme progressiste résidera alors en la présence simultanée, dans l'âme de l'individu, d'un élan à la fois « intime » et « national ». Car s'il est vrai que l'*enthusiasmus privatus* se définit par un légitime « désir de se distinguer et de s'imposer[63] », la seule prédominance de celui-ci conduirait inévitablement à la superstition si elle est motivée par une pulsion religieuse, ou au libertinisme poussé par un désir de liberté tout-puissant. Si donc le seul enthousiasme privé est inutile quand il constitue une fin en soi, l'unique solution souhaitable pour un progrès simultané des nations et des instances intimes de l'individu consiste, toujours selon Lux, à fusionner ces dernières avec un sentiment national et populaire commun, en un mot patriotique. Ainsi s'exprime-t-il à propos de l'enthousiasme national :

> La réflexion et l'histoire prouvent l'existence de l'enthousiasme publique et national. En effet, l'enthousiasme se répand à travers la communication et il s'introduit partout. Tel le feu, il détruit ce qui est autour de lui en déclenchant un incendie, si bien que son pouvoir de créer des images se propage vers d'autres formes de communication en attisant notre excitation et celle des autres : l'ardeur de tous paraît converger vers un seul et unique enthousiasme, dit populaire. Cela se produit lorsque l'enthousiasme se fait garant du bien commun, quelle que soit l'origine de son fondement : il se répand alors au milieu du peuple entier, par l'intermédiaire de l'affection[64].

Le modèle auquel Lux se réfère est inévitablement le modèle anglais. Il est vrai que l'on retrouverait, parmi ce peuple, cet enthousiasme de la liberté né de l'union entre l'État et le citoyen : « Autrefois, combien de richesses l'enthousiasme de la liberté avait-il produites, en s'insinuant au milieu de peuples encore intègres et en reposant sur des racines profondes ! [...] Ce même enthousiasme de liberté dirige maintenant les Anglais[65]. »

Mais la réflexion de Lux sur l'enthousiasme politique ne s'arrête pas ici, c'est-à-dire, dans le seul domaine du patriotisme national : « L'enthousiasme – insiste-t-il – peut devenir universel. » Ce stade final idéal de l'enthousiasme est présenté par l'auteur à travers une réflexion, à bien des égards, surprenante. En reprenant et renversant dans un sens positif le motif de la « panique populaire » d'origine shaftesburienne,

63 *Ibid.*, p. 22.
64 *Ibid.*
65 *Ibid.*, p. 23.

Lux met en évidence la fonction endémique de ce type particulier d'enthousiasme qui « peut, en effet, circuler d'un peuple à l'autre, et se répandre au sein des peuples les plus imposants. La diffusion sera plus rapide si les peuples sont liés entre eux par quelque lien d'amitié ou d'alliance, de commerce ou de religion. Les exemples ne manquent pas, notamment auprès des Européens chrétiens[66] ». Premier point notoire : ce raisonnement nous montre la prédisposition évidente de Lux pour l'internationalisme politique cosmopolite, sujet qu'il ne cessera de porter dans les années de son militantisme pro-jacobin au nom d'une Révolution que l'on peut qualifier de globale. C'est toutefois le second point, par sa sagacité argumentative et sa précision lexicale, qui ouvre la voie à une discussion plus articulée et éloquente du substrat historique, culturel et éducatif. La thèse de Lux est construite, en effet, sur la mise en exergue des mécanismes matériels, communicationnels et culturels à l'origine de l'apparition de l'enthousiasme universel. Ce dernier, précise l'auteur, comme tout sentiment politique, naîtrait d'une réflexion née au sein d'un groupe restreint de personnes pour ensuite s'étendre de manière capillaire dans le tissu social jusqu'à dépasser les frontières territoriales, linguistiques et culturelles de départ :

> La réflexion tombe sur un sujet, et cela excite des gens. [...] Il en découle un discours assidu sur cette chose, une discussion passionnée entre amis, en société ou dans n'importe quelle autre situation, une discussion de laquelle ceux qui ne sont pas impliqués ne sont pas exemptés. [...] Tout cela se produit plus facilement, lorsqu'un apparat-système est mis en place pour l'objet en question, orné et resplendissant. Un consensus et l'approbation de ceux qui accourent prend forme : voici l'enthousiasme local. Certains écrits sont publiés et circulent en renforçant les récits déjà relatés par autrui, ainsi que l'idée elle-même et la capacité sensitive et affective. Si les écrits sont favorablement reçus, s'ils sont distribués rapidement et lus avec un désir accru, ils seront davantage utiles. Ensuite, les citoyens les plus en vue et les plus puissants du peuple ne manqueront pas d'en être persuadés et d'y parvenir grâce à la lecture. [...] Le passage même vers d'autres peuples sera évident. Admettons que de nombreuses nations sont pourvues d'un régime commun et d'un pouvoir suprême : rien n'est plus sûr que le fait que dans ces nations pénètre l'enthousiasme. En plus, si ces nations entretiennent n'importe quel type de rapport ou de commerce, les nouvelles et les livres vont circuler, et on n'en entravera pas l'assimilation. Parfois, des délégations se déplaceront pour proposer quoi que ce soit avec enthousiasme, en louant les nations voisines sous

66 *Ibid.*

> tous leurs aspects. Si une force particulière ne s'oppose pas par sa réaction, une expansion aura lieu d'abord dans les nations avoisinantes, ensuite dans les plus éloignées. Voici l'émergence de l'enthousiasme universel[67].

L'enthousiasme « universel » serait donc le résultat d'un processus complexe de réception et d'assimilation, d'une évolution interculturelle qui, du particulier-local, se répandrait en un tissu plus général, plus universel. Il ne semble pas hasardeux de relever que, dans ces passages, Adam Lux anticipe de deux siècles la théorie critique du transfert culturel que Michel Espagne développera dans ses études comparatives. À titre d'exemple, il suffit d'examiner n'importe quel passage de l'une des nombreuses études de l'historien consacrées à ce sujet et de le comparer avec l'extrait de la thèse de Lux que nous venons de citer :

> Tous les groupes sociaux susceptibles de passer d'un espace national ou linguistique ethnique ou religieux à l'autre peuvent être vecteurs de transferts culturels. Les commerçants transportant des marchandises ont toujours véhiculé également des représentations ou des savoirs. Les traducteurs, les enseignants spécialistes d'une aire culturelle étrangère, les émigrés politiques, économiques ou religieux, les artistes répondant à des commandes, les mercenaires, constituent autant de vecteurs de transferts, et il convient de tenir compte de leurs différentes médiations. Toutefois, on peut fort bien se représenter aussi des transferts reposant sur la circulation d'objets comme des livres ou des œuvres d'art[68].

En considérant *a posteriori* le cheminement existentiel d'Adam Lux, d'abord à Mayence puis à Paris, on ne peut nier qu'il fut, somme toute, un homme ordinaire, « commun » parmi les étudiants de son temps. Cet homme ordinaire a su toutefois assimiler, au cours de son éducation, les multiples conquêtes des déistes anglais, des philosophes français et en particulier de Rousseau pour les réélaborer ensuite en un système culminant dans la théorisation de l'enthousiasme universel. Voilà qui peut illustrer, notamment dans cette seconde moitié du XVIIIe siècle, la théorie probante que la convergence mutuelle de courants philosophiques et littéraires hétérogènes contribua de façon décisive à la construction de ce sentiment progressiste et audacieux qui allait finalement aboutir à

67 *Ibid.*, p. 23-24.

68 Espagne, « La notion de transfert culturel », *Revue Sciences/Lettres*, Paris, École normale supérieure, 2012, § 5. Mis en ligne le 01 mai 2012, consulté le 15 juillet 2021 : https://journals.openedition.org/rsl/219.

l'expérience révolutionnaire française. C'est d'ailleurs ce que Lux lui-même semble prédire en conclusion de sa thèse. En ce sens, l'*Enthusiasmus* – à comprendre ici comme le produit intellectuel protéiforme non seulement d'un individu mais aussi de l'ensemble contextuel et générationnel dans lequel cet individu évolue – nous fournit une indication éclairante sur le potentiel herméneutique qu'offre l'étude du particularisme, révélateur d'une base historico-culturelle plus étendue et complexe. Le préalable nécessaire à cette forme de « patriotisme universel » doit donc être ramené à une idée précise de *Bildung*, qui s'affirmait lentement dans les états de l'Empire, une *Bildung* qui fondait sa ressource émancipatrice et libératrice dans ce culte de la tolérance et de la raison cosmopolite propre au XVIIIe siècle, en substance dans le syncrétisme des cultures, des croyances et de la pensée.

> Et notre siècle ? [...] Si des choses importantes – dont l'ouvrage de Voltaire – ont été faites à cette époque au sujet de la tolérance religieuse, et si quelqu'un tournera toutes ses pensées vers elles, il n'aura pas de mal à croire que cet événement, qui s'impose lentement mais de façon de plus en plus convaincante, concerne l'enthousiasme, et que ce dernier sera universel[69].

C'est précisément dans cette direction que s'achève la réflexion du jacobin de Mayence, avec une question qui remet en cause le concept d'enthousiasme traditionnellement entendu et qui, en même temps, revendique la possibilité, sinon la nécessité, de concilier la pluralité des points de vue et des sensibilités de l'individu avec le « Un social », une conciliation qui sera « bénigne » par essence dans la mesure où elle est politique, collective et « mesurée », puisque soutenue par l'usage constant de la raison et de l'éducation :

> Si un seul sujet peut être saisi par un enthousiasme multiple pour des objets différents, tout en étant excité en même temps par lui, peut-il être à la fois capable de tout et être un enthousiaste universel ? C'est une nouvelle question. [...] L'enthousiasme, pourrait-il être pratiqué ou produit au moyen d'artifices ? Il paraît que certains en doutent, mais à tort. À la lumière de ce que nous avons vu jusqu'ici, il est clair que cela peut se produire, grâce à des moyens adaptés. [...] ils ne refusent pas l'enthousiasme artificiel, mais ils font la différence entre ce dernier, dont la vérité vient de l'art, et celui qui est postiche, ou produit de l'extérieur, et qu'ils qualifient de faux. [...] Toutefois, quel que

69 Lux, *Enthusiasmus*, réf. cit., p. 25-26.

> soit son genre, soit-il artificiel, spontanée ou natif, une seule règle compte : qu'il soit bon et mesuré[70].

Cet examen textuel de l'*Enthusiasmus*, que nous concluons, nous autorise à mettre en évidence deux considérations importantes tirées de la réflexion d'Adam Lux.

Premièrement, nous insisterons sur l'essence polyphonique qui caractérise et distingue ce texte. Nous nous trouvons, en effet, devant une argumentation qui touche et synthétise de nombreux débats relatifs au concept d'« enthousiasme universel » dans un siècle au cours duquel il fut conçu, mais aussi autour de thématiques plus amples : le cosmopolitisme, la constitution d'une société civile basée sur la moralité, le déisme, le sentimentalisme, la volonté collective. D'un point de vue culturel, la polysémie particulière de l'*Enthusiasmus* témoigne de la complexité intellectuelle qui distingue la fin du XVIIIe siècle européen. La structure même de l'*Enthusiasmus* montre qu'il serait vain et stérile de vouloir isoler les éléments constitutifs de cette période en aires de compétences sclérosées ou en domaines historiographiques étroits : la perméabilité discursive perceptible dans chaque théorie de l'époque revendique constamment son statut naturellement hybride, intertextuel et intermédiaire. Par ailleurs, nous savons désormais que les idées, comme les mentalités, sont le résultat d'instances narratives et historiques sinueuses qui en élaborent sans cesse le prolongement.

Si cette observation démontre la vivacité culturelle du siècle des Lumières, elle nous instruit également sur les mécanismes d'égarement herméneutique qui, lorsqu'ils sont ignorés et non désamorcés à temps, risquent de précipiter le lecteur dans les trames vaseuses de la contradiction conceptuelle. Cela ne renvoie pas seulement à ces surinterprétations de sens dont parle Vincenzo Ferrone dans les *Lezioni illuministiche* et dont l'historiographie des Lumières a été victime, principalement au XXe siècle, mais aussi et surtout aux procédures stratifiées de réception des discours intellectuels et idéologiques qui eurent lieu à l'époque où Lux s'est affirmé. C'est clairement sur ce dernier point que se serait érigée, pour l'auteur, cette fascination indéniable pour la Révolution française et pour la signification pleinement moderne du « discours politique » dont les événements ont marqué la naissance. En d'autres termes, c'est dans

---

70 *Ibid.*, p. 28.

le contexte révolutionnaire que le concept même de réception devient problématique. Les modalités transnationales dans lesquelles furent lus et interprétés tous ces écrits qui auraient fortement contribué à la formation de l'enthousiasme révolutionnaire, différaient souvent d'un contexte à l'autre, voire d'une personne à l'autre, selon des interférences spécifiques entre les contingences privées des individus et l'histoire publique de leur communauté de référence. À ce propos, l'histoire d'Adam Lux est emblématique car, à travers une réinterprétation très personnelle des textes de Rousseau et des Lumières, il a contribué à définir un imaginaire politique philo-jacobin qui, paradoxalement, tout en dérivant d'un dénominateur idéologique et philosophique commun, s'est avéré très différent de l'imaginaire politique français. Ce genre de court-circuit herméneutique aura non seulement des répercussions tragiques sur sa vie personnelle, mais aussi, dans un horizon plus large et culturel, sur la fondation du mouvement de la *Frühromantik* (premier romantisme) allemande et, par extension, sur la modernité littéraire occidentale. La ligne tracée par les interférences entre *Enthusiasmus* (au sens luxien), *Schwärmerei* et *Begeisterung* (selon la définition de Wackenroder et Tieck), dessinera le cadre à travers lequel il sera possible de s'orienter dans ce mouvement dialectique : nous le verrons sous peu.

Deuxièmement, nous avons pu déduire qu'en plus d'être le fruit d'un mélange singulier entre différentes théories portant sur l'inspiration artistique et le fanatisme, mûries entre les XVIIe et XVIIIe siècles en Europe, l'enthousiasme luxien comporte également une forte présence de certains éléments religieux et confessionnels issus de la conjoncture culturelle allemande de l'époque. Ces éléments se trouvent dès lors transposés – et c'est ici que s'inscrit la retentissante nouveauté de la réflexion – dans une perspective terrestre foncièrement civique et sociale. En somme, l'expérience mystique un temps attribuée à la seule intimité du fidèle, en cette saison des Lumières et notamment à partir de la naissance du mouvement du *Sturm und Drang* (Tempête et passion), devient connaissance sensible de toute la création et, par conséquent, de toute la collectivité. Cette expérience, désormais entièrement sensitive et humaine, trouve précisément dans le sentiment enthousiaste son garant d'excellence, le véhicule pour réaliser ce « transfert de sacralité[71] » : « Les

71 Voir Mona Ozouf, *La fête révolutionnaire*, Paris, Gallimard, 1976.

Lumières rapatrient ici-bas l'énergie tendue autrefois vers le ciel. Elles substituent au dépassement de l'individu par la perspective religieuse une adhésion à la morale civique. L'enthousiasme permet d'acquérir le sens de la collectivité et de la continuité historique[72]. »

Avec la revendication de la centralité des sens, des sentiments et de l'imagination dans le processus éducatif, l'Allemagne de ces années-là redécouvrait la valeur positive de l'enthousiasme, une pulsion sentimentale que l'école suisse de Bodmer et Breitinger et, par la suite, le poète Klopstock, avaient déjà mise en avant dans leurs attaques contre le rationalisme intransigeant du début du XVIIIe siècle. Mais, comme cela a été souligné, cet excès d'*Empfindsamkeit* (« sensibilité ») était considéré par une grande partie de la critique allemande – dont Lux – avec une certaine méfiance, jugeant ce genre d'exaltation comme un apanage malsain de l'âme, souvent masqué par des prétentions individualistes mesquines. Dans le but de conférer une dignité à ces lacunaires élans émancipateurs, même légitimes, la culture de la *Spätaufklärung* alla au-delà, visant à une intégration de la sensibilité de l'être humain avec l'intérêt collectif. En cela, suivant la piste anglaise et française, elle répondait au sens commun, le *common sense*, dans un esprit politique nouveau, esprit à concevoir désormais comme une noble activité de réformisme pragmatique. Il est alors surprenant que l'enthousiasme universel que Lux théorise dans sa thèse en 1784 coïncide sur plusieurs points avec ce que Kant écrira entre les années 1780 et 1790, d'abord pour ce qui concerne la mission des Lumières, ensuite par rapport à l'enthousiasme révolutionnaire.

C'est effectivement en ce sens, sous l'angle de l'enthousiasme, qu'il convient d'entendre les propos de Kant lorsqu'il parle de l'usage public de la raison et de l'aspect universel cosmopolite et progressiste de l'humanité du futur. Deux textes en particuliers ont été les porte-parole de cette conception universaliste du devenir de l'humanité : « *Idee zu einer allgemeinen Geschichte in weltbürgerlicher Absicht* » et « *Beantwortung der Frage : Was ist Aufklärung ?* », tous deux publiés en 1784 dans la revue *Berlinische Monatsschrift*. Dans le premier article, Kant, à travers un développement en neuf points, expose la nécessité de concevoir le vie individuelle des hommes non pas tant comme des événements isolés,

72 Delon, *L'idée d'énergie…*, ouvr. cité, p. 369.

mais comme des manifestations particulières à insérer dans un plan historique et progressiste plus général tourné vers l'accomplissement du bonheur humain universel – démarche téléologique que le philosophe nomme *allgemeine Geschichte* (histoire générale) et qu'il fait correspondre sur le plan politique, comme Lux, à une association internationale d'États-nations. Dans le deuxième article, le philosophe de Königsberg revient sur le sujet en se demandant si son époque vit ou non dans une condition « éclairée ». À cela, il répond par la négative quoiqu'en réalité, dans son argumentation, il propose la création d'une condition historique extraordinaire mais néanmoins nécessaire, afin de garantir le progrès de l'humanité visant à l'idéal d'un âge futur éclairé. C'est donc pour ces raisons que la Révolution française s'est présentée aux yeux de beaucoup, dont Kant et Lux, comme la possibilité matérielle d'exaucer ces désirs unificateurs et de surmonter l'« état de minorité ». L'événement révolutionnaire, dit Ferrone, « restait [...] un "signe historique" évident de la disposition morale du genre humain à s'enthousiasmer positivement et à participer à la construction collective d'un idéal moral voué au bien et au progrès, à la défense de la liberté et des droits de l'individu[73] ». C'est exactement cela que Kant déclara à plusieurs reprises dans les œuvres postrévolutionnaires de sa maturité. Dans *Der Streit der Fakultäten* (1798), par exemple, Kant expose comment la Révolution française avait révélé, dans l'histoire, la prédisposition innée des hommes à l'amélioration de la nature et de la société. Il va sans dire que Kant, comme Lux, identifia cette participation mutuelle au bien des individus et de la société à une authentique passion enthousiaste :

> *Wahrer Enthusiasm nur immer aufs Idealische und zwar rein Moralische geht, dergleichen der Rechtsbegriff ist, und nicht auf den Eigennutz gepfropft werden kann. [...] So aber (der Allgemeinheit wegen) einen Charakter des Menschengeschlechts im Ganzen und zugleich (der Uneigennützigkeit wegen) einen moralischen Charakter desselben wenigstens in der Anlage beweiset, der das Fortschreiten zum Besseren nicht allein hoffen läßt, sondern selbst schon ein solches ist, so weit das Vermögen desselben für jetzt zureicht.*
>
> « Le véritable enthousiasme ne porte toujours que sur quelque chose d'idéaliste et à vrai dire de purement moral, comme l'est le concept de droit, et il ne peut être greffé sur l'égoïsme. [...] Ce qui démontre ainsi (à cause de son

---

73 Ferrone, *Lezioni illuministiche*, ouvr. cité, p. 12.

> universalité) un caractère du genre humain dans son ensemble et, en même temps, (à cause du désintéressement) un caractère moral du genre humain, du moins en sa disposition, lequel ne permet pas seulement d'espérer la progression en mieux, mais constitue déjà lui-même une telle progression dans la mesure où la faculté à progresser suffit pour maintenant[74]. »

Il apparaît que le parallèle entre Lux et Kant n'a rien d'arbitraire. Bien au contraire, ce parallèle rend évident un *ethos* général et socialement transversal. À partir des années 1770, un tel rapprochement se manifeste dans les territoires de l'Empire au fil d'un grand nombre d'écrits théoriques et philosophiques puis, un peu plus tard, à travers la constitution de multiples cercles politiques. Sur ce point, il serait sans doute pertinent d'étudier comment la vulgarisation populaire de pareilles idées progressistes et révolutionnaires fut possible, autrement dit, comment l'enthousiasme universel d'Adam Lux a pu effectivement contribuer à une reconsidération du statut ontologique de l'homme non seulement parmi les classes les plus cultivées et éduquées, mais aussi parmi les couches les plus basses du tissu social. Pour tenter de répondre à ces questions et mieux étayer nos positions, il serait alors utile d'illustrer, via les outils de l'histoire sociale et culturelle des Lumières, les conditions matérielles dans lesquelles ont mûri ces idées universalistes dont Lux se fit le promoteur. En d'autres termes, il faudrait tamiser l'histoire de l'université de Mayence, les bibliothèques dans lesquelles étaient conservés les livres à l'origine de la diffusion des idées proto-révolutionnaires, les cercles de lecture de la ville dans laquelle ces idées étaient diffusées, les lettres d'Adam Lux... tout cela dans le but de comprendre, au plus près, si et comment ce sentiment d'enthousiasme universel, retenu comme indispensable pour l'instauration d'une nouvelle humanité et d'une nouvelle façon politique d'agir, a pu se diffuser. Comme déjà consigné, la thèse *Enthusiasmus* de Lux nous confronte à une conscience polyédrique et fort éduquée, qui mérite d'être interrogée empiriquement par la consultation de témoignages et documents d'archives de première main la concernant. Autant que possible, nous avons tenté de le faire en d'autres circonstances, par historiographie, sur la base de

---

74 Immanuel Kant, « D'un événement de notre temps qui démontre la tendance morale du genre humain », *Le Conflit des Facultés* [1798], éd. de Christian Ferrié, Paris, Payot, 2015, p. 124-125.

précieuses études antérieures[75]. Néanmoins, pour des raisons de cohérence thématique, il convient de conclure ici notre argumentation en laissant ouverte l'étude de l'influence que les théories portant sur l'idée d'enthousiasme ont eue sur la définition d'une nouvelle anthropologie et d'une nouvelle esthétique de la modernité entre les XVIIIe et XIXe siècles.

---

75 *Cf.* ci-avant la note 3 du présent chapitre, et notamment notre opuscule (Matteini) *Entusiasmo e Rivoluzione…*, ouvr. cité.

L'ENTHOUSIASME SUBLIMÉ

Révolution, Romantisme, *Begeisterung*

Dans son essai *De l'Allemagne* censuré en 1810 et publié clandestinement en 1813, Madame de Staël propose une analyse comparative approfondie entre la culture française, dans laquelle elle a grandi malgré ses origines suisses, et la culture allemande du début du XIXe siècle, son milieu d'adoption. Comme l'on sait, suite aux critiques acerbes visant le roman *Delphine* et à la dérive autoritaire de Napoléon Bonaparte, l'auteur avait été contrainte de quitter la capitale en 1802 avec son compagnon Benjamin Constant pour se rendre à Coppet, sur les rives du lac de Genève, patrie de son cher Rousseau. Le voyage en Allemagne que le couple décide d'entreprendre, entre la fin de 1803 et le printemps de l'année suivante, fut assurément épiphanique. Invités avec cérémonie dans les principales cours princières et cercles intellectuels allemands, comme à Weimar ou à Berlin, tous deux eurent la possibilité de rencontrer, souvent en nouant d'étroites amitiés, les principales personnalités de l'élite littéraire et philosophique allemande (Goethe, Schiller, les frères Schlegel, Fichte) et de se familiariser ainsi avec une littérature, ou plutôt une manière de penser le monde et la culture encore ignorée d'eux.

De l'Allemagne fut, en ce sens, un texte programmatique. On y présente cette culture jusqu'alors peu connue dans les milieux intellectuels français. Le plan de l'ouvrage est révélateur des intentions de l'auteur : chacune des quatre parties de cet essai est dédiée à un aspect particulier de la civilisation allemande[1]. La première partie, « De l'Allemagne et des mœurs des Allemands », illustre, sous un angle sociologique, la configuration économique, politique et culturelle générale

1 Madame de Staël, *De l'Allemagne* [1810], éd. de Simone Balayé, Paris, Flammarion, 2 vol., 1968. Sur la multitude d'aspects sous-jacents dans *De l'Allemagne*, voir Anja Ernst et Paul Geyer (dir.) *Deutschlandbilder aus Coppet : Zweihundert Jahre* De l'Allemagne *von Madame de Staël. / Des images d'Allemagne venues de Coppet :* De l'Allemagne *de Madame de Staël fête son bicentenaire*, Hildesheim-Zürich-New York, Georg Olms Verlag, 2015.

de l'Allemagne, proposant quelques éclaircissements sur des cas significatifs tels que Vienne, Weimar, la Prusse, etc. ; la seconde partie, comme l'indique son titre « La littérature et les arts », retrace les moments les plus marquants de l'histoire littéraire allemande (Klopstock, Lessing, Winckelmann, Goethe, Herder et bien d'autres y sont mentionnés), établissant, en début de section, une comparaison entre l'Angleterre et la France en matière de réceptivité des arts allemands ; la troisième partie, « La Philosophie et la morale », consiste en une comparaison de la philosophie allemande avec les philosophies française et anglaise puis, après un long chapitre consacré à l'œuvre de Kant, spécifie l'influence que la philosophie allemande a exercée sur la formation des esprits et sur le développement du nouvel art romantique (Madame de Staël fut l'une des premières à utiliser le terme pour désigner ce courant littéraire nouveau provenant d'outre-Rhin) ; la dernière partie, dont on dit qu'« à Saint-Pétersbourg, le baron de Stein, réfugié, pleura en écoutant les chapitres[2] », est intitulée « La religion et l'enthousiasme » et va nous être la plus profitable. L'auteur y approfondit, avec lyrisme et un réel enthousiasme, ce sentiment mystique et religieux qu'elle considère comme inné à l'esprit allemand.

Selon la lecture critique proposée par Simone Balayé, en écrivant *De l'Allemagne*, Madame de Staël aurait voulu mettre en évidence, plus qu'une célébration aveugle de la culture germanique, un certain inachèvement de l'esprit allemand : « C'est une idée chère à Mme de Staël que la vie sociale est nécessaire à l'éducation de l'individu. Pour elle, un homme de génie est d'autant plus grand qu'il joint la pensée à l'action. Son regret à propos de l'Allemagne est d'y constater une scission à peu près complète entre les deux domaines[3]. » Nous ne pouvons que le confirmer. Dans de nombreux passages de cet ouvrage, Germaine de Staël décrit le peuple allemand comme étant plus intéressé aux idées qu'aux actions, jugement qui aurait contribué à offrir à la postérité une vision plutôt stéréotypée d'une Allemagne sentimentale, enfermée dans ses fantasmes et empêtrée dans un certain immobilisme. Il s'agit d'un préjugé qui aura eu, cela est admis, une grande influence sur la considération que les français, et pas seulement eux, ont accordée à leurs voisins tout au long du XIXe siècle :

---

2 Balayé, « Introduction », dans Staël, *De l'Allemagne*, ouvr. cité, vol. I, p. 29.

3 *Ibid.*, p. 26.

> De toutes les nations, celle qui a le plus de penchant au mysticisme, c'est la nation allemande. [...] Plusieurs poètes lyriques, depuis Klopstock jusqu'à nos jours, ont dans leurs écrits une teinte de mysticisme. [...] D'ailleurs, l'idéalisme en philosophie a beaucoup d'analogie avec le mysticisme en religion ; l'un place toute la réalité des choses de ce monde dans la pensée, et l'autre toute la réalité des choses du ciel dans le sentiment[4].

Selon l'auteur, en somme, la philosophie allemande, avec sa charge de mysticisme, répondrait à une volonté totalisante du monde, un programme ennoblissant voué au perfectionnement des esprits et à l'abandon des « temps barbares », mais qui, pour nombre de raisons strictement sociologiques et politiques, n'aurait jamais réussi à aboutir pleinement :

> La philosophie idéaliste, le christianisme mystique et la vraie poésie ont, à beaucoup d'égards, le même but et la même source ; ces philosophes, ces chrétiens et ces poètes se réunissent tous dans un commun désir. Ils voudraient substituer au factice de la société, non l'ignorance des temps barbares, mais une culture intellectuelle qui ramenât à la simplicité par la perfection même des lumières ; ils voudraient enfin faire des hommes énergiques et réfléchis, sincères et généreux, de tous ces caractères sans élévation, de tous ces esprits sans idées, de tous ces moqueurs sans gaieté, de tous ces épicuriens sans imagination, qu'on appelle l'espèce humaine, faute de mieux[5].

En dépit de sa bonté réformatrice, poursuit l'auteur, cet élan idéaliste allemand serait condamné à retomber dès son émergence dans un solipsisme muet : « Les Allemands subdivisent tout à force d'expliquer, de distinguer et de commenter. Ils ont une sincérité philosophique singulièrement propre à la recherche de la vérité, mais point du tout à l'art de la mettre en œuvre[6]. » Pourtant, un tel décalage entre pensée et action, entre Je et Tout, est perçu par l'essayiste comme un caractère destiné à se sublimer, dans un avenir proche, donnant enfin vie à « quelque chose » de plus noble et de plus grand. Autrement dit, la tendance à l'inachèvement chez les Allemands s'impose comme période obligatoire de transition culturelle dont il sera possible de tirer la sève nécessaire à la fondation d'un nouveau modèle d'homme et de société. C'est là expressément ce qui définit ce « quelque chose » : un projet universel de rédemption sociale et humaine.

---

4 *Ibid.*, p. 270.
5 *Ibid.*, p. 272.
6 *Ibid.*, p. 286.

Pour l'auteur, la matière philosophique qui donne corps et détermine ce sentiment absolu est l'enthousiasme, qu'elle interprète dans l'acception allemande de *Begeisterung*, terme qui, selon elle, « signifie *Dieu en nous.* [...] Quand l'existence de l'homme est expansive, elle a quelque chose de divin[7] ». Comme le montre l'ardeur qui avait caractérisé, dans les décennies précédentes, un certain type d'anthropologie révolutionnaire – ardeur à concevoir comme une sorte d'exaltation métaphysique de l'esprit face au culte de la vertu républicaine, c'est-à-dire comme antichambre de l'annulation du Je au nom d'une fusion mystique avec la cause révolutionnaire[8] –, l'auteur circonscrit l'enthousiasme en tant que sentiment supérieur acquis par aversion pour la dimension privée, par la projection de l'individu vers un horizon idéaliste, universel et exhaustif : « L'enthousiasme seul peut contrebalancer la tendance à l'égoïsme, et c'est à ce signe divin qu'il faut reconnaître les créatures immortelles[9]. » Il est certes facile de retrouver, dans la longue digression de Madame de Staël, beaucoup de ces points forts pouvant être ramenés au terme ultime de l'évolution morale de nombreux révolutionnaires européens, dont Adam Lux. À ce propos, il convient d'ouvrir ici une brève parenthèse.

Le parcours existentiel et ontologique du *Jakobiner* de Mayence, Adam Lux, coïncide avec ce changement de mentalité qui survint au cours des dernières années du XVIIIe siècle, dont parle Germaine de Staël. Suite à l'amère déception de la proscription des girondins en juin 1793 par le parti montagnard de Robespierre, l'expérience parisienne de Lux va dériver vers des rivages inattendus[10]. Après avoir promu sa théorisation très personnelle de l'enthousiasme politique et universaliste, Adam Lux

---

7 *Ibid.*, p. 301.

8 Il s'agit là de ce que Haïm Burstin a appelé l'enthousiasme de la découverte de la dimension politique de l'existence, « l'ivresse de la liberté ou l'ivresse patriotique : un terme qui souligne non seulement l'enthousiasme et l'attitude désintéressée des individus qui explorent les nouveaux espaces ouverts à la vie publique, mais aussi leur relative perte de lucidité vis-à-vis du contingent » (ouvr. cité, p. 34-45).

9 Staël, *De l'Allemagne*, ouvr. cité, p. 302.

10 Voir Jean Delinière, « Lumières Allemandes et girondisme », dans Jean Mondot et Alain Ruiz (dir.), *Interférences franco-allemandes et Révolution française*, Bordeaux, P.U. de Bordeaux, 1994, selon qui l'événement a marqué « la fin de tout espoir dans une victoire de la Révolution. [...] Non seulement la France, mais l'Europe vont sombrer dans la barbarie qui réduira à néant les Lumières qui avaient triomphé en 1789. C'est [...] la "marche à reculons de la raison" ». (p. 112)

doit faire face à un brusque désenchantement qui va le mener à une autre forme d'enthousiasme. Envoyé à la capitale française avec la délégation mayençaise dirigée par Georg Forster pour demander à la Convention le rattachement de la nouvelle république de Mayence à la France, Lux va être profondément choqué de la tournure autoritaire prise par le gouvernement révolutionnaire au printemps 1793. Le naufrage de ce projet universaliste de la première phase de la Révolution qui, selon de nombreux intellectuels européens, aurait dû conduire l'Europe d'Ancien Régime à une réelle renaissance des nations dans un esprit pleinement humaniste[11], généra un sentiment galopant de désarroi devant les idéaux trahis[12]. L'enthousiasme révolutionnaire que Forster et Lux espéraient consolider lors de discussions au sein du club qu'ils considéraient comme leur guide éthique et politique – le Club des jacobins de Paris – s'évanouit dans le constat amer d'insurmontables différences de convictions. La Constitution républicaine, c'est un fait, n'entrera jamais en vigueur en raison de l'opposition croissante du parti des montagnards dirigé par Robespierre. Progressivement, l'enthousiasme des *Jakobiner* va glisser vers un sentiment de désillusion qui allait rapidement déclencher de

11 Il s'agit de cet idéal tardif de perfectibilité exprimé au mieux par Nicolas de Condorcet dans son *Esquisse d'un tableau historique des progrès de l'esprit humain*, probablement la dernière grande œuvre des Lumières françaises, témoin de l'échec d'un mouvement intellectuel entier et publié à titre posthume après la mort tragique de l'auteur qui se suicida le 28 mars 1794. Un passage, en particulier, rend la ressemblance évidente : « Il arrivera donc, ce moment où le soleil n'éclairera plus, sur la terre, que des hommes libres, ne se reconnoissant d'autre maître que leur raison ; où les tyrans et les esclaves, les prêtres et leurs stupides ou hypocrites instrumens n'existeront plus que dans l'histoire et sur les théâtres ; où l'on ne s'en occupera plus que pour plaindre leurs victimes et leurs dupes, pour s'entretenir, par l'horreur de leurs excès, dans une utile vigilance, pour savoir reconnoître et étouffer, sous le poids de la raison, les premiers germes de la superstition et de la tyrannie, si jamais ils osoient reparoître. [...] Des institutions, mieux combinées que ces projets de paix perpétuelle, qui ont occupé le loisir et consolé l'ame de quelques philosophes, accéléreront les progrès de cette fraternité des nations ; et les guerres entre les peuples, comme les assassinats, seront au nombre de ces atrocités extraordinaires qui humilient et révoltent la nature, qui impriment un long opprobre sur le pays, sur le siècle dont les annales en ont été souillées. » (Paris, Agasse, 1795, p. 338-339 et 369-370.)

12 Voir, par exemple, la lettre de Georg Forster à Therese Forster : « Brief an Therese Forster vom 12.09.1793 », *Werke. Sämtliche Schriften, Tagebücher, Briefe. Briefe 1792-1794 und Nachträge*, éd. de Klaus-Georg Popp, Berlin, Akademie Verlag, 1989, p. 447. Forster y décrit les protagonistes de la Terreur révolutionnaire comme des « personnes démesurément fanatiques » qui ont érigé pour valeur « l'arbitraire aveugle et la passion furieuse ». La Révolution est alors devenue « une confusion indéfinissable qui nous fait regarder l'avenir à travers un nuage orageux ».

dramatiques mécanismes de dysphorie entre une réalité jusqu'alors racontée et l'implacable réalité pragmatique. La visite des Mayençais à Paris, au lieu de représenter pour eux le couronnement d'un parcours profondément humain, se révéla être un réel choc culturel. Lux dut bientôt attester que, dans le Paris de l'été 1793, « le divorce entre réalités quotidiennes et idées *reçues* atteint son paroxysme[13] ».

Chez Lux, notamment à partir des journées du 31 mai au 2 juin, on observe donc un basculement ontologique, c'est-à-dire un passage de l'esprit cosmopolite-humanitaire[14] de l'*Enthusiasmus* qui avait marqué son action politique à Mayence, vers un état de *Schwärmerei.* Quoique toujours fondé sur les valeurs de vertus républicaines, ce dernier état devait désormais se résoudre en une sorte de solipsisme fanatique voué au culte d'un idéal abstrait. Forster avait donc vu juste en considérant les décisions de Lux (les tentatives de suicides répétées, la publication de l'*Avis aux citoyens français*) comme une *politische Schwärmerei*[15] puisque, s'il est vrai que l'ardeur de Lux trouvait encore ses racines dans des motifs intimement politiques, la volonté sacrificielle qui le distingua à partir de

13 Poitrineau, *Les mythologies révolutionnaires...*, ouvr. cité, p. 166, et aussi : « La violence et, ce qui revient au même, le chantage à la violence sont institutionnalisés. Et la méfiance de chacun contre tous règne maintenant sans partage, tandis que les factions se multiplient à l'envi : triste début pour une nation "régénérée" autour de valeurs nouvelles, porteuses d'espoirs innombrables. L'unité entrevue et réclamée à grands cris s'évanouit, le miroir se brise en multiples éclats. [...] Les troubles que provoquent des mesures inconsidérées, ou de circonstance minent l'édifice social et constitutionnel édifié dans l'*enthousiasme* ». (p. 182-183)

14 Dans une introduction à la *Revue de littérature comparée*, Jean Gillet a évoqué la définition de « cosmopolitisme humanitaire » qu'Albert Mathiez allait utiliser comme base conceptuelle de son étude intitulée *La Révolution et les étrangers. Cosmopolitisme et défense nationale* parue en 1918. Dans le volume de Mathiez, l'expression – que Gillet interprète en termes d'« universalisme » – se ferait porteuse d'un processus de régénération humaine que seule la Révolution aurait pu enclencher. Ce sentiment a été largement partagé par les girondin mais l'ascension des montagnards eut tôt fait de le réduire à un esprit national cadenassé et autarcique. – « Constituer le pays en nation, c'est l'unifier et en même temps le limiter. On retrouve là le point de départ d'un changement de regard sur l'étranger, et on remarquera que les Girondins, moins unificateurs, étaient en même temps plus spontanément ouverts aux étrangers que les Montagnards. Car si la nation est seule porteuse de l'idéal nouveau, elle se pense par rapport, et largement contre l'étranger. [...] L'universalisme devient le contraire du cosmopolitisme. L'hostilité à l'étranger, qui se fait de plus en plus vive surtout à partir de l'automne de 1792, trouve donc en partie son origine dans cet absolu révolutionnaire. » (Jean Gillet, « Introduction », *Revue de littérature comparée*, 1989, n° 251, 4, p. 446-447.)

15 Forster, « Brief an Therese Forster vom 24.07.1793 » et « Brief an Therese Forster vom 09-10.11.1793 », *Werke. Sämtliche...*, ouvr. cité, p. 404 et 466.

juin 1793 alla au-delà de toute stratégie pragmatique[16]. Après avoir publié le pamphlet *Avis aux citoyens français* dans lequel était dénoncée la haute trahison des jacobins de Paris envers la « vrai » révolution, Adam Lux se lança dans une défense désespérée de Charlotte Corday, la meurtrière de Marat, à laquelle il dédia un panégyrique immodéré qui lui valut d'être condamné à mort en novembre de la même année[17]. Sans entrer dans une analyse approfondie de ces deux textes[18], nous soulignerons comment, surtout dans son dernier écrit apologétique, se manifeste un caractère très proche de cette *Begeisterung* idéaliste que Madame de Staël allait décrire quelques années plus tard dans *De l'Allemagne*. L'ardeur idéaliste exacerbée qui enflamma Adam Lux après les journées du début du mois de juin détermina chez lui une sorte d'aveuglement mystique coïncidant avec un détachement péremptoire des affaires humaines. La volonté continue de sacrifier sa propre vie au nom d'un *politischer Freitod* (libre-arbitre politique) maintes fois avancé par lui-même au cours de ces semaines, clarifie bien cet « héroïsme pathétique[19] » qui serait à la base de cette conduite révolutionnaire utopiste esquissée par Germaine de Staël. Par ailleurs, si déjà dans ses écrits politiques de jeunesse[20] et dans son *Avis*, Lux parlait de la liberté comme d'un « objet divin », « l'idole adorable » à laquelle on doit immoler toutes les passions individuelles, c'est surtout dans le panégyrique dédié à Charlotte Corday et dans le destin de mort qu'il accepta à Paris que se réverbèrent toutes ces suggestions transversales.

En somme, nous nous trouvons devant le revers de la médaille de l'enthousiasme universel que Lux avait glorifié au cours de son

---

16 Voir Erwin Rotermund, « Ein Mainzer Jakobiner im revolutionären Paris. Stefan Zweigs Drama *Adam Lux* », dans Stefan Zweig, *Adam Lux*, Mit Essays und Materialien (avec tableau chronologique et bibliographie), éd. de Franz Dumont et Erwin Rotermund, Obernburg am M., Logo, 2003, p. 165.

17 On peut trouver le texte intégral de l'*Avis* dans Colet, ouvr. cité, p. 183-190.

18 Pour cela, *cf.* Matteini, *Entusiasmo e Rivoluzione...*, ouvr. cité.

19 Voir Hans-Jürgen Lüsebrink, « "Paris reste toujours notre carte et vous avez perdu" : Georg Forster et Adam Lux dans la France révolutionnaire de 1793 », dans la *Revue de littérature comparée* : « Au stoïcisme de Forster qui constitue, ne serait-ce que passagèrement, une stratégie de survie, s'oppose l'héroïsme pathétique de son compatriote décidé, à peine deux mois après son arrivé à Paris, à sacrifier sa vie, comme Brutus le Romain, pour la cause de la liberté républicaine. » (1989, n° 251, p. 472.)

20 Adam Lux eut un rôle décisif dans la naissance du sentiment pro-français au sein de la république de Mayence. On peut constater son engagement républicain dans certains écrits politiques de jeunesse, comme par exemple, *Über die Vereinigung mit Frankreich*, reproduit par Hirth, art. cité, p. 496-499.

expérience d'étudiant et, plus tard, d'agitateur politique. Si les nobles objectifs que ces sentiments étaient censés véhiculer demeurent inchangés (l'instauration d'une République internationale et l'émancipation des individus), les moyens par lesquels poursuivre de tels projets, eux, vont être bouleversés : le vitalisme fraternel cède le pas à un sentiment d'autodestruction sacrificiel, à une impulsion de « belle mort » qui place Lux dans la tradition théologique et millénariste du *Miles Christi* paulinien, ici transposé en un modèle séculier et politique que l'on peut oser moderniser en *Miles Revolutionis*[21]. Ceci est la preuve indubitable de la mise en œuvre de ce « transfert de sacralité » dont parle Mona Ozouf dans son célèbre volume portant sur la fête révolutionnaire et qui a été repris par Roger Chartier dans son enquête sur les origines culturelles de la Révolution française[22]. Pour synthétiser à l'extrême, le comportement de Lux préfigure cette conception idéaliste et lyrique de l'existence qui aura caractérisé la saison extatique de la *Frühromantik* allemande, un mouvement dont les auteurs ont résumé l'essence précisément à travers le dernier élément dialectique de l'enthousiasme : la *Begeisterung*, cet enthousiasme-fanatisme autoalimenté de visions religieuses et esthétiques élevées, exempt de toute impulsion politique. Il s'agit d'une idée qui, par son argumentation, synthétise et en même temps dépasse les aspects fondamentaux des définitions d'*Enthusiasmus* et *Schwärmerei* déjà observés, dans une conception intime et transcendante de l'Idéal. Si dans le « cas Adam Lux », l'aspect proprement esthétique de la question fait défaut, il est vrai que l'autosuggestion et la force mythopoïétique qui le distinguèrent annoncent cette extase religieuse constitutive des développements successifs de la culture occidentale. Entre le XVIIIe et le XIXe siècles, le lien entre expérience politique et idéalisme est très étroit.

Significativement, chez Madame de Staël, c'est surtout dans les passages concernant l'enthousiasme suscité par la guerre que l'on retrouve certains motifs typiques du « *Miles Revolutionis* » illustré par Lux : le stoïcisme devant la mort, le plaisir de combattre sans but réel, l'action menée uniquement pour elle-même.

---

21 On se réfère au modèle de *Miles Christi* de saint Paul de Tarse. Voir Mario Domenichelli, *Cavaliere e gentiluomo. Saggio sulla cultura aristorcratica in Europa (1513-1915)*, Roma, Bulzoni, 2002.

22 Roger Chartier, *Les origines culturelles de la Révolution française* [1990], Paris, Seuil, 2000, p. 159-160.

> La guerre, fût-elle entreprise par des vues personnelles, donne toujours quelques-unes des jouissances de l'enthousiasme ; l'enivrement d'un jour de bataille, le plaisir singulier de s'exposer à la mort. [...] Quiconque a vécu de cette vie n'aime qu'elle. Le but atteint ne satisfait jamais ; c'est l'action de se risquer qui est nécessaire, c'est elle qui fait passer l'enthousiasme dans le sang ; et, quoiqu'il soit plus pur au fond de l'âme, il est encore d'une noble le nature lors même qu'il a pu devenir une impulsion presque physique[23].

C'est donc une véritable pulsion de mort voulue par Dieu, au-delà de toute composante destructive, qui doit honorer la cause de la défense de la patrie et du bonheur des hommes. Si cette raison patriotique revient tout au long de l'essai *De l'Allemagne*, l'auteur la valorise davantage dans les chapitres finaux, comme pour sceller un appel pressant à la révolte des peuples contre la dictature napoléonienne, clameur que suscitait, à cette époque, une grande partie de l'intelligentsia européenne.

> Les hommes marchent tous au secours de leur pays, quand les circonstances l'exigent ; mais s'ils sont inspirés par l'enthousiasme de leur patrie, de quel beau mouvement ne se sentent-ils pas saisis ! [...] Une longue espérance, tout se soulève autour d'eux comme un appel au combat ; chaque battement de leur cœur est une pensée d'amour et de fierté. Dieu l'a donnée, cette patrie, aux hommes qui peuvent la défendre, aux femmes qui, pour elle, consentent aux dangers de leurs frères, de leurs époux et de leurs fils. [...] Si de tous les sentiments l'enthousiasme est celui qui rend le plus heureux, c'est qu'il ne réunit plus qu'aucun autre toutes les forces de l'âme dans le même foyer[24].

Or, aussi noble et pur soit-il, l'enthousiasme décrit par Madame de Staël manquerait, comme cela a été précisé, de sens pratique, puisqu'il « prête à la vie ce qui est invisible, et de l'intérêt à ce qui n'a point d'action immédiate sur notre bien-être dans ce monde ; il n'y a donc point de sentiment plus propre à la recherche des vérités abstraites[25] ». Pour parvenir à la réalisation d'une nation libre, l'auteur estime que la présence simultanée de l'enthousiasme divin et de cette qualité, toute française, qu'elle nomme le « caractère », serait indispensable :

> Loin qu'on puisse redouter les excès de l'enthousiasme, il porte peut-être en général à la tendance contemplative qui nuit à la puissance d'agir : les Allemands en sont une preuve ; aucune nation n'est plus capable de sentir et de penser ; mais quand

---

23 Staël, ouvr. cité, p. 302.

24 *Ibid.*, p. 310-311.

25 *Ibid.*, p. 305.

> le moment de prendre un parti est arrivé, l'étendue même des conceptions nuit à la décision de caractère. Le caractère et l'enthousiasme diffèrent à beaucoup d'égards ; il faut choisir son but par l'enthousiasme, mais l'on doit y marcher par le caractère : la pensée n'est rien sans l'enthousiasme, ni l'action sans le caractère ; l'enthousiasme est tout pour les nations littéraires ; le caractère est tout pour les nations agissantes : les nations libres ont besoin de l'un et de l'autre[26].

L'aspect programmatique de ces propos est frappant. Germaine de Staël nous offre ici un modèle psychologique et social qui peut permettre aux nations européennes de s'autodéterminer tout en se défaisant des anciens jougs politiques et des carcans émotionnels bien établis. Outre cet appel aux armes antinapoléonien, on ne peut que discerner entre les lignes de ce texte une critique voilée de la conduite que les Allemands ont montrée dans leur confrontation aux problématiques révolutionnaires lorsqu'ils ont perdu tout sens de la réalité politique factuelle, par leur fervente soif d'absolu, pour se lancer dans de folles périodes de dévotion extatique alternant avec le désespoir le plus mécréant. Toutefois, contre toute condamnation définitive, la divine *Begeisterung* germano-romantique serait, selon Madame de Staël, un élément primordial pour l'accomplissement ultime du bonheur, et donc nécessaire aux peuples pour la conquête de leur liberté : « L'enthousiasme est de tous les sentiments celui qui donne le plus de bonheur, le seul qui en donne véritablement, le seul qui sache nous faire supporter la destinée humaine dans toutes les situations où le sort peut nous placer[27]. » L'enjeu porterait donc sur l'utilisation qui est faite de ce sentiment, sur les modalités de son déploiement et, surtout, sur le degré de planification et de « caractère » qu'il véhicule, tout en gardant un œil tourné vers les erreurs du passé le plus récent. Le germaniste Joël Lefebvre a beaucoup insisté sur cet aspect. À la lumière du *Zur Geschichte der Religion und Philosophie* d'Heinrich Heine (1835), Lefebvre reconnaît à l'Allemagne le mérite d'avoir donné, au moment de la Révolution française et avant toutes les autres nations, les directives philosophiques d'une émancipation humaine définitive, sans toutefois en trouver les débouchés pratiques et politiques : l'exemple de Mayence en aurait été la seule tentative authentique. Ce n'est qu'à partir des années 1830, poursuit-il, que l'on aurait amorcé un véritable tournant dû aux mouvements insurrectionnels européens :

26 *Ibid.*, p. 303.
27 *Ibid.*, p. 309.

> Les démocrates allemands de la fin du XVIIIe siècle, et même les monarchistes libéraux, étaient trop en décalage par rapport aux possibilités objectives de transformation du pays, étaient en somme trop en avance sur leur temps. C'est vers 1830, et entre autres avec Heine, que les intellectuels allemands cessent d'être simplement « les contemporains philosophiques du présent » et commencent à devenir ses « contemporains historiques », comme le dira Marx un peu plus tard. C'est bien à ce moment, après l'intermède de fermeture aux principes mis en circulation par la France, que reprend la longue marche de l'Allemagne vers la démocratie[28].

Celui qui, plus que tout autre, a incarné cette typologie de l'enthousiasme artistique et spirituel, tourné d'une part vers un avenir de liberté et d'autre part vers l'Antiquité grecque comme parangon, a très probablement été Friedrich Hölderlin (auteur jamais cité par Madame de Staël). Son œuvre politique s'inscrit pleinement dans la lignée de la tradition classiciste allemande, désormais redéfinie à la lumière des soulèvements européens des cinq dernières années du XVIIIe siècle. Nous savons avec quel enthousiasme le poète avait vécu les événements français, dans l'espoir qu'en Allemagne aussi, une semblable force subversive puisse un jour réveiller ce peuple assoupi dans son sommeil féodal. Il est vrai que chez le poète allemand, pour confirmer ce qu'a observé Monica Gargano, transparaît une idée régénératrice de l'enthousiasme en rapport avec le modèle que nous offre Madame de Staël :

> L'enthousiasme, la *Begeisterung*, parle d'une appartenance « autre » de l'homme, qui habite pourtant sa finitude. Comme une étincelle qui, logée dans la limite du fini, la brise et l'ouvre à la dimension infinie, l'enthousiasme est à la fois l'instrument d'une brèche dans la finitude et sa destination la plus véritable. [...] Le parcours philosophique d'Hölderlin peut être lu à partir de la parabole dessinée par l'*exzentrische Bahn*, cette trajectoire excentrique qui guide l'histoire de chaque homme, déchiré par les deux « désirs d'être en tout » et « être au-dessus de tout[29] ».

C'est précisément en vertu de la sublimation spirituelle de ce déchirement que les protagonistes des odes d'Hölderlin (Hypérion, Diotime, Empédocle) sont, *a fortiori*, définis comme « enthousiastes » (par ailleurs, le terme *Begeisterung* est plutôt fréquent dans ses compositions).

28 Joël Lefebvre, *La Révolution française vue par les Allemands*, Lyon, P.U. de Lyon, 1987, p. 18.
29 Monica Gargano, « Entusiasmo e misura in Hölderlin », dans Bettini et Parigi, ouvr. cité, p. 183.

Transposé métaphoriquement dans le contexte de l'Antiquité grecque, le discours eschatologique du poète englobe le passage d'un chiliasme politico-philosophique au chiliasme poético-religieux d'ascendance chrétienne. De cette transition, Joël Lefebvre a établi un parallèle entre la génération préromantique, dotée d'un solide bagage en sciences politique et réformiste mais aussi déçue par les résultats de la Révolution, et le premier romantisme allemand, caractérisé par un optimisme sur le sort de l'humanité, hérité d'un fonds chrétien protestant et dont le lien avec la pratique historique demeure cependant fragile :

> On observe à peu près au même moment (1795-1798) l'émergence d'une autre forme de prophétisme, que l'on pourrait appeler, [...] chiliasme poétique, et dont l'Hypérion de Hölderlin fournit le plus bel exemple. Avec lui, l'avenir ne s'articule plus en termes politiques ; ses contours flous ne sont plus que l'occasion d'une exaltation sentimentale et d'un prophétisme de remplacement pour une révolution impossible. [...] D'une manière générale, les philosophies romantiques de l'histoire se signalent par le retour d'un discours messianique de type chrétien comme seule forme de l'espoir[30].

Pour autant, si l'on se penche sur l'analyse de nombreux documents et témoignages concernant l'expérience de révolutionnaires européens, tels que Lux par exemple, il est possible de démontrer que cette composante religieuse était présente dans les esprits bien avant l'ascension de Napoléon et la désillusion révolutionnaire suite à la prise de pouvoir de Robespierre et des montagnards. En clair, la religiosité inhérente au discours politique a mué ses termes essentiels au fil d'un processus graduel et nuancé. Il s'agit donc d'un phénomène qui n'est pas né de rien mais qui, au contraire, a toujours été présent, réapparaissant de temps à autre sous différentes facettes. Durant la période dite de *Spätaufklärung*, la doctrine chrétienne avait vocation à servir un projet réformiste essentiellement cosmopolite, et pour cette raison, elle demeurait active sur le terrain – la tentative du jacobinisme allemand ou, par exemple, la réinterprétation biblique opérée par Herder en sont deux exemples des plus éclatants. À partir de l'ascension de Napoléon, cette poussée transcendantale, ayant perdu tout ancrage avec le pragmatisme politique révolutionnaire, est allée se retrancher sur les sommets escarpés de l'Idéal en s'accrochant

30 Lefebvre, ouvr. cité, p. 16. Et aussi : « Dans *Hypérion* l'invocation à "l'enthousiasme", cette "céleste rosée" qui annonce "le printemps des peuples" : "*So wirst du kommen, kommen wirst du mit deinen allmächtigen Wonnen und empor uns tragen über die Sterblichkeit*". » (p. 19)

aux mythes et divagations passéistes, se laissant aller à une tournure mystique : c'est là, quelles qu'en soient ses motivations, le grief porté par Madame de Staël. L'opinion de Joël Lefebvre, bien que riche en suggestions et en idées d'un intérêt certain, n'en demeurerait pas moins plutôt simplificatrice si le lecteur se contentait de s'en tenir à cette seule lecture. Dans la même logique, la réflexion qui suit, quoique tout aussi respectable dans son argumentation, pourrait aussi présenter le risque d'uniformiser un phénomène qu'il convient d'examiner et de documenter au cas par cas, en évitant de conclure à une généralisation :

> S'il est établi que les tout premiers représentants du Romantisme n'étaient pas dépourvus de sympathie pour les idées révolutionnaires, le glissement qui, entre 1796 et 1798, se produit du « chiliasme philosophique » (c'est-à-dire politique et laïcisé) au chiliasme poétique, puis au chiliasme religieux, correspond à un éloignement progressif par rapport à la pensée politique issue de la réflexion sur la Révolution et que cette évolution a eu pour effet « l'intégration générale de la politique dans le religieux[31] » qui, selon un spécialiste, caractérise le Romantisme[32].

Bien sûr, il est acceptable de dégager de toute étude quelques grandes lignes et tendances : cela s'avère assurément pertinent d'un point de vue purement historiographique. Toutefois le charme d'une analyse pointilleuse réside spécifiquement dans les subtiles et symboliques ambiguïtés sémantiques qui la caractérisent. Pour le cas qui nous occupe, la *Begeisterung* et ses oscillations constituent un formidable creuset d'investigations que nous nous sommes appliqué à explorer et dont nous espérons jusqu'ici avoir révélé les perspectives.

Pour autre exemple, dans l'œuvre d'Hölderlin, on retrouvera autant de motifs contrastés que peut en espérer la recherche. Dans un écrit composé au cours du second semestre de 1796, *Über Religion*, le poète allemand s'interroge sur la portée symbolique de la religion dans le destin de l'homme à l'époque de la première modernité. L'auteur y parle d'une relation libre et spirituelle entre l'être humain et une idée supérieure de transcendance qui se projetteraient, échappant aux sens, en un indicible futur baigné de bonheur. Ce lien éphémère se définit, littéralement, par la *Begeisterung*, seul vecteur qui ouvrirait à l'humanité son unique et véritable destination. Monica Gargano s'est penchée ainsi sur cette visée :

---

31 Roger Ayrault, *La genèse du romantisme allemand*, Paris, Aubier, t. III, 1969, p. 494.

32 Lefebvre, ouvr. cité, p. 17.

> L'enthousiasme est une découverte, c'est la découverte d'une appartenance autre que la simple mécanique naturelle ou la simple nécessité de la raison. [...] Cette voie permet à l'être humain d'expérimenter l'infini de l'esprit et de découvrir sa destination la plus essentielle : la liberté. [...] La *Begeisterung*, l'enthousiasme-inspiration, n'appartient pas seulement au poète, c'est une composante constitutive de la vie de chacun [...] qui permet à l'esprit de dépasser les limites de la finitude, de sortir de soi pour s'immerger dans la connexion vivante du Tout[33].

Tout au long de l'œuvre du poète allemand, revient ainsi la conviction qu'il est parfois possible, dans le monde terrestre, de trouver un lieu de passage, un lien spirituel qui permettrait à l'homme de se réunir avec le Tout auquel il aspire. Dans l'Hypérion, cette ouverture vers un ailleurs mythifié est personnifiée en Diotime, transposition romanesque de l'aimée d'Hölderlin, Susette von Gontard. Au travers de cette figure de femme, Hypérion trouve un enthousiasme d'envergure divine qui semble l'élever à la compréhension, à la fois du Tout historique et de sa mission auprès des humains. L'aspiration d'Hypérion à rendre enfin l'Allemagne libre vient ainsi étayer cette rencontre déterminante, « mais en réalité – note Monica Gargano – cet enthousiasme, parfait et ponctuel, ne peut avoir lieu dans le fini, et Diotime ira vers sa propre consomption pour que l'utopie reste telle et, en bon idéal, continue à maintenir l'Histoire dans sa marche[34] ». L'*Hypérion* devient ainsi un hymne à la *Begeisterung* en même temps qu'une amère prise de conscience sur l'impossibilité de se réaliser dans l'immanence. Ainsi, après la mort de Diotime et l'échec de la révolution allemande, Hypérion sera condamné à errer à travers l'Europe, jusqu'à son retour en Grèce où il se résoudra à une vie de solitude, d'ermite.

Le fragment de la tragédie *Der Tod des Empedokles* évolue dans le même esprit. Tout comme Hypérion, le protagoniste Empédocle, imitant les dieux, voudrait s'immiscer dans la grande harmonie du Tout, enfin libéré des limites de la finitude terrestre. Sa *Begeisterung* prend alors une tournure sacrificielle lorsque pour se fondre dans la vie du Tout, le protagoniste ne voit d'autre solution que de passer à l'acte de son propre holocauste, « puisque dans la mort du héros se réalise ce retour à son point de départ, à cette possibilité de replonger dans l'Absolu de son devenir

---

33 Gargano, ouvr. cité, p. 186-188.

34 *Ibid.*, p. 194.

et de son accomplissement[35] ». Peut-être plus que dans l'Hypérion, nous assistons ici à la dissolution du héros lorsque s'ouvre à lui la perfection de l'Idéal, dans une dimension utopique hors du temps. Dans l'*Empedokles*, l'optimiste de la *Begeisterung* tant vanté par l'auteur de l'*Allemagne* se mue en un sombre envoûtement, en une sensation subtilement désespérée, en un insoutenable sentiment de déracinement. L'enthousiasme des personnages d'Hölderlin, universel, absolu, sacré, est impossible à soutenir. Seule une évaluation nouvelle pourrait purifier ce sentiment, mais l'indétermination historique, le fardeau de l'éclatement des idéaux révolutionnaires, rendent une telle attente impossible et vaine. Comme Lux, dans un premier temps, Hölderlin a lui aussi soutenu les idéaux républicains pour ensuite abjurer sa foi face aux crimes de la Terreur :

> À travers ces allusions, on peut lire les traces de la prise de distance d'Hölderlin avec les Lumières et la Révolution française, coupables d'avoir rendu l'homme stérile en soumettant tout ce qu'il peut produire au seul examen de la raison, coupables également d'avoir déclenché un processus historique et social violent, aveuglé par le principe de l'action pour l'action et paradoxalement non guidé par les idéaux d'une raison « éclairée ». La version finale de l'*Hypérion* montrera comment l'action révolutionnaire, dès qu'elle cherche à se réaliser, se transforme en un instinct féroce de vengeance et de mort[36].

La rencontre entre Diotime et Hypérion trouve ici des analogies étroites avec le « mariage mystique[37] » d'Adam Lux et Charlotte Corday, de même que le sacrifice d'Empédocle ne peut manquer de rappeler les projets de suicide du jeune Mayençais. Ces points communs ne sont peut-être pas fortuits et viennent en tout cas renforcer la thèse métalittéraire – et en même temps métahistorique – cherchant à voir en Lux un *exemplum* vivant de cet ensemble de *topoï* littéraires et culturels qui a caractérisé le tournant des Lumières. Comme les personnages d'Hölderlin, Lux porte en lui un sentiment enthousiaste qui transfigure le culte de la vertu républicaine en un élan divin tourné vers l'absolu[38]. Pourtant, la

35 *Ibid.*, p. 199-201.

36 *Ibid.*, p. 183.

37 Georges Benrekassa, « Histoire d'un assassinat : la mort de Marat dans l'historiographie du XIXe siècle », dans Lise Andriès et Jean-Claude Bonnet (dir.), *La mort de Marat*, Paris, Flammarion, 1986, p. 324.

38 Cet optimisme concernant la « revanche révolutionnaire » de l'Allemagne était un sentiment partagé par la plupart des jacobins allemands déçus par la tournure de la Révolution française. Beaucoup voyaient en l'Allemagne kantienne la réussite annoncée

Begeisterung se heurte aussi à un déclin ambiant qui certes ne concerne pas le seul Adam Lux. Face à la fracture révolutionnaire et aux premières manifestations de politique moderne, à certains égards, l'orientation des plus enthousiastes semble anticiper les revirements les plus sombres qui vont effectivement se produire. De cela, les personnages littéraires d'Hölderlin en témoignent, de même qu'ils portent en eux l'esprit du temps que l'on peut lire à travers des documents d'archives et dans la correspondance de cette période révolutionnaire.

Dans une anthologie dirigée par l'historien spécialiste de Mayence Franz Dumont, on trouve une lettre qui surprend le lecteur par l'esprit de désorientation qu'elle véhicule. L'expéditeur en est le pasteur luthérien Johannes Hoepfner, qui l'adresse à sa femme. Comme de nombreux autres ecclésiastiques rhénans et palatins, Hoepfner avait accueilli et soutenu avec engouement les idées de *Freiheit und Gleichheit* (liberté et égalité) provenant de France durant l'hiver 1793, alors qu'il venait d'obtenir son siège de député au nouveau parlement allemand de Mayence en mars de la même année. Son enthousiasme allait cependant vite s'estomper jusqu'à disparaître complètement et laisser place au dégoût par suite de nombreuses brouilles relationnelles plus que politiques ayant émergé au sein des institutions de la nouvelle république de Mayence. L'arrivisme, la cupidité et la médisance de nombreux parlementaires trahissaient les vertus révolutionnaires sur lesquelles les premiers bastions démocratiques allemands avaient été édifiés. Guidé par la déception, préférant s'éloigner d'une atmosphère délétère, le pasteur s'en retourna à sa vie privée avec l'espoir d'y retrouver un bonheur que la violence de la réalité politique lui avait interdit dans

---

d'une mission envers les peuples que les Français n'avaient su mener à terme. – « Déjà Forster, avant de mourir dans le Paris de la Terreur en janvier 1794, avait fait la douloureuse constatation que la liberté française, initialement porteuse de si belles promesses, avait dégénéré en licence et en anarchie à cause du manque de maturité morale des Français. Déjà chez Forster s'était fait jour, parallèlement à ce constat désabusé, une idée riche en conséquence, que d'autre jacobins allemands après lui, tout particulièrement Rebmann, allaient développer pour parvenir à la conclusion que ce n'était pas en France, mais en Allemagne, chez ce "peuple des poètes et des penseurs", supérieur sur le plan de la culture et moralement mieux éduqué, que les principes de la Révolution auraient pu ou pouvaient peut-être encore porter des fruits. » (Alain Ruiz, « Des jacobins allemands dans le drame révolutionnaire en France. De 1789 à Napoléon », dans André Dabezies (dir.), *La Révolution française vue des deux côtés du Rhin*, Aix-en-Provence, P.U. de Provence Aix-Marseille 1, 1990, p. 95-96.)

les mois précédents[39]. Sa lettre, datée du 4 mai 1793, commence par des considérations empreintes d'amertumes :

> *Schon neununddreißig Tage sind nun vorüber, seitdem ich von dir, treue, liebe Julie getrennt lebe, in einer Lage, die in jeder Hinsicht so unangenehm für mich ist, daß ich manche Stunden und auch manchen Tag unter quälenden Vorwürfen, wenigstens unter traurigen Betrachtungen hinbringe. Denn ach, mein Weib, wie sehe ich mich getäuscht, wie getrübt sind die lachenden Aussichten an deren Betrachtung ich meine Seele sooft gelabt und deren Bild ich dir sooft aus der Fülle meines Herzens mit den lebendigsten Farben hinmalte. Nicht sowohl die plötzliche Wandlung des Kriegsglückes – die uns zwar in widrigen Zustand hineindrang, aber auch ein freudiges Hervorgehen wieder hoffen ließ – also nicht sowohl dies als vielmehr die Erfahrungen, welche ich von der Sinnesart und Handlungsweise bei den meisten Gliedern des Konvents – besonders bei den Mainzern – machte, zwangen mich, traurige Folgen zu erwarten*[40].

> « Voilà déjà trente-neuf jours que je vis loin de toi, ma chère et fidèle Julie, dans une situation qui m'est détestable à tous égards, si bien que je passe des heures, quand ce ne sont pas des jours, à m'accabler de lancinants reproches ou du moins me perdre dans les tourments les plus tristes. Hélas, ô mon épouse, comme je me sens trahi ! Comme elles sont devenus troubles, ces riantes perspectives dont j'ai si souvent régalé mon âme, et comme s'obscurcissent les vives couleurs que mon cœur a si souvent peintes à ton image. Ce n'est pas tant le changement soudain du sort de la guerre – qui nous fut d'abord défavorable, mais qui a aussi engendré l'espoir d'un retour plus heureux – que l'expérience que j'ai faite des comportements de la plupart des députés de la Convention – en particulier ceux de Mayence –, qui me porte à en attendre le pire. »

Suivent ainsi quelques jugements amers sur le comportement des membres du gouvernement de Mayence, amenant Hoepfner au désengagement : « *ich ziehe mich zurück* » (« j'ai décidé de me retirer »). La lettre se conclut par un appel à la providence (*Vorsehung*), une invocation d'espoir à retrouver sa femme Julie et son enfant :

> *Vereint uns die Vorsehung wieder – bei unserer Liebe gelobe ich dies – nie verlasse ich dich wieder in solchen Geschäften ; in meiner Familie, in meiner Gemeinde will ich gutes raten und gutes tun. Könnte ich nur jetzt schon dies Gelübde erfüllen, und an unsern Wohnsitz, der bei dem Erwachen der Natur – heute, ach ! Heute, wo du vor einem Jahr Mutter wurdest und meine einzige Julie mir gabst, mehr als Tempe, mehr*

39 Franz Dumont, « Briefe aus der Mainzer Republik », dans Hans-Walter Hermann, *et alii* (dir.), *Jahrbuch für westdeutsche Landesgeschichte*, Koblenz, Selbstverlag der Landesarchivverwaltung Rheinland-Pfalz, 1977, p. 305-349.

40 *Ibid.*, p. 339.

> *als Elysium mir wäre, mit dir froh zu sein. [...] Möchte nur bald meine Gefangenschaft sich enden und der Anfang meines vorigen Glücks wieder beginnen*[41].
>
> « Puisse la Providence nous réunir à nouveau et – je le jure sur notre amour – jamais plus je ne te laisserai pour de pareilles conjectures ; je ne guiderai autrui et n'agirai désormais que pour le bien de ma famille et de ma communauté. Si seulement je pouvais déjà honorer mes vœux ainsi que notre demeure, selon l'appel de la nature – aujourd'hui, ah ! aujourd'hui, voici un an que tu es devenue mère et m'as donné, Julie, mon unique, plus que Tempé, plus que l'Elysium, la chance d'être heureux avec toi. [...] Je voudrais au plus tôt mettre fin à mon emprisonnement et reprendre la vie heureuse d'autrefois. »

L'ardent désir de retourner au foyer, près de ses proches, se traduit ainsi par un besoin de lâcher les rênes de l'Histoire dans le rejet d'un machiavélisme, au sens moderne, qu'Hoepfner voyait se répandre quotidiennement par le jeu de la politique parlementaire et de ses subterfuges. Les retrouvailles avec la nature divine et le retour à la prière deviennent alors le trait le plus marquant d'une nouvelle sensibilité exclusivement domestique et privée, symptôme d'un conflit insurmontable entre l'homme et le monde, de l'incapacité d'agir selon sa propre volonté. En paraphrasant la pensée de Tocqueville, Guido Mazzoni nous offre une lecture de ce phénomène introspectif expressément à la lumière de la tradition démocratique inaugurée par la Révolution française :

> Pour Tocqueville le noyau de la démocratie, ce qui la rend irrésistible, n'est pas tant la joie de participer de façon continue, émancipée et consciente à la vie collective, que la création de petites sphères de bien-être et d'autonomie autour de chaque individu [...]. Les nations démocratiques sont faites de mondes qui se perçoivent subjectivement comme libres et différents, mais qui objectivement se ressemblent : l'égalité des conditions et l'accroissement des dépendances mutuelles nivellent les comportements et les coutumes, et parce que le contenu des désirs et objectifs que poursuivent les individus et les « petites sociétés » est seulement particulier. Objectivement, l'un vaut l'autre ; subjectivement, la différence minime qui les sépare est ce que chacun d'entre nous appelle « ma vie[42] ».

La conjonction avec le divin conceptualisée dans la catégorie de la *Begeisterung* s'inscrit ainsi dans un code ontologique purement subjectif

41 *Ibid.*, p. 341.

42 Guido Mazzoni, « I nomi propri e gli uomini medi. Romanzo, scienze umane, democrazia », *Between*, vol. V, nº 10, nov. 2015, p. 11. Mis en ligne en novembre 2015, consulté le 15 juillet 2021 : https://ojs.unica.it/index.php/between/article/view/2024.

et privé, détaché de la vision eschatologique de l'histoire conventionnelle des Lumières. Cela vient d'une déception (*Enttäuschung*) historique, de la conscience de sa propre inanité face aux processus temporels dans lesquels tout homme est malgré lui inséré. Pour reprendre ce que nous avons mentionné plus tôt, les retrouvailles auxquelles aspire Adam Lux avec une Charlotte Corday glorifiée, figurent la métonymie d'un repli de l'individu dans la bulle de sa propre pensée. Preuve en est qu'il déclara lui-même son renoncement, son éloignement volontaire d'une dynamique historique qui ne lui appartenait plus.

L'idéalisme philosophique et littéraire du premier romantisme allemand installe à la perfection cette sensation de malaise ainsi que le sentiment particulier de *Begeisterung* qui en découle. C'est surtout par les termes de l'inspiration divine de l'artiste, telle que déclinée dans l'œuvre de Wilhelm Heinrich Wackenroder et Ludwig Tieck, que ces traits solipsistes deviennent évidents et riches d'implications du point de vue littéraire. Si Madame de Staël ne reconnaît pas la substance secrètement dégénérative de la *Begeisterung* et qu'Hölderlin, bien qu'il en anticipe grandement l'aspect, conserve un germe d'espoir en la rédemption humaine, c'est chez les deux Berlinois que l'on retrouve sans équivoque la césure cachée dans le sentiment d'enthousiasme divin. L'annulation du Je dans le divin a été préfigurée par l'auteur de *De Allemagne* comme condition nécessaire à l'émancipation des peuples. Elle devient, dans les écrits des précurseurs du romantisme européen, un signe de résiliation des liens entre l'individu et le monde historique et matériel dans lequel cet individu agit. C'est l'aveu d'une sensibilité « décomposée[43] », conséquence de la désillusion de cette génération face aux déviances révolutionnaires. Un regard accru sur l'œuvre de Madame de Staël met bien en évidence ces problématiques de repli sur soi et d'isolement individuel qui s'expriment désormais, dans la primovague romantique, à travers cette religion de l'art qui allait inspirer fortement les futures générations d'intellectuels européens :

> Dans ce mysticisme, pour saisir véritablement l'essence des choses, pour donner un sens à la mélancolie de l'existence, l'enthousiasme doit naître, comme une harmonie universelle qui donne vie même à ce qui est invisible, qui suscite de l'intérêt même pour ce qui n'a pas d'action immédiate sur notre bien-être

43 Voir Remo Bodei, *Scomposizioni. Forme dell'individuo moderno*, Torino, Einaudi, 1987.

> matériel. Quant à l'identification entre enthousiasme et capacité créatrice, joie individuelle de l'artiste dans son isolement parmi les hommes communs, elle est également, pour finir, d'une conséquence extrême[44].

Dans la pensée de Wackenroder, la *Begeisterung* est le sentiment de l'inspiration divine de l'artiste[45]. C'est notamment dans les *Herzensergießungen eines kunstliebenden Klosterbruders* (*Épanchements d'un moine ami des arts*) paru en 1797 que cette catégorie philosophique d'enthousiasme peut être singularisée et interrogée dans ses traits spécifiques. L'ouvrage est un recueil de dix-huit essais dont chacun est axé sur une personnalité artistique du passé. On s'y réfère surtout à la Renaissance italienne et allemande : Raffaello Sanzio, Albercht Dürer, Léonard de Vinci, Francesco Francia… Le fil conducteur de ces écrits est le mystère de l'inspiration artistique, thème annoncé dès le premier essai – « *Raphaels Erscheinung* » (« La Vision de Raphaël ») – comme étant la composante fondamentale de la création de l'œuvre d'art. Contre toute règle esthétique classiciste qui, selon Winckelmann, plaçait dans la forme et la mesure le préliminaire nécessaire à la bonne réussite de la création, Wackenroder attribue à l'inspiration divine de l'artiste (la « *Begeisterung* », le « Dieu en soi ») cette place primordiale dans le processus esthétique, la considérant ainsi comme l'élément préliminaire à toute création et cela dans un sens tout à fait moderne. Autrement dit, à travers l'inspiration, se manifesteraient les signes de l'empreinte de Dieu sur le monde : la particularité géniale des grands artistes du passé et la dimension transcendante de leurs œuvres excluraient donc de l'art toute possibilité d'être enseigné et transmis. Elena Agazzi fait ressortir qu'une telle conception de l'art tirerait ses racines de l'*ethos* protestant d'Allemagne, comme ce fut le cas de ce sentiment politique universaliste qui aurait offert les instruments idéologiques aux futurs jacobins allemands : « L'un des noyaux fondateurs de la *Frühromantik*

---

44 Massimo Colesanti, « La missione sociale di Madame de Staël », dans Massimo Colesanti, Giovanni Macchia, Luigi de Nardis (dir.), *La letteratura francese. Dall'Illuminismo al Romanticismo* [1974], Milano, Rizzoli, 2000, p. 407.

45 Pour l'édition allemande, voir Wilhelm Heinrich Wackenroder et Ludwig Tieck, *Phantasien über die Kunst* [1799], éd. de Wolfgang Nehring, Stuttgart, Reclam, 1973 et *id.*, *Herzensergießungen eines kunstliebenden Klosterbruders* [1797], éd. de Martin Bollacher, Stuttgart, Reclam, 2005 ; pour l'édition française, voir W. H. Wackenroder et L. Tieck *Épanchements d'un moine ami des arts* suivi de *Fantaisies sur l'art*, éd. de Charles Le Blanc et Olivier Schefer, Paris, José Corti, 2009.

n'a absolument pas le caractère pro-catholique et conservateur qui lui a été attribué au fil du temps ; en réalité, ce noyau se rattache à une culture protestante – dont Nuremberg même a été le berceau – visant une conception de l'univers chrétien exempte de dogmes et ouverte à l'idée que même à travers l'art, l'on peut évoquer l'indicible présence du divin[46]. » Le passage du politique à l'artistique n'est pas fortuit.

La narration des *Herzensergießungen* est confiée à un religieux (*Épanchements d'un moine…*) qui, dans sa retraite spirituelle, a pu cultiver et approfondir ses connaissances sur l'art dans le passé[47]. Dans le texte introductif « *An den Leser dieser Blätter* » (« Au lecteur de ces pages »), le narrateur présente le propos de l'œuvre, en annonce les motivations et les intentions. Il est singulier de remarquer que le tout premier substantif exprimé ici, dévolu à l'ère romantique (à condition, bien sûr, d'accepter comme tel ce texte liminaire du recueil de Wackenroder), est le terme *Einsamkeit*, solitude :

> *In der Einsamkeit eines klösterlichen Lebens, in der ich nur noch zuweilen dunkel an die entfernte Welt zurückdenke, sind nach und nach folgende Aufsätze entstanden. Ich liebte in meiner Jugend die Kunst ungemein, und diese Liebe hat mich wie ein treuer Freund, bis in mein jetziges Alter begleitet : ohne daß ich es bemerkte, schrieb ich aus einem innern Drange meine Erinnerungen nieder, die du, geliebter Leser, mit einem nachsichtsvollen Auge betrachten mußt. Sie sind nicht im Ton der heutigen Welt abgefaßt, weil dieser Ton nicht in meiner Gewalt steht, und weil ich ihn auch, wenn ich ganz aufrichtig sprechen soll, nicht lieben kann.*
>
> « Les essais qui suivent ont peu à peu éclos de la solitude d'une vie monacale dans l'ombre de laquelle il m'arrive parfois encore de repenser au monde lointain. Au temps de ma jeunesse, j'aimais l'art d'un amour hors du commun et cet amour, tel un ami fidèle, m'a accompagné jusqu'à ce jour : involontairement, et poussé par un élan intérieur, j'ai couché par écrit mes souvenirs que tu dois, cher lecteur, considérer avec indulgence. Ils ne sont point rédigés dans le ton du monde actuel, car ce ton est au-dessus de mes forces, mais aussi parce que, pour tout dire, je ne puis l'aimer[48]. »

Ces propos indiquent clairement que la solitude dans laquelle s'enferme le moine s'est imposée à lui comme une distanciation volontaire du monde.

46 Elena Agazzi, « Le "Effusioni di cuore di un monaco amante dell'arte" e il sogno rinascimentale », dans Wackenroder, *Opere e lettere. Scritti di arte, estetica e morale in collaborazione con Ludwig Tieck*, éd. de E. Agazzi, Milano, Bompiani, 2014, p. 87.

47 Pour une réflexion sur l'esthétique de Wackenroder, voir *ibid.*, p. 75-99, et E. Agazzi, « La breve stagione della *Frühromantik* », dans Wackenroder, *Opere e lettere…*, ouvr. cité, p. 9-37.

48 Wackenroder, « Au lecteur de ces pages », *Épanchements d'un moine…*, ouvr. cité, p. 27.

La condition indispensable pour profiter pleinement de l'expérience artistique serait, en somme, l'isolement vis-à-vis de la société prosaïque des hommes. L'*innerer Drang* qui a poussé le mystique à écrire n'est autre que la *Begeisterung*, l'acmé de la conjonction avec le divin. Le refuge dans le passé et l'adoration de la création seraient donc l'antidote pour échapper à la conjoncture déchirante de son temps.

Après avoir présenté les événements biographiques de quelques-uns des plus importants génies artistiques de la Renaissance européenne, Wackenroder termine son recueil par un contre-exemple, la vie du musicien Joseph Berglinger, décrite dans le récit « *Das merkwürdige musikalische Leben des Tonkünstlers Joseph Berglinger* » (« La Remarquable vie musicale du musicien Joseph Berglinger »). Tandis que le moine narrateur accepte et fait sienne la condition d'exclu du monde dans lequel il vit parce que sa *Begeisterung* est en accord avec son inclination mystique et qu'en vertu de cette position ascétique, il n'a ni ambition ni volonté, Berglinger, au contraire, souffre d'une douleur mêlée de déception existentielle et de mélancolie noire. En effet, malgré sa fervente inspiration divine, le musicien ne parvient pas à mettre en œuvre ses idéaux artistiques dans le monde des hommes. La *Begeisterung* révèle donc, chez lui, un manque reflétant cette fracture entre un idéal noble et supérieur et l'incapacité de le transformer en praxis dans la vie en société, aspect que nous avons souligné précisément à propos de l'élan politique et spirituel de Lux. Chez ce dernier, l'écart se réalisait dans l'incompatibilité entre l'action désirée (le pacte parlementaire entre montagnards et girondins) et la vertu politique professée (l'enthousiasme universel qui le distinguait), alors que chez le personnage de Joseph Berglinger, se consume le drame du génie artistique confronté au silence et à la sécheresse de ses semblables, notamment en ce qui concerne la dimension historique.

Le récit de Berglinger est divisé en deux parties : la première raconte la formation musicale du jeune enthousiaste, tiraillé, dès sa jeunesse, entre un amour pour la musique aux connotations fortement transcendantales et intimes, et une situation matérielle et familiale marquée par l'indigence et aggravée d'un conflit amer avec son père, lequel voudrait qu'il soit médecin ; la seconde partie relate l'expérience métropolitaine de l'artiste qui, ayant fui son foyer, débarque dans une *herrliche Stadt* indéterminée, en quête de bonne fortune. Installé dans la métropole, le jeune homme devient rapidement musicien à succès, parvenant même à obtenir le poste de chef d'orchestre à la cour de l'archevêque. Cependant, découragé à l'idée que sa musique ne sera d'aucune façon profitable au monde, ses aspirations d'anoblissement par l'art se révèlent alors trahies. Berglinger, après avoir composé son dernier chef-d'œuvre, mourra d'insuffisance et de tristesse : « Ce que le moine définit comme la "lutte entre son enthousiasme éthéré et les petites misères de cette terre" se conclut tragiquement : après avoir achevé une composition sur la Passion du Christ, il meurt prématurément, consumé de corps et d'esprit[49]. » L'expérience existentielle de Berglinger comporte plusieurs analogies avec celle de Lux. Tout en relativisant – il s'agit d'un texte dans lequel l'argument esthétique est prépondérant, celui strictement politique l'étant beaucoup moins –, on constate que ce germe de mélancolie latente ainsi que le détachement progressif de la sphère prosaïque et individualiste des hommes marqueront, pour lui aussi, l'aspiration d'un idéal pleinement divin, transcendant et anhistorique. Sur l'aventure métropolitaine du protagoniste, Federica La Manna observe que « la description de l'éloignement d'un bruit de foule fourmillante et celle de l'effet puissant de la musique sur l'âme de Berglinger ont les caractéristiques d'une initiation, d'un moment d'extase profondément religieux[50] ». Comme c'est le cas dans les témoignages parisiens de Lux, les impressions de Berglinger font alors écho à quelque chose d'amer et de désabusé, un peu comme un dégoût qui se transformerait bientôt en un idéalisme aveugle et totalisant. C'est donc à partir de ce moment précis que commence à se matérialiser, dans l'âme du protagoniste, cet agôn entre sa vision de l'art, auquel il décide de s'abandonner complètement, et le monde réel tel qu'il devra être tout au long de son existence.

Il est essentiel de noter que Berglinger ne parle pas seulement de la condition de l'artiste, mais, plus généralement, de l'âme humaine (« *die menschliche Seele* »). Au-delà de la composante esthétique et musicale forte de l'écriture[51], il est légitime d'identifier, dans tout le recueil, l'émergence d'une sensibilité nouvelle que l'on peut définir comme pleinement

49 Federica La Manna, « Il tormento dell'artista. Berglinger e gli scritti sulla musica », dans Wackenroder, *Opere e lettere...*, ouvr. cité, p. 333.

50 *Ibid.*, p. 339.

51 Le mérite de Wackenroder en ce qui concerne le renouvellement esthétique est immense. « C'est précisément dans cette fracture déchirante du sujet qu'une nouvelle conception de la musique trouve sa place, non plus liée au concept de *Nützlichkeit*, d'utilité piétiste datant de la fin des Lumières, mais plutôt à celui qui sera ensuite pleinement développé

moderne. Chez Wackenroder, le rapport difficile entre artiste et public synthétise et traduit cette relation problématique entre l'homme et le monde, qui va devenir l'un des marqueurs constitutifs de la modernité :

> *Allein das Allerabscheulichste sind noch alle die andern Verhältnisse, worin der Künstler eingestrickt wird. Von allen dem ekelhaften Neid und hämischen Wesen, von allen den widrig-kleinlichen Sitten und Begegnungen, von aller der Subordination der Kunst unter den Willen des Hofes ; – es widersteht mir, ein Wort davon zu reden, – es ist alles so unwürdig und die menschliche Seele so erniedrigend, daß ich nicht eine Silbe davon über die Zunge bringen kann. Ein dreifaches Unglück für die Musik, daß bei dieser Kunst grade so eine Menge Hände nötig sind, damit das Werk nur existiert ! Ich sammle und erhebe meine ganze Seele, um ein großes Werk zustande zu bringen ; – und hundert empfindungslose und leere Köpfe reden mit ein und verlangen dieses und jenes.*
>
> « Mais le plus effrayant ce sont encore toutes ces relations dans lesquelles l'artiste est emprisonné. Toute l'envie écœurante et toute la malignité, toutes les mœurs et les rencontres médiocres, et, surtout, toute la soumission de l'Art à la volonté de la Cour – je répugne d'en parler –, tout cela est si indigne, et rabaisse tant l'âme humaine que je n'en dirai pas même un mot. C'est un triple malheur pour la musique qu'une telle quantité de moyens soit nécessaire à son existence ! Je recueille et j'élève toute mon âme pour réaliser une grande œuvre, et cent têtes dénuées de sentiments et vides disent leur mot et exigent ceci et cela[52]. »

La scission de l'extranéité de l'homme avec l'Autre s'avère ainsi un trait ontologique dramatiquement commun à tous les acteurs du monde. Le fait que la déception face à cet état de minorité se résolve en elle-même, sans échappatoire, dans un retour permanent à la dimension purement mondaine de l'existence, rend cette condition humaine encore plus déchirante :

> *Ich gedachte in meiner Jugend dem irdischen Jammer zu entfliehen und bin nun erst recht in den Schlamm hineingeraten. Es ist wohl leider gewiß ; man kann mit aller Anstrengung unsrer geistigen Fittiche der Erde nicht entkommen ; sie zieht uns mit Gewalt zurück, und wir fallen wieder unter den gemeinsten Haufen der Menschen.*
>
> « Au temps de ma jeunesse, je pensais fuir la misère du monde, et me voici à présent dans mon bourbier ! C'est hélas certain ; malgré tous les efforts des

dans les essais des *Fantaisies*, le concept de musique autonome, libre et, comme dirait Dahlhaus, absolue. » (La Manna, *ibid.*, p. 341.)

52 Wackenroder, « La Remarquable vie musicale du musicien Joseph Berglinger en deux parties », *Épanchements d'un moine…*, ouvr. cité, p. 134.

ailes de notre esprit, on ne peut échapper à la terre ; elle nous attire vers le sol avec violence, et nous retombons dans la foule la plus ordinaire[53]. »

Voici donc la raison pour laquelle la *Begeisterung* de l'artiste se transforme en un solipsisme muet, en un élan vers le divin qui est aussi une descente vers la solitude et l'oubli.

Cette biographie du personnage de Joseph Berglinger se termine par une question à laquelle le moine narrateur, ou Wackenroder lui-même, tente de répondre, sans toutefois parvenir à fournir une explication complète : « Mais après ces souvenirs de mon cher Joseph, je ne puis plus rien écrire. Je termine mon livre, en souhaitant seulement qu'il serve à éveiller en quelque lecteur de bonnes pensées[54]. » Comment est-il possible que Berglinger, malgré les énormes succès de sa vie, malgré son enthousiasme fervent, ai été si malheureux jusqu'à la fin de ses jours ? Pour quelle raison n'a-t-il pas réussi à se délivrer de la fracture entre le Moi et le Tout ? La comparaison avec les grands artistes du passé opérée tout au long de l'œuvre montre pourtant comment ceux-ci, malgré une vie tout aussi difficile que celle du musicien, ont été capables de vivre en bon équilibre entre leur être « artistique » exclusif et leur être « humain » propre au commun des mortels. Que se passe-t-il, à l'inverse, chez Berglinger ? Ici, Wackenroder semble suggérer que les raisons de cette impitoyable opposition entre Berglinger et les autres maîtres en arts résideraient dans le fait que ces derniers ont appartenu à une époque de l'histoire des hommes ou la correspondance entre la chose et le mot, entre l'âme et la matière était immédiate et parfaite, une époque où, contrairement à celle que connaît Berglinger, l'équilibre entre les exigences privées et publiques était parfait, jamais rompu en faveur des unes ou des autres. En conséquence, si « Schiller [...] insiste sur la perte par le monde moderne de la référence au modèle grec, qui montrait comment il était possible, de façon naturelle, de conjuguer fantaisie et raison et de maintenir en équilibre les intellects intuitif et spéculatif[55] », Wackenroder réitère une position équivalente en s'en remettant aux artistes de la Renaissance et à la perte, vue par l'homme contemporain, de leur modèle éthique de référence.

53 *Ibid.*

54 *Ibid.*, p. 139 : « *Ich kann aber nach diesen Erinnerungen an meinen Joseph nichts mehr schreiben. – Ich beschließe mein Buch – und möchte nur wünschen, daß es einem oder dem anderen zur Erweckung guter Gedanken dienlich wäre.* »

55 Agazzi, « La breve stagione... », ouvr. cité, p. 22.

Se réfugier dans la vie des grands hommes de l'histoire de l'art au moment le plus haut de leur inspiration peut alors sembler confortable, mais cela cache d'énormes dangers de dissociation. Berglinger lui-même l'écrira dans une lettre adressée au moine et rapportée dans le sixième chapitre de l'œuvre posthume de Wackenroder, le « *Phantasien über die Kunst, für die Freunde der Kunst* » (« Fantaisies sur l'art pour les amis des arts »). Dans la missive, il est en effet expliqué comment le présent, auquel chacun se trouve lié malgré lui, rend vain tout effort d'émancipation de sa condition d'inanité, et pourquoi la *Begeisterung*, ce refuge vers les hautes sphères de l'Idéal, deviendrait alors le symptôme le plus pressant d'un tel désespoir :

> *Und wenn mir nun der Anblick des Jammers in den Weg tritt, und Hülfe fordert, wenn leidende Menschen, Väter, Mütter und Kinder, dicht vor mir stehen, die zusammen weinen und die Hände ringen, und heftiglich schreien vor Schmerz, – das sind freilich keine lüsternen schönen Akkorde, das ist nicht der schöne, wollüstige Scherz der Musik, das sind herzzerreißende Töne, und das verweichlichte Künstlergemüt gerät in Angst, weiß nicht zu antworten, schämt sich zu fliehn, und hat zu retten keine Kraft.*
>
> « Lorsque je croise en route le regard de l'homme désespéré, réclamant de l'aide, lorsque les hommes qui souffrent, les pères, les mères, les enfants, sont devant moi, en train de pleurer et de tendre les mains, avec de violents cris de désespoir – à ce moment, on n'entend pas de beaux accords voluptueux, ni le plaisant divertissement de la musique, mais bien des sons qui déchirent le cœur. Et l'âme amollie de l'artiste tombe dans l'angoisse, il ne sait que répondre, il a honte de prendre la fuite, et ne se sent aucunement la force d'être sauveur[56]. »

Encore plus douloureuse est la conscience de cet état :

> *Es ist, als wenn die Schöpfung alle Menschen, so wie die vierfüßigen Tiere oder Vögel, in bestimmte Geschlechter und Klassen der geistigen Naturgeschichte gefangen hielte; jeder sieht alles aus seinem Kerker, und keiner kann aus seinem Geschlechte heraus. – Und so wird meine Seele wohl lebenslang der schwebenden Äolsharfe gleichen, in deren Saiten ein fremder, unbekannter Hauch weht, und wechselnde Lüfte nach Gefallen herumwühlen.*
>
> « C'est comme si la Création retenait prisonniers tous les hommes, ainsi que les animaux à quatre pattes ou les oiseaux, en les enfermant dans des espèces précises, et en les rangeant dans des catégories de l'histoire intellectuelle de la nature ; chacun regarde l'autre depuis son cachot et personne ne peut

56 Wackenroder, « Lettre de Joseph Berglinger », *Fantaisies sur l'art…*, ouvr. cité, p. 237.

échapper à son origine. Et c'est ainsi qu'au long de mon existence, mon âme ressemblera à une harpe éolienne mobile, sur les cordes de laquelle souffle un murmure inconnu et étranger ; des airs changeants y passent à loisir[57]. »

L'époque à laquelle vit et œuvre Berglinger semble faire allusion à l'ère postrévolutionnaire et napoléonienne, moment où émergent et prennent forme les intérêts privés des petite et moyenne bourgeoisies montantes, moment également de l'essor des premières sphères d'« autonomie dissociée » dont parle Mazzoni-Tocqueville. Le déchirement intérieur du personnage face à la réalité historique annonce ainsi un trait typiquement moderne qui, jusqu'à nos jours, a été repris par la plus grande tradition littéraire :

> Le texte se tourne maintenant vers la contemporanéité et en caractérise les ambivalences et les tensions en faisant appel au personnage de Berglinger, personnage qui depuis l'enfance pâtit du contraste entre corps et âme, entre formes existentielles bourgeoises et liberté artistique, entre un quotidien prosaïque et un enthousiasme poétique. C'est précisément sur ces ambivalences que repose la modernité du personnage, dans son déchirement intérieur qui le place au début d'une tradition fructueuse de personnages littéraires qui défileront entre le XIXᵉ et le XXᵉ siècles, depuis la figure de Kreisler d'E. T. A. Hoffmann en passant par les protagonistes des textes de Mörike et Grillparzer, jusqu'à arriver au *Docteur Faustus* de Thomas Mann[58].

Le récit du « saint nu », pivot des *Phantasien* publiées par Tieck, réélabore et métaphorise également, sous la forme narrative de la fable, cette sensation du temps. Le « *Wunderbares morgenländisches Märchen von einem nackten Heiligen* » retrace l'existence d'un saint, ermite d'Orient qui, au plus profond de sa solitude, ne réussit pas à trouver le repos à cause du vacarme assourdissant de la « roue du temps » qu'il fait tourner sans cesse face au désintérêt aveugle des hommes. Comme le résume Elena Agazzi, ce récit « condense dans l'image de la "roue du temps" et de la "lettre morte" la vanité d'une vie moderne, dépourvue de vision d'ensemble de la réalité, dans laquelle l'individu est contraint par lui-même à un rythme qui semble lui refuser toute forme de planification et de liberté[59] ». Elena Agazzi a assurément lu et approuvé l'interprétation aiguë que nous offre le germaniste italien Luciano Zagari :

57 *Ibid.*, p. 239.
58 La Manna, ouvr. cité, p. 334.
59 Agazzi, « La breve stagione… », ouvr. cité, p. 21.

> Ce qui semble certain, en revanche, est la résolution de l'écrivain romantique à représenter non pas une victime passive mais plutôt un martyr qui choisit consciemment son destin. L'héroïsme et l'échec concomitants du saint résident dans sa détermination à traiter la roue du temps comme si elle était un symbole d'éternité, tout en expérimentant à chaque instant l'atroce différence entre les deux niveaux. Qu'il y ait ensuite un autre passage (très simple) de la béatitude à l'éternité, est une possibilité radicalement étrangère aux repères mentaux de tous les hommes liés à leurs occupations mesquines, et également du saint : de fait, celui-ci s'élèvera à cette dimension par la grâce d'un miracle survenant de l'extérieur et qui va radicalement modifier sa nature de martyr fou mais conscient[60].

S'il est donc vrai que « le mouvement caractéristique pour tous les textes des *Fantaisies*, parfaitement illustré dans le "Conte oriental merveilleux d'un saint homme nu", est le mouvement ascensionnel et vertical [par lequel] le divin de l'être humain retourne au divin universel en vertu de l'œuvre d'art[61] », il est tout aussi important de souligner la relation qui, dans le récit, s'instaure entre la figure du saint, la roue qu'il tourne continuellement et les pèlerins qui lui rendent visite.

L'ascète, un homme au bord de la folie, passe sa vie à lacérer son âme, imaginant devoir tourner une roue d'où, par le sifflement de la rotation, émanent des bruits terrifiants qui se confondent avec le vacarme des hommes. Au bruit assourdissant et indistinct de la roue, Wackenroder oppose la voix du saint qui, pour tenter d'expliquer aux gens de passage les raisons de sa laborieuse activité, ne peut prononcer que quelques phrases fragmentaires, bribes d'un discours sur la finalité de l'homme en ce bas monde qui se réduirait à un état de semi-mutisme :

> *Aus seinen abgebrochenen, wilden Reden erfuhr man, daß er sich von dem Rade fortgezogen fühle, daß er dem tobenden, pfeilschnellen Umschwunge mit der ganzen Anstrengung seines Körpers zu Hülfe kommen wolle, damit die Zeit ja nicht in die Gefahr komme, nur einen Augenblick stillzustehn. Wenn man ihn fragte, was er tue, so schrie er wie in einem Krampf die Worte heraus : Ihr Unglückseligen ! hört ihr denn nicht das rauschende Rad der Zeit ? [...] Er wütete aber noch lange fort, und sprach in abgebrochenen Reden, wie es den Menschen möglich sei, noch etwas anders zu treiben, ein taktloses Geschäft vorzunehmen.*

---

60 Luciano Zagari, « Il santo nudo e la ruota del tempo. L'impasse dell'intellettuale nella fiaba di Wackenroder », *Mitologia del segno vivente. Una lettura del romanticismo tedesco*, Bologna, Il Mulino, 1985, p. 101.

61 La Manna, ouvr. cité, p. 348.

> « On comprenait à ses discours brisés et sauvages qu'il se sentait entraîné par cette roue, qu'il voulait aider de toutes les forces de son corps ce tournoiement de tonnerre et de sifflement, pour éviter que le temps ne risquât de s'arrêter un seul instant. Si on lui demandait ce qu'il faisait, il s'écriait en proie à la fièvre : "Malheureux ! n'entendez-vous pas la roue bruyante du temps ?" [...] Mais sa colère ne retombait pas avant bien longtemps et il se demandait, dans un discours incohérent, comment il était possible aux hommes de faire encore autre chose et d'exercer un travail dépourvu de rythme[62]. »

C'est précisément dans l'expression « travail dépourvu de rythme » (« *ein taktloses Geschäft* ») qu'il paraît possible de mesurer la distance que s'impose le saint entre la vie futile des hommes dans le monde et la prétendue mission, issue de sa folle imagination, qu'il croit devoir accomplir pour la survie de l'humanité elle-même. Dans sa mission douloureuse, précise Wackenroder, « il cherchait quelque chose de défini et d'inconnu, qu'il pût saisir et auquel il pût s'attacher. Il voulait se sauver, hors de lui-même, de lui-même, et en lui-même, mais en vain ! Ses pleurs et son désespoir atteignaient leur paroxysme. Avec des cris déchirants, il sautait sur le sol et recommençait à tourner la roue énorme et bruyante du temps[63] ».

Je m'arrêterai ici. Bien que la fable se termine par une sorte de réconciliation œcuménique entre le saint, les hommes et la nature, le point d'orgue de ce conte réside plutôt dans la première partie que nous venons d'évoquer. Certes, le symbolisme de la roue a été commenté sous divers éclairages. Toutefois, la multiplicité historiographique à laquelle il renvoie conduit à un dénominateur commun qui veut voir en la roue du temps la métaphore d'une peur profonde et, parallèlement, celle d'un mouvement circulaire tendant vers le néant. C'est là une interprétation des plus correcte. L'effort que le saint déploie dans la mécanique constante de son geste correspondrait en fait à une tentative, de la part de l'homme, visant à comprendre sa propre signification dans le monde, intention qui restera vaine et sans échappatoire, comme nous l'avons vu chez Berglinger et chez Lux : « La roue – conclut La Manna – projette l'idée

62 Wackenroder, « Conte oriental merveilleux d'un saint homme nu », *Fantaisies sur l'art...*, ouvr. cité, p. 206-207.

63 *Ibid.*, p. 207 : « *Er suchte etwas Bestimmtes, Unbekanntes, was er greifen und woran er sich hängen wollte ; er wollte sich außerhalb oder in sich vor sich selber retten, aber vergeblich ! Sein Weinen und seine Verzweiflung stieg aufs höchste, mit lautem Brüllen sprang er von der Erde auf und drehte wieder an dem gewaltig-sausenden Rade der Zeit.* »

d'un mécanisme circulaire, sans début et sans fin, l'ouroboros existentiel, l'activité continue et incessante qui peut éteindre tout enthousiasme et engendrer un tourment sans fin[64]. » Dans ce remarquable texte s'insinue la peur profondément ontologique de l'équivalence entre le Moi et le Néant qui caractérisera la culture moderne.

64 La Manna, ouvr. cité, p. 356.

CONCLUSION

Dans cette étude, nous avons tenté d'esquisser une image globale de l'évolution de l'idée d'enthousiasme depuis l'Antiquité jusqu'au début de la modernité. Après avoir décelé les composantes cognitives qui, au fil du temps, ont permis d'identifier le sentiment « enthousiaste » comme une véritable faculté gnoséologique de l'âme humaine, notre réflexion s'est concentrée sur les manières par lesquelles, surtout à l'époque des Lumières, l'idée d'enthousiasme a été abordée non seulement dans le domaine de l'esthétique (un sujet déjà largement traité) mais aussi dans le domaine médical et sociopolitique en particulier. Si la connotation poétique de l'inspiration enthousiaste remontant à l'Antiquité a certainement perduré même après les révolutions du XVIIIe siècle, il est tout aussi vrai qu'une connotation plus large de cette idée s'est imposée bien au-delà du champ de l'art, influençant un débat culturel plus vaste. En fait, l'objectif de notre étude visait à montrer comment l'enthousiasme a été traité parallèlement comme un sentiment central dans la formation des individus, voire un sentiment aux multiples facettes qui concerne également les dynamiques les plus communes, terrestres et « quotidiennes » de l'existence. Il s'agit d'une conception de longue durée qui, si elle est bien observée, semble prévaloir dans la plupart des discours de la première modernité : artistiques et philosophiques, certes, mais aussi politiques, scientifiques et sociologiques. L'enthousiasme s'impose ainsi comme un véritable paradigme, à la fois textuel et psychologique, qui définit les formes de mentalité des individus. En ce sens, le siècle des Lumières s'avère être un moment clé pour un renouvellement de la conception de l'idée d'enthousiasme, qui permet de lire sous un angle original plusieurs points sensibles de la modernité, dont en premier lieu le discours politique révolutionnaire et son influence sur la définition de la littérature et de la sensibilité.

En effet, l'évolution polymorphe de l'idée d'enthousiasme que nous avons approfondie nous permet de démonter le monadisme de prétendues « époques » telles que celles des Lumières ou du Romantisme.

Bien qu'utiles pour présenter le cadre général de tendances culturelles lors d'une période donnée, ces cloisonnements ne correspondent jamais aux « singularités culturelles » que le concept hégélien de *Zeitgeist* véhicule, souvent par abus. Bref, la nature capillaire de l'enthousiasme et l'impossibilité d'en donner une définition univoque témoignent des changements constants de la sensibilité humaine, de la force déstabilisatrice que certains processus mentaux, rationnels et irrationnels, exercent afin d'engendrer des types toujours nouveaux de renégociation anthropologique et sociale : la vitalité de l'enthousiasme, présente à des degrés divers en chaque être humain, entraîne sans cesse de nouvelles redéfinitions du sens, de nouvelles lectures du monde, une nouvelle conscience de soi et des autres. Reprenant les enseignements de l'École des Annales, nous avons ainsi tracé non pas tant une histoire des événements qu'une histoire centrée sur les problèmes réels et matériels posés par le dialogue réciproque entre les idées originellement exprimées dans les textes et la factualité historique et humaine. En d'autres termes, nous avons résisté à la tentation d'expliquer la portée de certains processus historiques, tels que la Révolution française ou les révoltes religieuses du début du XVIIIe siècle, par l'application servile de styles et de formes fixes tels qu'ils sont donnés dans les discours textuels. Nous avons, au contraire, dépassé le simple débat intellectuel en montrant comment les idées, lorsqu'elles sont confrontées à la contingence, changent d'un contexte à l'autre, d'un groupe social à l'autre, ou même d'une personne à l'autre. Complexité, connexion et comparaison : telle est la triade méthodologique qui nous a guidé dans notre exploration de la notion d'enthousiasme à l'ère moderne. Le choix de diviser les trois chapitres centraux selon la division classique en aires linguistiques (anglais, français et allemand) répond donc à notre intention de fournir un enseignement global et comparatif du discours sur l'enthousiasme, en montrant, à l'aide des outils offerts par la notion de « transfert culturel », comment les idées migrent et comment une réflexion sur ces dernières permet de dépasser la construction de prétendues « limites culturelles ».

Précisément en raison de la nature ouverte de notre réflexion, c'est-à-dire susceptible d'être complétée sans cesse, cette étude peut paraître incomplète à bien des égards. En l'espèce, il ne s'agit pas d'une négligence, mais plutôt d'une invitation à engager et poursuivre une réflexion plus approfondie sur la question. En effet, si elle est observée selon la démarche que nous venons d'esquisser, l'idée d'enthousiasme se prête à une rediscussion incessante, laquelle ne peut certainement pas être épuisée en quelques centaines de pages. Au niveau du discours « officiel », par exemple, il conviendrait de se pencher davantage sur les œuvres d'auteurs tels que David Hume, Marmontel, Batteux, Klopstock, Bodmer et Breitinger, qui ont consacré beaucoup d'attention à l'enthousiasme, ou bien d'accorder une étude approfondie au rôle joué par un certain type de sentiment enthousiaste dans la naissance de la littérature du *Sturm und Drang* allemand, ou encore de procéder à une étude raisonnée sur la manière dont l'enthousiasme a été discuté dans d'autres aires linguistiques telles que l'Italie, la Russie, l'Espagne… Il serait tout aussi intéressant d'examiner attentivement l'enthousiasme révolutionnaire et sa rhétorique, un sujet que nous avons traité ailleurs, bien que de manière générale[1]. Cependant, ce qui nous semblerait plus fructueux et plus ouvert à de nouvelles pistes d'investigation consisterait à entreprendre une reconnaissance « quantitative » de l'idée d'enthousiasme à l'époque des Lumières. À l'instar du critique Franco Moretti[2], nous estimons qu'une interprétation « distante » de l'enthousiasme (c'est-à-dire basée sur une analyse précise et, pourquoi pas, computationnelle de la récurrence de l'idée au sein des discours « non canoniques » de l'histoire culturelle) permettrait à la fois de mieux cerner les différentes manières dont une catégorie aussi complexe philosophiquement a pu être assimilée même par des personnes « ordinaires », et de diversifier le creuset qu'était le siècle des Lumières européen. La proposition est donc celle, déjà défendue par Vincenzo Ferrone en plusieurs endroits, de brouiller les discours de la première modernité à travers une lecture distanciée non seulement des formes intellectuelles, mais aussi des idées qui leur ont donné naissance. Pour notre part, l'analyse du « cas Adam Lux » va précisément dans ce sens, et le développement global de notre discours a tenté de rendre compte de cet échange continu entre la lecture proche et attentive des textes (*close reading*) et la lecture distante de leurs processus de production et d'assimilation (*distant reading*). Nous pensons que seul ce double décryptage autoriserait à rediscuter en profondeur

1 Pour cela, *cf.* Matteini, *Entusiasmo e Rivoluzione…*, ouvr. cité.

2 Voir Franco Moretti, *La letteratura vista da lontano*, Torino, Einaudi, 2005 ; *Distant Reading*, London-New York, Verso, 2013 ; *A una certa distanza*, éd. de Giuseppe Episcopo, Roma, Carocci, 2020.

le sens de l'ontologie moderne qui caractérise encore l'être humain, indépendamment de son être spirituel.

Après une introduction méthodologique qui situe notre réflexion dans l'histoire intellectuelle des idées, le premier chapitre du présent ouvrage a été consacré aux origines « poétiques » de l'idée d'enthousiasme. La conception originelle de l'enthousiasme appartient à une dimension purement religieuse et esthétique, liée à un type d'inspiration « impressionniste » et divine du poète. D'autre part, tant dans la Grèce antique que dans la culture latine, l'enthousiasme était identifié comme la « fureur divine du poète ». L'étymologie du mot est claire : « Dieu en nous », « le Dieu intérieur ». Cependant, depuis la Renaissance, et en particulier la réinterprétation de la philosophie antique opérée par Giordano Bruno, l'enthousiasme a commencé à être traité comme un phénomène psychique particulier qui, plutôt qu'esthétique, se veut avant tout social et ontologique à la fois, dans la mesure où sa capacité mythopoétique en vient à influencer, voire à définir les processus évolutifs de l'esprit. L'enthousiasme commence ainsi à s'imposer comme une faculté mentale active, et non plus passive, comme un mécanisme autonome de connaissance qui permet à l'être humain de scruter les significations les plus cachées et les plus « magiques » de la réalité : avec Bruno, il y a un véritable renversement des valeurs, et la prééminence classique de la *furor* sur la raison est renversée. L'homme « enthousiaste » redéfinit les limites de l'expérience sensorielle de manière totalement autonome.

Nous avons consacré notre deuxième chapitre à la réception de ce nouveau sens de l'enthousiasme en Angleterre au tournant des XVIIe et XVIIIe siècles. C'est précisément dans le contexte anglais que de nombreux écrits ont commencé à apparaître, opposés à l'autonomie de la pensée que l'idée d'enthousiasme apportait. Le fait que l'enthousiasme ait été attaqué tant sur le plan religieux (l'enthousiasme est attribué à une fausse révélation) que sur le plan médical et philosophique (l'enthousiasme est un sentiment irrationnel typique des âmes mélancoliques), indique la portée potentiellement subversive et politiquement déstabilisante de cette idée. Nous avons mis en relief un tel aspect car il s'avérera central dans les débats culturels et politiques du XVIIIe siècle. À cet égard, nous avons analysé en détail la *Letter Concerning Enthusiasm* de Shaftesbury, qui marque un tournant dans la réflexion sur le sujet. Dans ce pamphlet, le philosophe anglais affirme que l'enthousiasme, même dans ses acceptions les plus extrémistes et fanatiques, révèle toujours un substrat humaniste, c'est-à-dire quelque chose qui a trait à la relation étroite de l'homme avec le monde et la société. Partant des positions critiques du XVIIe siècle concernant le fanatisme et l'effet magnétique des « enthousiastes » sur les masses, Shaftesbury analyse l'enthousiasme et sa composante irrationnelle interne, soulevant des questions éthiques et sociales qui trouveront une large diffusion dans le siècle des Lumières continental. L'influence de la pensée du philosophe anglais sur la culture européenne du XVIIIe siècle est largement due à cette évaluation positive et humaniste de l'enthousiasme, notamment en France.

Dans notre troisième chapitre, nous nous sommes concentrés sur le développement de l'idée d'enthousiasme qui a eu lieu en France, surtout dans la seconde moitié du XVIIIe siècle. Comme on le sait, l'influence de Shaftesbury et de la philosophie anglaise de la première moitié du siècle a joué un rôle essentiel dans la définition de la plupart des courants philosophiques français ultérieurs. En particulier, l'idée d'un « enthousiasme raisonnable » émergeant des écrits de Shaftesbury a alimenté une série de débats qui ont animé les nombreuses tendances des Lumières françaises. En gros, deux sens de l'enthousiasme ont été ici détachés : un sens plus modéré et « encyclopédiste », résultat de cet équilibre entre la raison sociale et les passions individuelles que seule une éducation philosophique correcte peut produire (Voltaire, Diderot), et un sens plus ouvertement « démocratique » et « collectif », visant l'autodétermination des peuples face à un système sociopolitique corrompu qui n'est plus adapté à son époque (Rousseau). Dans les deux cas, nous avons été confrontés à une réévaluation substantielle du rôle des passions et de l'imagination dans la dynamique anthropologique et sociale, mais avec des différences significatives qui vont se répercuter notamment sur la manière dont les événements de la Révolution française seront interprétés. Si d'une part l'enthousiasme philosophique correspond à une vision réformiste de la politique et à un certain élitisme partisan et intellectuel, d'autre part l'interprétation de l'idée d'enthousiasme par Rousseau va inspirer les franges politiques les plus radicales. Nous avons vu là une preuve supplémentaire attestant que l'idée d'enthousiasme a aussi et surtout été décisive pour les développements culturels et politiques de la première modernité.

Dans le chapitre suivant, nous nous sommes penchés sur l'élaboration de l'idée d'enthousiasme dans le contexte culturel de la *Spätaufklärung* (fin du siècle des Lumières) allemande, et plus particulièrement sur la réélaboration personnelle de cette idée par Adam Lux, un Jacobin de Mayence qui mourut à Paris sous la guillotine en novembre 1793. Contrairement à l'uniformité française, l'espace germanique, du moins jusqu'au milieu du XIXe siècle, se caractérise par une fragmentation géographique et étatique qui, si elle affecte grandement l'instabilité politique des royaumes de l'Empire, permet par ailleurs une étonnante perméabilité culturelle. C'est alors à travers l'étude des Lumières allemandes, que l'application des outils analytiques du transfert culturel s'est avérée particulièrement fructueuse. L'évolution de la notion d'enthousiasme dans la culture allemande du XVIIIe siècle explique cette hybridation culturelle et philosophique, à tel point qu'il est difficile de la placer dans une catégorie philosophique précise. En effet, dans la plupart des discours allemands engagés dans la définition du concept d'enthousiasme, convergent de nombreux courants et écoles de pensée traditionnellement en conflit les uns avec les autres : catholicisme et protestantisme, rationalisme et sentimentalisme (*Empfindsamkeit*), droit naturel et étatisme, etc. Nous avons ainsi montré comment ce caractère de « complexité » de l'enthousiasme a considérablement contribué au développement du jacobinisme allemand (non traité ici) et au sentiment révolutionnaire des penseurs d'outre-Rhin. Avec notre enquête sur le « cas Adam Lux », nous avons voulu élargir la réflexion vers une approche plus « matérialiste » de la question, c'est-à-dire en essayant de proposer un modèle herméneutique d'« étude de l'idée » basé sur l'analyse de documents de première main. À cet effet, nous avons isolé le cas de la thèse de doctorat que Lux a consacrée à l'idée même d'enthousiasme en 1784. Cette étude nous a permis de rendre compte de la manière dont un contexte culturel aussi changeant que le contexte allemand a effectivement influencé la façon de penser et de voir le monde non seulement parmi les classes les plus cultivées et éduquées, mais aussi parmi les couches les plus basses du tissu social auquel Lux appartenait. Son idée d'« enthousiasme universel », influencée par les nombreux courants philosophiques que nous avons jugé nécessaire d'investiguer afin de fournir une image aussi complète que possible, nous a ainsi permis d'approfondir l'histoire sociale kaléidoscopique des Lumières et, en même temps, de fournir les clés d'une interprétation nouvelle et plus correcte du contexte révolutionnaire allemand de la fin du siècle. Pour des raisons de cohérence thématique, il n'a pas été possible de traiter ce dernier point, pour lequel nous renvoyons à notre récente étude sur le sujet[3].

Avec le dernier chapitre, nous avons voulu souligner le dialogue dense qui existe entre la littérature de l'époque, les discours sur l'enthousiasme qui ont été pris en compte dans le volume et, surtout, les effets existentiels de ces derniers sur les hommes ordinaires et « moyens » comme Adam Lux. Notre proposition de comparer des extraits de la biographie d'Adam Lux avec certains personnages littéraires issus du préromantisme européen revêt un double sens. Avant tout, suite à la discussion sur la *Begeisterung*, cette comparaison place le débat de la *Frühromantik* sous un angle et une portée historiques, et pas seulement esthétiques. Nous avons vu que le moine narrateur des *Herzensergießungen* de Wackenroder dialogue, en effet, entre passé et présent mais aussi entre présent imaginé et présent individué. Quel sens donner à cette subtile opération métadialogique ? Certes, comme beaucoup l'on proposé, il est légitime de ramener l'importance de l'époque de Wackenroder à la philosophie esthétique de la période, mais nous estimons qu'en particulier les *Herzensergießungen* et les *Phantasien*, considérés comme des œuvres cardinales de la période de la *Frühromantik* et, pour cela, emblématiques du point de vue historique et littéraire, sont aussi et surtout révélatrices d'un nouveau sens donné au monde, d'une conscience renouvelée du Moi par rapport à la réalité historique assortie des éternels conflits narratifs qui l'accompagnent. On a souvent dit que ce serait après l'écroulement des rêves émancipateurs nés chez les partisans de la Révolution française que cette intime conviction se serait affirmée avec une insistance croissante, et que de ce décalage, serait né le romantisme européen[4]. Giuseppe Bevilacqua a soutenu, notamment, que « le choc avec la

---

3 Voir la dernière note du chapitre *L'*Enthusiasmus *d'Adam Lux*.

4 Dans un essai publié dans un ouvrage collectif sur l'anthropologie romantique, Bronislaw Baczko conclut sa discussion sur le révolutionnaire, idéaltype de la sensibilité romantique, par les mots suivants : « Les rapports entre fins et moyens, entre valeurs et pouvoirs sont au cœur de tout ce qui est politique et, particulièrement, au cœur de tout projet révolutionnaire. Lorsque les exilés de quarante-huit rentrent chez eux, ils sont considérés comme des personnes à honorer, certes, presque des ancêtres, mais qui incarnent une tradition révolutionnaire obsolète. N'avaient-ils pas pensé la révolution et leur action avant tout en termes de valeur, et seulement ensuite, et pas assez, en termes de pouvoir ? Ils furent donc accusés d'avoir été trop généreux et pas assez concrets, trop ingénus et pas assez réalistes, trop rêveurs et pas assez pragmatiques. Des idéalistes, des romantiques, rien d'autre. » (« Il rivoluzionario », dans B. Baczko et F. Furet (dir.), *L'uomo romantico*, Roma-Bari, Laterza, 1995, p. 324.)

réalité historique est le drame de la culture radicale, qui tourne en rond sur elle-même et cherche en dernier lieu des référents utopiques dans un passé irréversible, se fermant à toute comparaison possibiliste avec la nouvelle réalité prosaïque, historique et socio-économique qui avance au-delà des compromis et des scrupules inadéquats, au-delà des restaurations de pacotille[5] ». D'autre part, notre confrère germaniste a souligné à juste titre que « l'aberration qui en est à la base [du romantisme] est la proclamation d'une fracture contre nature qui absolutise l'opposition providentielle du réel et de l'idéal, jusqu'à dissocier définitivement l'homme et le jeter en proie à l'égarement et à la casualité[6] ». L'esthétisme exaspéré des personnages qui habitent les pages des plus grands auteurs de l'époque, concrétise ainsi la dernière acception de la dialectique de l'enthousiasme avec laquelle, dans la dernière partie de ce volume, nous avons souhaité interroger le parcours existentiel et philosophique d'Adam Lux : la *Begeisterung*. Non sans clairvoyance et habileté, Giuseppe Bevilacqua a redécouvert une lettre très dense que Friedrich von Schlegel avait envoyée à son frère à un moment charnière de sa vie, lettre dans laquelle le fondateur de la revue *Athenäum* semble lier étroitement cette désagrégation des illusions à l'élan divin déclenché par la *Begeisterung* esthétique. En voici un extrait :

> Le but de l'art est de faire ressortir la beauté de la vie, et il y parvient. Mais si l'homme n'est pas encore complètement réconcilié avec lui-même et avec le monde, alors l'énergie lui manque pour cela, et l'art suscite la chose inverse ; l'harmonie d'un instant nous fait ressentir plus encore ces dissonances permanentes ; et plus nous succombons sous le poids de la vie quotidienne, plus il y a dans la poésie quelque chose de déchirant ; comme je le sais par expérience[7].

De ces phrases, transparaît le sens explicite que nous avons voulu attribuer à la *Begeisterung*, qu'elle soit artistique, divine ou politique. Ce ne sont pas seulement les artistes qui sont interrogés dans l'œuvre de Wackenroder – et en général, dans le premier romantisme –, c'est aussi une sensibilité ontologique plus diffuse qui imprègne l'*ethos* collectif de la modernité, une sensibilité qui est née, précisément, des décombres de la Révolution française.

---

5 Giuseppe Bevilacqua, *Saggio sulle origini del Romanticismo tedesco*, Milano, Sansoni, 2000, p. 110.

6 *Ibid.*, p. 50.

7 Lettre de Friedrich von Schlegel à August Wilhelm von Schlegel, Leipzig, 18 mai 1791, traduite et citée par Giuseppe Bevilacqua dans *ibid.*, p. 32.

En somme, comme plusieurs fois revendiqué dans ce volume, confronter certains personnages littéraires avec des personnalités historiques telles qu'Adam Lux vient étayer la thèse « anthropologique » par laquelle nous entendons attribuer à une figure ordinaire, à un homme commun oublié de l'histoire officielle, le sentiment existentiel particulier que des individualités singulières ont éprouvé lors de la période délicate de la rupture révolutionnaire à la fin du XVIIIe siècle. Cette direction métonymique, que nous espérons avoir tracée avec clarté, est indéniablement renforcée dans les intentions, dans les méthodologies et dans les résultats par l'allégorie des personnages de fiction les plus célèbres de la période. En eux, résonne ce cri métaphysique mais en même temps extrêmement humain et tragique de l'individu qui, peut-être pour la première fois dans l'histoire des hommes, s'est vu contraint de composer avec un sens de l'histoire qui lui échappe constamment. Le dévouement envers un passé onirique et une entité divine supérieure s'exprime de façon constante dans les aléas des romantiques et dans les discours politiques, épistolaires et philosophiques d'Adam Lux. Ce dévouement instaure les lignes directrices du romantisme européen et de ses développements ultérieurs, décadents et symbolistes. Il est le symptôme d'un mal-être général de l'humanité, c'est-à-dire de l'incapacité de faire bon usage des grands changements historiques qui, malgré elle, la définissent. C'est ainsi que les *Herzensergießungen* se constituent moins comme une œuvre contre les Lumières que comme témoin d'une conception inédite de l'Histoire et du rôle de l'homme dans le monde. Adam Lux, son expérience, ses mots, sa *Begeisterung*, en sont le signe le plus ordinaire, et précisément pour cette raison, le plus intriguant.

ENTHUSIASMUS[1]

1 ENTHUSIASMUS / DISSERTATIO INAUGURALIS / QUAM / UNA CUM THESIBUS / EX UNIVERSA PHILOSOPHIA / D.O.M.A. / PRAESIDE / *CHRISTIANO APPEL* / PHILOPHIÆ & THEOLOGIÆ DOCTORE, ENCYCLOPÆDIÆ GENERALIS & / METHODOLOGIÆ PROFESSORE PUBLICO & ORDINARIO, FACULTATIS / PHILOSOPHICÆ ASSESSORE, ECCLESIÆ COLLEGIATÆ AD / S. CRUCEM CANONICO CAPITULARI / *PRO CONSEQUENDIS DOCTORATUS PHILOSOPHICI / HONORIBUS* / PROPUGNANDAM / suscepit / ADAMUS LUX, OBERNBURGENSIS, AA. LL. & PHILOSOPHIÆ BACCALAUREUS, / MEDICINÆ CANDIDATUS. / Moguntiæ die XIX. Novembris mane / Anno MDCCLXXXIV

ENTHUSIASMUS

Dissertatio inauguralis

Mira res enthusiasmus, nec ejusdem apud omnes pretii & existimationis. Aliis res sublimissima & divina est. Apud alios & plurimos in convitium abiit. Nec desunt abusus satis multi, qui jure sieri, & convitii rationem probare videntur. Rectene, si abusus ad rem non pertineant ? errorem brevis isthæc disquisitio dedocebit. Quid rei enthusiasmus, qui fines & usus ? quis abusus profanormu ? illius summa. Non carebit suo fructu, rem inter nos distinctius innotescere.

§ 2 QUID ENTHUSIASMUS ?

Non nunquam in anima lucidissimæ & vivacissimæ repræsentationes oriuntur. Has illico repentina & extraordinaria excipit activitas virium animæ. Utrumque cum præter expectationem & consuetudinem eveniat, ab altiore quadam vi evenisse existimes. Hunc animæ statum, in quo vivacissima repræsentatio conjunctam habet extraordinariam activitatem, dicimus *enthusiasmus*. Quæ genesis & ratio ideæ ?

ENTHOUSIASME

Dissertation / Thèse inaugurale

L'enthousiasme est quelque chose d'important et pourtant tout le monde ne le juge ni ne l'estime de la même façon. Pour certains, il s'agit d'une chose sublime et divine. Pour plein d'autres, il peut tourner en vacarme. Il ne manque certainement pas d'exemples d'abus, au nombre suffisamment important, en mesure de démontrer, de toute évidence, que l'enthousiasme peut facilement tourner en vacarme, en dévoilant par là sa véritable nature. Et pourtant, ne serait-il pas possible que, de façon tout à fait raisonnable, les abus ne relèvent pas de notre question ? Cette recherche succincte éclairera une telle équivoque.

Qu'est-ce que l'enthousiasme, en vérité ? Quels sont ses buts et son exercice ? Quel est l'abus de ceux qui le profanent ? Cette thèse éclairera ces arguments, ce qui ne sera pas dépourvu d'un certain plaisir.

§ 2 QU'EST-CE QUE L'ENTHOUSIASME ?

Des images très nettes et vives jaillissent parfois au fond de notre âme. Elles sont l'émanation d'une activité soudaine et exceptionnelle provenant de la force de l'âme. Lorsque les deux événements se produisent sans que l'on s'y attende et de façon imprévue, nous serons amenés à croire qu'ils se sont produits en raison d'une force supérieure. Nous appelons *enthousiasme* cet état d'âme par lequel une image très nette est associée à une activité extraordinaire. Quelles sont l'origine et l'explication rationnelle de ce concept ?

§ 3 NOMINIS ORIGO

Ενθεος vox græca, per contractionem *ἔνθες* fere indem significat, quod *Ovidius* hisce verbis expressit : *est Deus in nobis*. Hinc *ἐνθουσιάζω* & enthusiasmus, quod idem ac Deo plenum, & ab eo afflatum & agitatum est. Neque enim apud veteres Græcos dubium unquam fuit, Deos inter & homines commercium intercedere posse, & publicæ salutis causa sæpius intercedere, per quod vel divinitus inspirati, multa condiscerent ac divinarentus, ver instinctu moti & agitati multa perpetrarent. « Alius est, inquit *Plutarchus in amatorio*, non expers divini instinctus, neque indigena, sed advena afflatus & conturbatio rationis, ejusque principium & motus a meliore est facultate. Ejus communis affectio vocatur enthusiasmus, qui est furor divinitus immissus. Sicut enim *ἔμπνουν* vocatur, quod spiritu est repletum & *ἐμφςον*, quod prudentia : ita hujusmodi exagitatio & fluctuatio animæ, enthusiasmus dicitur, ob communicationem divinioris facultatis. Enthusiasmorum porro genus divinationi conjunctum, fit Apolline inspirante : cum bacchatione, a Libero est patre. Et cum Corybantibus saltabitis, inquit *Sophocles*. Nam Magnæ matris & panici furores, Bacchi cum orgiis cenveniunt. Tertium genus a Musis est ; quod excitatum in tenera anima atque placida, poeticam & musicam vim exsuscitat. Arimanius autem ille & bellicosus enthusiasmus satis notum est, quod debeatur Marti, cui eo conciti bacchantur sine gratiis & cythara… Furorem autem amatorium, ubi is homine recte invasit, atque inflammavit, non musa aliqua, non demulcens incantatio, non loci mutatio compescit. »

§ 3 ORIGINE DU NOM

Le sens de ἔνθεος, terme grec dont la forme contractée est ἔνθες, est très proche de ce qu'Ovide a qualifié ainsi : *c'est le Dieu (le divin) qui est en nous.* D'où le fait que ἐνθουσιάζω et enthousiasme équivalent au concept de « fusion avec Dieu » : ils sont donc inspirés et générés par Dieu. Chez les anciens Grecs, on ne douta jamais qu'on pût établir un rapport entre les Dieux et les hommes et encore moins qu'on pût l'établir en vue du bien public, à travers lequel les hommes pourraient soit, en étant inspirés par le divin, connaître énormément de choses en profondeur et prononcer ensuite des prophéties, soit accomplir plusieurs actions, en étant intensément poussés par l'inspiration. Dans son *Amatorius*, Plutarque écrit que « l'inspiration, qui n'a rien à voir avec le divin, est une chose bien différente, qui ne jaillit pas de l'intérieur mais qui est, au contraire, une sorte d'activité de l'intellect inspirée et mouvementée, dont la cause et le mouvement vers le bien seraient la faculté principale. En revanche, cet état d'âme, dont beaucoup font l'expérience, et qui est un mouvement violent de l'esprit inspiré par le divin, est appelé enthousiasme. En effet, de même que l'on qualifie de ἐμπνουν ce qui est nourri d'inspiration et de ἐμφςον ce qui est plein de sagesse, de même l'on désigne par enthousiasme le mouvement perpétuel de l'âme, provoqué par la participation d'un pouvoir divin. Le genre de l'enthousiasme est donc en rapport avec la divination : cela se produit grâce à l'inspiration d'Apollon ; lors de la fête consacrée à Bacchus, l'enthousiasme surgit car il est généré par Bacchus lui-même. Sophocle affirme : vous danserez avec les Corybantes. Même la fureur panique de la Grande Mère s'associe aux orgies de Bacchus. Le troisième type d'enthousiasme trouve son origine chez les Muses : dans une âme jeune et sereine, l'excitation génère de la puissance poétique et musicale. Cette célèbre fureur belliqueuse des *arimanni*, attribuée à Mars, est une chose bien connue, par laquelle ceux qui sont excités agissent en dévergondés, sans grâce et sans cithare… Aucune Muse, aucun enchantement caressant, aucun changement de lieu ne peuvent freiner la passion d'amour lorsque cette dernière a capturé et enflammé l'homme ».

Quod apud Græcos enthusiasta, idem apud Litinos *fanaticus* erat, voce deducta a fanum, quod qui in fanis inserviebant rebus sacris, Deorum commercium venditarent, & eorum ad homines voluntatem aut responsa, ceu totidem interpretes inspirati se deferre jactarent. Dum deferebant autem, & ipsi a semet fere abrepti per furorem & insolitos motus & actus, afflatum & agitationem Deorum comprobare nitebantur.

Quare universim apud gentiles *enthusiasmus & fanatismus* divinam in homines actionem, i. e. inspirationem aut instinctum significant, per quam afflati quidquam conoscerent, aut instigati agitarent. In quo statu nemo ullus eorum dubitavit, quin imaginationis intensio vividissimas repræsentationes & in actionibus calorem & æstum protulerit.

Accedunt facta & testimonia veræ religionis. Hæc identidem viros nobis exhibet, quos nimine plenos & spiritus Dei agitatos fuisse constat. Ut alios prætercam, quis ignorat prophetas Deo plenos fuisse ? qui per imagines ante se positas a semetipsis abierunt, & qua verbis aliisque signis, qua vultu, gestu, totiusque corporis compositione & actione, se intus ab alio agi palam prodiderunt. Manifesta in iis & repræsentationum lux & ignis extraordinariæ activitatis.

Simile quid de de majoribus viris & artificibus veteres persuasum habebant, & de se ipsis jactabant Poetæ. Communis illorum temporum fides & opinio erat, opera sublimiora absque singulati numinis aut deorum ope & faventem adeo, Poetæ & artifices avide arripuerunt, eumque in finem Musas & alia numina soliti sunt in principio suorum operum invocare. Familiarissimum illis palam, profiteri, se intus afflari & vi quadam altiore entis sublimioris agi. *Est Deus in nobis,* inquit *Ovidus* L.I. *de ponto, agitante calescimus illo. Impetus hic* sacræ *semina mentis habet. Cui talia fanti subito non vultus, non color unus ; & rabie fera corda tument, majorque videtur, nec mortale sonans, afflatur numine quando jam propiore Dei,* quod habet *Virgilius* L. VI. Quis nescit, teste Horatio *sanos Helicone Poetas* a *Democrito* excludi ? qui idem Horatius quo fertur ? *quo me Bacche ! rapis tui plenum ? quæ nemora, aut quos agor in specus velox mente* nova ?... *dicam insigne recens, adhuc indictum ore alio.* Non *secus in jugis ex somnis stupe Evias, hebrum prospiciens... O Najadum potens ! nil parvum, nil humili modo, nil mortale loquar. Dulce periculum est, sequi* quidem, ait, notiora & illustriora carere *sine coelesti aliquo mentis ipsa valere & mentis viribus excitari &* quasi *divino quodam spiritus afflari...* sæpe enim audivi, poetam bonum neminem *sine inflammatione animorum* existere posse &

Ce qu'on appelait en grec « enthousiaste », on le qualifie de *fanatique* en latin, avec un mot qui provient de *fanum*, à savoir « le temple », car ceux qui étaient préposés aux rituels sacrés étaient en rapport avec les dieux, comme si, en interprètes inspirés, ils cherchaient à communiquer leur volonté et leurs verdicts concernant les hommes. En même temps qu'ils communiquaient, presque déchirés dans leur for intérieur par des manifestations de fureur et par des mouvements et des actions inhabituels, ils faisaient preuve de la violence de l'inspiration divine.

Par conséquent, chez les païens, *enthousiasme* et *fanatisme* désignaient l'action divine vis-à-vis des hommes, à savoir la fureur et l'inspiration à travers lesquelles ces derniers, en étant inspirés, pouvaient parvenir à une forme de connaissance, ou bien, en étant excités, manifester un état d'agitation. Aucun d'entre eux ne douta que, dans cet état, l'intensité de l'imagination procurait des images très nettes et une agitation intense dans les mouvements.

Nous allons aborder maintenant des faits et des témoignages à propos de la véritable religion. Celle-ci nous montre souvent des hommes qui, comblés de l'esprit de Dieu, s'avèrent avoir été en état d'agitation. Pour ne citer qu'eux, qui se doute que les prophètes ont été entièrement habités par Dieu ? Ces derniers sont sortis d'eux-mêmes au moyen de figures placées devant eux, accompagnées de mots et d'autres signes, de l'expression du visage, de gestes, de postures corporelles, et de cette manière ils ont témoigné en toutes lettres avoir été mus dans leur intimité par un Autre. Chez eux on voyait bien à la fois la lumière forte des images et l'excitation des mouvements inhabituels.

Les Anciens étaient persuadés que quelque chose de similaire arrivait chez les hommes illustres et les artistes, et les poètes avaient l'habitude d'affirmer la même chose les concernant.

La certitude et l'opinion populaire de cette époque estimaient que les œuvres sublimes ne pouvaient pas être réalisées sans l'intervention et l'action spéciale d'une divinité ou bien de l'ensemble des dieux. Les poètes et les artistes s'approprièrent cette croyance, qui leur était favorable, et ils prirent l'habitude d'invoquer les Muses et d'autres divinités au début de leurs œuvres. Leur habitude était d'avouer publiquement qu'ils étaient inspirés dans leur âme et qu'ils étaient poussés par les forces supérieures d'une Entité suprême. « Un Dieux est en nous – affirme Ovide – ; lorsqu'il nous secoue, nous nous réchauffons. Cet élan sine *quodam afflatu quasi furoris*. Ita Cicero L.II. *deorat.*, qui communem omnium opinionem allegare videtur.

Poetas igitur & artifices, Vates & divinatores & præ omnibus veri Numinis Prophetas, inspiratos afflatos, motos & agitato appellavere, iisque omnibus veluti communi & promiscuo jure enthusiasmus tribuebatur.

est doué des principes d'un esprit divin ». « Soudainement, le visage de celle qui parlait changea ; sa chaleur, sa chevelure bien tenue, son cœur sauvage s'emplirent de rage ; elle paraissait plus grande, la voix surhumaine, inspirée par la présence toute-puissante, désormais proche, de la divinité », comme l'écrit Virgile dans le livre VI de l'*Énéide.* Qui se doute que, dans les textes d'Horace, Démocrite exclut les poètes *à l'esprit sain* du Mont Hélicon ? Et Horace lui-même, par quoi était-il poussé ? « Où me traînes-tu, ô Bacchus, moi qui suis comblé de toi ? Et par quels antres et forêts, l'inspiration rapide me pousse-t-elle, l'esprit *renouvelé ?* Je vais proférer de grandes vérités, des vérités nouvelles, jamais prononcées jusqu'à présent par d'autres lèvres. Eubée, sur les jougs et sans sommeil, regarde avec stupeur l'homme ivre... Ô Dieu des Naïades... je ne chanterai rien de négligeable, au style humble ou mortel... c'est un doux danger que de suivre le dieu... » Et le philosophe consul (Cicéron) n'est pas en désaccord : « Pour ma part, je pense que la *puissance divine* ne manque pas de se retrouver dans les activités de l'esprit les plus connues, et les plus en vue. *Sans une inspiration divine*, je crois que le Poète ne pourrait pas composer des vers épiques ou faire preuve d'éloquence... J'ai entendu dire que l'image systématique d'autres réalités se fonde sur une méthode rationnelle, et que le poète vaut pourtant *en vertu de sa propre nature et qu'il est poussé par des forces de l'esprit et inspiré par un souffle presque divin...* J'ai souvent entendu dire qu'aucun poète affirmé ne peut exister *sans la chaleur de l'esprit* et *sans un souffle de fureur* ». Ainsi écrit Cicéron dans le livre II du *De oratore*, où il paraît alléguer comme preuve l'avis universel.

Ainsi ont été définis les poètes et les artistes, les oracles et les devins, et notamment les prophètes du vrai Dieu : inspirés et agités, l'enthousiasme leur a été attribué en tant que privilège universel.

§ 4 NOMINIS RES

Inquirentes vero in hosce casus tum illorum, quos veteres afflatos vocabant, tum illorum, quos verum Numen inspiravit, & Poetarum denique & artificium, quos itidem altiore vi excitari communis opinio ferebat, quid rei aut rationis subesse deprehendimus, cur nomen commune fit attributum ? certe enim diversissima phænomena sunt, quæ in divinis Prophets, gentilium Pythonibus & Poetarum aliorumque impetu occurrunt. Communis nominis quod commune fundamentum ? non aliud, quam quædam effectuum similitudo & analogia status in anima, quem fere similem ex dissimilibus causis in datis casibus deprehendimus. In hujusmodi hominibus incalescit imaginatio, lux quædam per repræsentationem diffunditur, existunt vivacissimæ ideæ, & exhibitio objecti veluti in splendoribus positi animam occupat & implet. Hinc repentina animæ concussio. Excitatæ provocantur & moventur vires, & activitas solito major & cum contentione se prodit. Paucis : vivacissima repræsentatio conjuncta est cum extraordinaria animæ activitate, quæ cum in omnibus datis casibus præsto esse deprehendatur, & afflatum sæpius habuerit comitem realem, vel saltem in majoribus ausis tacitam vis altioris assistentiam & opem intervenire suppositum fit : hinc factum, ut *ipsus animæ status, nulla jam ad realem afflatum & instinctum habita ratione, enthusiasmi nomine* insigniretur. Ratio igitur nominis, opinio prinum tum veritas. Ratio nominis ad alios translati, persuasio vulgaris & arrogatio eorum, quorum id intererat. Ratio communis usus & nostræ, quæ inde ab illis casibus enata & abstracta est, notionis, similitudo phænomenorum, quæ denique cum, in *vivacitatem repræsentationis & proportionalem illi activitatem* ultimo resolvantur : *per utriusque complexum*, enthusiasmi definitionem protulerunt.

§ 4 ARGUMENTS À PROPOS DU NOM

Si l'on considère donc les cas de ceux que les anciens nommaient inspirés, ainsi que les cas de ceux que le vrai Dieu inspira, et si l'on considère aussi les poètes et les artistes que le sens commun jugea être excités par une force supérieure, quel est ce concept sous-entendu qui fait qu'un nom commun leur ait été attribué ? En effet, les manifestations qui reviennent chez les prophètes du vrai Dieu, chez les devins païens et chez les poètes ou les artistes inspirés sont sans nul doute assez différentes. Tous ces sujets partagent-ils un même nom en raison de leur fondement commun ? Ils n'ont rien d'autre en commun qu'une certaine ressemblance dans leurs effets et dans leur état d'âme : dans certaines circonstances, ce qui se ressemble est le résultat de causes dissemblables. Chez de tels hommes, l'imagination s'attise, une lueur se propage à travers des représentations, des idées surgissent rapidement, et la vision de l'objet, placé presque au milieu d'un endroit illuminé de maintes façons, occupe et comble l'âme. Une agitation soudaine de l'âme en découle. On dirait que les forces, excitées, sont convoquées et mises en mouvement et que l'activité de l'âme y est plus intense et marquée que d'habitude, à cause de la tension. En bref : un écoulement très rapide d'images se conjugue à une activité extraordinaire de l'âme et cette dernière est accompagnée de l'inspiration ou, plus particulièrement, pour le moins dans les cas les plus extrêmes, du support tacite d'une force plus grande. D'où la conclusion : *on attribue à cet état d'âme, en l'absence de n'importe quel procédé rationnel concernant l'excitation réelle et l'inspiration, le nom d'enthousiasme.* Voici donc que le sens du nom est moins le résultat d'une vérité que d'une supposition, d'un sens rapporté par d'autres sources, d'une conviction populaire ou bien d'une adhésion de la part de ceux que cela intéresse. Le sens de l'usage commun et de la notion que nous avons adoptée, et qui est issue de ces cas de figure, renvoie à la proximité de ces phénomènes qui, finalement, se résolvent *en une vivacité de l'imagination, ainsi qu'en une activité proportionnelle de l'âme.* Une définition d'enthousiasme en tant que *lien entre ces deux composantes* en découle.

* Duæ igitur in enthusiasmo determinationes ac notæ a) vivacitas repræsentationis & parallela activitas. Vivacitas repræsentationis habetur ab objecto, quod fortius & totum simul in animam agit, & per attentionem, quæ cum tota contentione ad objectum aut objecti sensum dirigitur. B) activitas parallela virium animæ, quæ scilicet pro rapræsentationis vivacitate cum extraordinario conatu vel ad objectum vel pro objecto luctantur.

§ 5 ENTHUSIASMI DIVERSA CONSIDERATIO

Enthusiasmo diverso modo spectare possumus ; vel enim potissimum ad rapræsentationem & ipsius vivacitatem attendere licet, vel ad ardorem activitatis. Semper equidem utrumque complectitu ; ut eodem tamen semper modo utrumque consideratio comprehendat, minime sequitur. Neque etiam utrumque eodem semper modo reipsa se habet. Nonnumquam enim alterutrum prædominatur. Quare pro diversitate considerationis vel etiam realis prædominationis aterutrius, *alius* erit *enthusiasmus repræsentationis, alius activitatis.*

* Il y a donc deux composantes bien connues de l'enthousiasme : a) La vivacité de l'imagination et l'activité de l'âme qui s'ensuit. La vivacité de l'imagination est issue de l'objet placé en face d'elle, qui agit dans son intégralité et avec beaucoup d'énergie sur l'âme, à travers l'attention portée à l'objet ou à sa capacité à être perçu, au moment où la tension est maximale. b) L'activité analogue de la force de l'âme, qui se dresse, avec beaucoup d'énergie, soit en direction de l'objet, soit en face de lui, à cause de la vivacité de l'imagination.

§ 5 PLUSIEURS CONSIDÉRATIONS SUR L'ENTHOUSIASME

Nous pouvons envisager l'enthousiasme sous un autre point de vue ; il est possible, en fait, de porter notre attention tout particulièrement sur l'imagination et sur sa vivacité, ou bien sur l'intensité de cette activité. En vérité, les deux éléments s'entremêlent toujours : il est donc aisé de constater que les deux peuvent être envisagés de la même façon. Pourtant, les deux éléments n'ont pas le même poids. En effet, parfois c'est l'un des deux qui prévaut. Par conséquent, en raison de la différence de jugement qu'on peut porter sur eux, ainsi que de la prédominance effective de l'un ou de l'autre, *une chose sera l'enthousiasme de l'imagination, et autre chose sera l'enthousiasme de l'activité.*

§ 6 ENTHUSIASMUS REPRÆSENTATIONIS ADVENTITIUS

In enthusiasmo habetur repræsentatio, non vulgaris, sed vivacior. Vivacitatis vero vel etiam repræsentationis ipsius quæ origo ? duplex possibilis est, eademque in facta ipsa inquirentibus, reipsa recurrit. Vel enim ab extrinseco per actionem sive afflatum alicujus spiritus advenit, vel ab instrinseco per vim imaginationis quocunque modo excitatam nascitur : quare, ut verbis Plutarchi § 3. laudatis utar, *Enthusiasmus repræsentationis*, vel *advena* vel *indigena.* In priore casu aflatus & inspiratio vel est proprie talis, vel esse fingitur. In posteriore solius imaginationis vis exæstuans ob aliquam cum priore casu similitudinem ut talis admittitur. Unde porro pro diversitate prioris casus, quo afflatus proprie talis vel actu intervenit, vel intervenire falso putatur ac fingitur, enthusiasmus adventitius verus est vel putatitius sive fanatismus.

§ 6 ENTHOUSIASME DE LA REPRÉSENTATION EXOGÈNE

Lorsqu'on traverse un état d'esprit enthousiaste, on est pris par une sorte d'imagination très intense, hors du commun. Quelle est l'origine réelle de la vivacité, ainsi que de l'imagination elle-même ? Il est possible qu'elle soit double, si bien qu'elle réside chez qui l'examine et dans les faits. En effet, soit elle survient de l'extérieur, grâce à l'action ou l'inspiration d'un esprit, soit elle prend naissance de l'intérieur, en étant sollicitée de maintes façons différentes, au moyen de la force de l'imagination. C'est pourquoi, en faisant appel à l'expression très juste de Plutarque, on dira que *l'enthousiasme de l'imagination est soit exogène, soit endogène.* Dans le premier cas, soit le souffle de l'inspiration est véritable, soit il feint de l'être. Dans le deuxième cas, la force de l'imagination est reconnue en tant que telle en raison d'une analogie avec le premier cas. C'est pourquoi – étant donné la particularité du premier cas, dans lequel l'inspiration est effective (in-spirer → souffler dans, à partir de l'extérieur), ou bien elle a été produite à cause d'un fait, ou alors elle est supposée se produire, à tort, et elle est dissimulée – l'enthousiasme exogène est soit réel, soit illusoire, à savoir source de fanatisme.

§ 7 ENTHUSIASMUS VERUS

Enthusiasmus verus est ille animæ status, in quo repræsentationes, vivaces utique, per realem alicujus spiritus actionem eidem adveniunt. Negari enim non potest, Deum & spiritus, bonos atque malos, & illos quidem Deo volente, & hos saltem permittente, in hominis vim imaginativam agere, & suscitare imagines, easque intensas admodum & vivaces reddere posse, quocunque demum id modo fiat.

* Actio in vim imaginativam sive inspiratio, duplex, a Deo & spiritu bono aut malo. Hinc enthusiasmi veri duplex species est, *Theopneustia*, & inspiratio sive suggestio mala, vulgo *tentatio*. Si actio mali spiritus simul in corpus transeat, aut circa corpus versetur, *obsessio* vel *possessio* dicitur. Quid aut quantum mali spiritus possint, modo non inquirimus.

§ 7 LE VRAI ENTHOUSIASME

Le vrai enthousiasme est cet état d'âme par lequel des images tout à fait vives surgissent à cause de l'action réelle d'un esprit. En effet, nous ne pouvons pas nier le fait que Dieu et les esprits – soient-ils bons ou mauvais, les premiers grâce à la volonté de Dieu et les seconds avec sa permission – peuvent agir sur la force d'imagination humaine, en déclenchant, de quelque manière que cela arrive, des images qui soient très intenses et vives.

* L'action de la force d'imagination, à savoir l'inspiration, est double : elle peut prendre naissance de Dieu, ou d'un esprit bon ou mauvais. Il en découle que la catégorie du vrai enthousiasme est double : d'un côté *Theopneustia* (l'inspiration divine) et, de l'autre, la mauvaise inspiration, communément appelée *tentation*. Si l'action du méchant esprit traverse le corps en se propageant autour de lui, elle est alors appelée *obsession* ou *possession*. Nous n'aborderons pas tout de suite la façon dont ces esprits méchants agissent et de quoi ils sont capables.

§ 8 FANATISMUS

Atenim negari etiam non potest, hominibus hic sæpius illudi. Phantasia sine nobis reproducit ideas, quas non recognoscimus amplius, quia non reproducit invariatas; repræsentationis enim quondam habitæ ideas partiales aut proprias quasdam omittit, aut addit novas huc jam non pertinentes; aut etiam plures diversis temporibus habitas consociat in repræsentationem jam incidamus, lex imaginationis non satis semper dilucide nobis ostendit. Hisce lusibus fieri potest, & apud imperitos & in se minus attentos & acutos facile admodum fieri potest, ut cogitationes suas ab altiori quadam vi & per afflatum inditas esse, sibi persuadeant. Ita sæpius contigit. Hic *enthusiasmus putatitius* est, i.e. ille animæ status, in quo repræsentationes per verum alicujus spiritus inflatum eidem advenire & inexistere, falso, absque sufficiente ratione putantur. Ideoque reipsa *fanatismus* est, quod inter realem & fictitium afflatum non fiat distinctio & imaginationes revera pro realibus inspirationum sensationibus habeantur. Differt igitur a *psychologico* ratione determinati objecti & perinde atque ille inter morbos animi recensendus est.

* Qui Theopneustiam adducit, factum probare debet. Cum enim intercedere possit fanatismus : rem ex sufficientibus rationibus decidendam esse, per se potet. Ita sua itidem & certa signa sint oportet pro discernendis spiritibus malis.

** Si *Fanatismus* circa veritates religionis a Deo revelatæ versetur, in specie *Theologicus* dicitur. Suas scilicet imaginationes pro veris revelationibus habet per afflatum acquisitis. Universim a Theologis definitur esse opinio, quæ ponit afflatum & inspirationem immediatam circa revelationem divinam. Ratione subjecti modi & rei diversus est. *Ratione subjecti generalis* vel *particularis* est. Ille tenet, omnem hominem divinæ revelationis aut inspirationis circa revelationem immediatæ capacem esse, & Deum reipsa afflare quemlibet se invocantem. Particularis aliquos ponit per intervalla temporum a Deo illustratos & inspiratos, per quos velit lumen aut voluntatem suam ad alios propagari. *In modo* somnia ponit, apparationes & visiones, raptus & familiaria colloquia & ejusmodi alia per solam imaginatione exhibita nullaque sufficiente ratione contestata, *Ratione rei crassior, medius*, aut *subtilior* est. *Crassior*

§ 8 FANATISME

Et pourtant, on ne peut guère se douter que, étant donnée cette acception de l'enthousiasme, les hommes se fassent, le plus souvent, des illusions. La fantaisie produit en nous des représentations que nous ne reconnaissons pas suffisamment bien, car elle ne les produit pas sans qu'elles soient modifiées : elle passe sous silence certaines idées partielles ou appropriées de la représentation, une fois que cette dernière a eu lieu, ou bien elle en ajoute des nouvelles qui ne sont pas pertinentes ; ou alors elle rassemble de nombreuses idées, survenues à des moments différents, en une seule et nouvelle représentation. À cet égard, la loi de l'imagination ne nous dit pas toujours de façon suffisamment claire la raison grâce à laquelle nous sommes confrontés à cette représentation et non pas à une autre. Par ce biais, il peut arriver assez facilement, notamment chez ceux qui sont dépourvus d'expériences et moins attentifs ou moins intelligents par nature, que certains se persuadent que leurs pensées ont été déclenchées par une force et presque au moyen de l'inspiration. Cela arrive assez souvent. C'est alors ce qu'on qualifie d'*enthousiasme apparent*, à savoir cet état de l'âme dans lequel les images semblent parvenir et se figer en elle par le biais de l'inspiration véritable d'un esprit, de façon factice et sans preuves suffisantes. C'est pourquoi on le qualifie de *fanatisme*, car il n'y a pas de distinction entre inspiration réelle et apparente et, de plus, car les images sont considérées comme de réelles perceptions d'inspiration. Il diffère donc de la compréhension *psychologique* d'un objet donné et il faut alors le compter parmi les maladies de l'âme.

* Celui qui parle d'inspiration divine doit en fournir une démonstration. Étant donné que le fanatisme peut survenir, il est évident que ce constat doit être établi avec des raisons suffisantes. C'est pourquoi il est nécessaire que ces indices irrécusables soient pris en compte en vue de la reconnaissance des esprits mauvais.

** Si le *fanatisme* s'intéresse aux vérités de la religion révélée par Dieu, il est alors appelé de façon spécifique *théologique*. Il dispose de ses images au lieu de vraies révélations issues de l'inspiration. En général, les théologiens qualifient de conjecture (*opinio*) cette révélation qui présuppose l'inspiration directe à l'égard de la révélation divine. Elle peut être de *nature générale et particulière*. La première concerne le fait que chaque être suas solum easque novas revelationes (ut ait) ceu divinitus datas ponit, repudiata vera. *Medius* præter antiquam veram & suas novas adjicit ceu veras admittendas. *Subtilior* solas ad antiquam intelligenda, & probandam ideas illustrativas & interpretativas aut declarativas cuilibet divinitus inditas statuit. Subtilior reipsa idem est, qui vuigo spiritus privatus dicitur, & judex declarativus, fons necessarius & uberimus omnis inter Protestantes & continui & interminabilis dissidii. His omnibus necessitas incubit suum assertum probandi, nec in genere tantum sed & in specie existentiam & certitudinem ostendant necesse est.

*** *Causæ enthusiasmi putatitii & fanatismi* theologici possunt esse illæ omnes, quæ per majorem corporis concussionem, vel animi gravedinem & perturbationem vel perrepræsentationis, inprimis molestæ, diuturnitatem, phantasiam & vim imaginatricem intendere & incendere possunt. Sæpe præjudicia & cum præjudiciis affectus eo deferunt. Sæpenumero veritas ipsa fanatismo eatenus servire cogitur, quatenus possibilitatem, facta & modum exhiber, quem inirmitas simpliciorum ac rudium vel audacia astutorum & impostorum imitari, & ex opposita veritate suam confirmare insaniam non veretur. Nec minima causa & incitamentum est æmulatio (quæ phantasiam plurimum incitat & inflammat) vel privatorum vel integrarum sectarum, quam non pudet per fanatismus fingere, quod per virtutem assequi non valet. Sicut plures in confingendis miraculis artifices protulit, ita nec paucos nec minimos fanaticos. Ex his pronum est explicatu, cur suos quælibet, & inprimis falsæ religiones, frequentiones fanaticos habeant.

humain est capable de révélation divine ou d'inspiration immédiate à l'égard de la révélation, et que Dieu donne de l'inspiration à quiconque invoque son nom de la même manière. La seconde présuppose que parfois certaines personnes soient illuminées et inspirées par Dieu, si bien que ce dernier a envie de propager à travers elles sa lumière et sa volonté aux autres personnes. *En particulier*, elle apporte des rêves, des apparitions et des visions, des ravissements et des échanges intimes avec la divinité, ainsi que d'autres faits du même genre, caractérisé par l'intermédiaire de la seule imagination et en l'absence de n'importe quel processus rationnel coexistant. *L'opinion peut être, de par sa nature, intense, moyenne ou faible.* Le *premier type* ne se réfère qu'à ses propres révélations, qui sont considérées en tant que divines, alors qu'en vérité elles renient toute révélation authentique. Le *deuxième type* ajoute à la révélation divine ses propres révélations comme si elles étaient vraies. Le troisième type, *faible*, établit des idées illustratives, démonstratives et expressives afin de comprendre et de démontrer la révélation divine authentique à quiconque l'aurait inspirée. L'*opinion faible* est ce qui est communément appelé *esprit privé* (libre arbitre), qui fonctionne comme un juge perspicace. Cette *opinio* est la raison inévitable de nombreux et fréquents conflits, notamment chez les protestants. Ces derniers, en effets, ont l'obligation de démontrer leurs affirmations et leur existence, non seulement quant au genre, mais également quant à l'espèce.

*** *Les raisons de l'enthousiasme apparent et du fanatisme théologique* consistent normalement en tout ce qui peut s'introduire et enflammer la personne, au moyen d'un grand choc au niveau du corps, d'une pesanteur ou perturbation de l'âme, de la permanence d'une représentation, surtout si agaçante, de la fantaisie et de la vigueur de l'imagination. Le fanatisme théologique est bien des fois la cause de préjugés. Très souvent la vérité elle-même est contrainte à servir le fanatisme en allant jusqu'à faire en sorte que les gens naïfs et les rustres, les personnes rusées et les imposteurs l'imitent ou le prennent pour argent comptant, en confirmant par là leur sottise. Et son émulation – qui excite et attise bien souvent la fantaisie, de la part d'individus ou de sectes intégristes, qui n'ont pas honte de feindre au moyen du fanatisme ce qu'ils ne sont pas en mesure d'atteindre au moyen de la vertu – n'est pas non plus une raison négligeable ou un outil d'encouragement. De même que le fanatisme a conduit de nombreux artistes à produire des miracles, de même l'enthousiasme a produit plusieurs grands fanatiques. On comprendra alors pourquoi toutes les religions, et notamment les religions fausses, ont très souvent leurs propres fanatiques.

§ 9 ENTHUSIASMUS INDIGENA

Enthusiasmus *indigena* per analogiam talis est. Est autem ille animæ status, in quo vivacissimæ repræsentationes per interum principium, per vim imaginatricem in eadem existere con ipiuntur, quas extraordinaria activitas virium animæ repente consequitur. Status, quod fatentur omnes, explicatu difficilis. Præsertim si simul extraordinaria illa activitas spectetur, quam mox considerabimus.

* Causæ vivacitatis in repræsentatione sunt a) claritas vis imaginatricis, quæ sæpe sola est, sæpe conjunctam habet vel præviam vel comitem sensationem. b) Ejusmodi sensatio, non quælibet, sed quæ fortiorem in anima faciat impressionem vel ob majorem claritatem, vel ob celeritatem. c) Contentio animæ, per quam repræsentationes cum proposito ad certum objectum diriguntur, sive meditatio. d) Nonnumquam levis occasio, cum anima jam est imaginibus plena, & cum iisdem familiaris. Hæc enthusiasmi initia & prima media, per quæ etiam ad enthusiasmum voluntarium sive artificialem perveniri potest.

§ 9 L'ENTHOUSIASME ENDOGÈNE

L'enthousiasme *endogène* est tel qu'il est par analogie. En effet, il s'agit de cet état de l'âme dans lequel des représentations très vives sont produites au moyen d'un principe interne, grâce à la force de l'imagination ; de plus, ces représentations coexistent et elles sont suivies par une extraordinaire activité de l'âme. Cet état, que tout le monde reconnaît, est difficile à expliquer, notamment si l'on observe cette activité dans son ensemble, ce dont nous allons nous occuper.

* Les raisons de la vivacité dans la représentation sont : a) la clarté, à savoir une force de l'imagination qui est souvent seule, ou associée à la tentation, soit en tant que précurseur, soit en tant qu'alliée, b) une tentation spécifique, qui ne soit pas n'importe laquelle, et qui imprime dans l'âme une impression très forte soit en raison de sa grande clarté, soit en raison de sa grande rapidité, c) une tension de l'âme, à travers laquelle les représentations sont délibérément orientées vers un objet donné, à savoir la méditation, d) parfois la moindre circonstance, lorsque l'âme est déjà remplie d'images et qu'elle s'est déjà familiarisée avec celle-ci. Voici le départ de l'enthousiasme, avec ses premières étapes, à travers lesquelles on peut parvenir à l'enthousiasme volontaire ou apparent.

§ 10 ACTIVE SPECTATUS

Si in enthusiasmo activitatem potissimum spectemus, quod fieri potest, & præsertim in enthusiasmo indigena fieri solet, quemadmodum in adventitio ad repræsentationem, ejusque originem præcipue attenditur, *enthusiasmus activitatis* est. Hic totus quantus vita est & ignis. Extraordinaria est actio, quam animæ vires exserunt & quam variis, quia vehementes & insolitos motus habet, raptus, saltus, impetus, æstus, furoris, turbinis, aliisque nominibus insigniunt. Neque, ut ajunt, sine fundamento in re, quod in illo statu talia reipsa deprehendantur, quæ quod citra sufficientem rationem evenire videantur, originem suam ab altiore vi habere putantur.

* Activitas isthæc, in genere loquendo, videtur sequi rationem vivacitatis in repræsentatione. Quanto major illa, tanto major & hæc. Sensitiva repræsentatio, clara non distincta, tota simul influit in animam, cietque & occupat activitatem.

§ 11 ENTHUSIASMUS MENTIS

Activitas exserit se in *viribus cognoscitivis* vel etiam in *appetitivis*. Hinc *enthusiasmus* alius *mentis* (*des Geistes*) alius *animi* sive *cordis*. Prior, *enthusiasmus mentis* objectum potissimum respicit, quod habet magnum aut pulchrum & ubertate & copia plenum. Quod fortius agit, & in luce positum mentis oculos ad se convertit, ejusdemque vires omnes incitat & ad se rapit, quæ cum contentione nituntur, vel ut comprehendant totum objectum & cum delectatione per intuitum possideant, vel ut idem aut simile, etiam ipsæ producant. Duplex igitur est, *enthusiasmus mentis peritæ & artificis*. (*Die Begeisterung des Kenners und des Kunstlers*) Enthusiasmus contemplator & artifex. Prior, gradus inferior est, superior alter.

§ 10 EN CE QUI CONCERNE L'ACTIVITÉ

Si dans l'enthousiasme on observe surtout l'activité – chose qui peut arriver et qui arrive habituellement notamment dans le cas de l'enthousiasme endogène –, de quelque façon que l'on porte son attention sur l'avènement de la représentation et sur son origine, l'*enthousiasme de l'activité* a lieu. Voici ce qui, dans sa plénitude, est vie et ardeur. L'action – que les forces de l'âme manifestent et qui est désignée par plusieurs autres noms, en raison du fait qu'elle connaît des mouvements inhabituels et violents, tels des ravissements, des sauts, des élans, des chaleurs, des fureurs, et des mouvements circulaires en tourbillon – est extraordinaire. De plus, il n'est pas non plus sans fondement le fait que de tels phénomènes – qui puisent, croit-on, leur origine dans une force plus grande, étant donné qu'ils semblent se produire au-delà de toute limite raisonnable – puissent être observés dans cet état.

* Cette activité semble suivre la raison de la vivacité dans la représentation. Plus la première est importante, plus l'est cette dernière. La représentation sensitive pénètre dans l'âme intacte et elle occupe l'activité.

§ 11 L'ENTHOUSIASME DE L'ESPRIT

L'activité se développe au moyen des forces *de la connaissance*, ou *cognitives*, et aussi de celles *de l'appétit*. D'ici prend naissance un *enthousiasme de l'esprit* (*des Geistes*) et un *enthousiasme du cœur*. Le premier vise à un objet très important, grand, beau, plein de richesse et d'abondance. Il agit avec vigueur et, lorsqu'il est illuminé, il investit les yeux de l'esprit en excitant toutes les forces et en les attirant violemment. Ces forces sont donc soumises à des efforts intenses, soit pour comprendre l'objet dans son intégralité et pour se l'approprier agréablement à travers l'intuition, soit pour en créer un autre identique ou similaire. L'espèce est donc double : l'*enthousiasme de l'esprit cognitif* et de *l'esprit créateur*. (*Die Begeisterung des Kenners und des Kunstlers*). Enthousiasme contemplatif et artisan. Le premier appartient à un degré inférieur, le second supérieur.

* *Enthusiamus contemplator* sistit in *intuitu objecti*, & vires cognoscitivas eatenus exercet, quatenus præclarum objectum & præcipue magnum & pulchrum & admirabile, comprehendere totum contendit. Mens suo objecto qnodam modo unita, tota sensus, oculus vel auris est. Juxta Betinelli de enthusiasmo pag. 145. tali enthusiasmo agitur, quisquis in Vesuvii vertice, montem & viciniam ; aut super alpes, quas glaciales appellant, catenam illam æternæ glaciei contemplatur. Simili enthusiasmo perculsi sunt, quotquot attentius Moguntiæ hoc anno ex editore loco exundationem Rheni prospexerunt. Rheni altitudo, obducta glacies, inundata & depressa oppide triste circum silentium & timores & c. totam mentem occuparunt. Qui præclarum opus contemplatur, eo suavius afficitur, quo in arte peritior, & regulas accuratius habet perspectas. Tali facillimum erit in enthusiasmum delabi, ubi præclarum opus occurrerit.

** *Enthusiasmus artifex* respicit opus, & activitatem virium mentis *invitat* & incendit *ad productionem ejusdem* aut *similis artificii*. Idque cum singulari facilitate, consequente saltem. Licet enim fors sub initium lentior sit motus, facta tamen successive repræsentationum evolutione, ignis Denique quasi fulgur erumpit, & inflammation mentis omnia penetrat. Jam necessariæ cogitations sua sponte occurrunt. Affluunt & superfluunt inopinatæ & accommodatissimæ expressiones. Inusitata & singularia panduntur. Cun phantasia, vis imaginatrix, memoria, ingenium, acumen, perspicacia, judicium & ratio sensitiva suas conferre opes laborent, num mirum, artis opera proferri ? Et sæpe opus originale producitur. Qui multas collegerit observationes & cognitiones, & speciales præsertim ad suum jam objectum pertinentes, cui lecta potenter erit res & sæpius cogitata ; qui aliorum observationes, exempla & regulas familiarissimas habuerit, vel potius habitum contraxerit, regulas ipsas transgrediendi, qui præpollet sensu : in hoc genere enthusiasmi plurimum & facilius & cum certiore semper effectu proficiet. Sæpe nequidem excitatrice occasione opus habebit. Sæpe sufficit casus. Alias ex proposito per applicationem & meditationem eo deveniemus. Est igitur enthusiasmus & sua sponte, & per voluntatem artifex.

* L'*enthousiasme contemplatif-cognitif* se place au sein de l'*intuition de l'objet* et il excite les forces cognitives jusqu'à tâcher fortement de comprendre dans son ensemble l'objet lumineux et surtout grand, beau et admirable. L'esprit, associé en quelque sorte à son objet, n'est plus que sens, œil et oreille. Quiconque est pris par cet enthousiasme, qu'il soit au sommet du Vésuve, contemplant ce mont et les alentours, ou bien sur les Alpes, recouvertes de glaciers, lorsqu'il admire cette étendue de glace sans fin. *Cf. De enthusiasmo*, Bettinelli, p. 145. Par un tel enthousiasme ont été saisis cette année, à Mayence, tous ceux qui ont observé avec le soin nécessaire, depuis une butte, la crue du Rhin. Le niveau du fleuve, la glace arrachée, la ville inondée et submergée au milieu des silences et des angoisses, ont entièrement occupé notre esprit. Celui qui contemple une œuvre d'excellence prend d'autant plus plaisir qu'il est expert dans cet art et en a envisagé d'autant plus soigneusement les règles. En présence d'une œuvre magnifique, il connaîtra assez facilement l'expérience de l'enthousiasme.

** L'enthousiasme créateur observe l'œuvre en sollicitant et attisant les forces de l'esprit en vue de la création du même produit artistique ou d'un produit similaire. Il se peut qu'au début le mouvement soit assez lent, toutefois, par la suite, grâce à l'apport de l'évolution des représentations, le feu jaillit enfin, tel un éclair, et l'esprit ainsi attisé pénètre chaque chose. Des réflexions spontanées ont lieu. Des expressions inattendues et appropriées arrivent de toute part. Des choses insolites et extraordinaires se manifestent. Lorsque la fantaisie, la force de l'imagination, la mémoire, l'intelligence, la finesse, la perspicacité, la capacité critique et la raison des sens s'efforcent d'offrir leurs services, pourquoi être surpris qu'ils produisent des œuvres d'art ? Celui qui aura rassemblé beaucoup d'observations et de connaissances, pertinentes à son objet, celui qui aura choisi un argument approprié à ses propres capacités, en y ayant longtemps réfléchi, celui qui se sera familiarisé avec les observations, les exemples et les règles des autres, voire qui aura acquis la capacité de transgresser les règles elles-mêmes, celui qui saura être très sensible, celui-ci fera des progrès certains. Souvent, même encouragé par une occasion, il n'aboutira pas à son œuvre. Souvent le hasard suffira. On y reviendra par la suite de façon plus méticuleuse. Et c'est ainsi que l'enthousiasme créateur agit à la fois spontanément, à la fois intentionnellement.

*** Accuratius advertens deprehendet, enthusiasmum artificem bifariam tendere posse. Vel enim elaborare connititur elegantia & pulchra opera, quæ ad ingenuas artes & scientias pertinent. Hic *Æstheticus* est & multiplex pro diversitate ipsarum artium, quos inter Oratorius & Poeticus eminent. De his Sulzer, Betinelli & alii multa. Vel universim opera utilia invenire & producere contendit, & inprimis in scientiis. Hic quodammodo *Logicus* est.

§ 12 ENTHUSIASMUS CORDIS

Extraordinaria activitas animæ, quæ ab objectis magnis & ad affectus potissimum pertinentibus excitatur, & in viribus appetitivis exscritur, *enthusiasmus cordis* est. Objecti repræsentatio sensitiva, illius in animam fortior actio, actionis vividus sensus, affectus & communicatio, illius fere constitutiva sunt. Inprimis autem ad sensum respicitur. Anima enim in hoc enthusiasmi genere magis ad id, quod ipsa sentit, ad suum magis ex objecto sensum dirigitur, quam ad objectum, cujus repræsentationes, per quas sensus generatus est, subin obscurantur.

* Genesin hujus enthusiasmi fere ita describunt. Objectum magnum aut pulchrum sistitur oculis mentis per repræsentationem sensitivam, ad quod intuitus & attentio dirigitur. Per continuatam attentionem & alternos intuitus & reflexiones objectum distinctius exhibetur. Hinc illius claritas in- & extensiva. Videt anima illius multiplices partes, copiam & ubertatem, magnitudinem, momentum, & consectaria, vel summatim perfectionem seensitivam & pulchritudinem, & cum tanta occupatione, participatione & voluptate, ut tota in idem conversa & fixa, sit soli præsens, & sensationes externæ non faciant impressionem. Contra vero sensationes intemæ eo fortiores & vividiores sunt. Anima videt, audit, sentit, quæ proprie nequidem sentiri possunt. Per affictionem enim sensitivarum repræsentionum & per transformationem in imagines, novit eadem in sensationes convertere. Abstractissime ideæ assumpto corpore, visibili specie comparent, & referunt personas. Impossibile transit in possibile. Præterita, futura, absentia sunt præsentia. Et cum præsentibus consuescens & familiaris anima, etiam vividissime ab iisdem afficiatur,

*** Si l'on y prête plus d'attention, on découvrira que l'enthousiasme créateur peut prendre deux directions différentes. En effet, il pourra soit s'efforcer de créer de belles œuvres, pourvues d'élégance et concernant les arts libéraux et les sciences. Il sera alors question d'enthousiasme *esthétique*, changeant selon la variété des arts placés entre la rhétorique et la poétique. De nombreux auteurs, dont Sulzer et Bettinelli, se sont exprimés à ce sujet. Soit il sera destiné à créer et produire, de manière plus générale, des œuvres utiles, notamment dans le domaine des sciences. Voici ce qui serait l'enthousiasme *logique*.

§ 12 ENTHOUSIASME DU CŒUR

L'extraordinaire activité de l'âme – sollicitée par des objets importants qui concernent les affects et qui se manifestent dans les forces de l'appétit – est ce qu'on qualifie d'*enthousiasme du cœur*. La représentation sensitive de l'objet, l'action énergique que ce dernier produit sur l'âme, la perception intense de l'action, l'activité affective et communicative sont ses éléments constitutifs. Penchons-nous tout d'abord sur la capacité de ressentir. Dans ce genre d'enthousiasme, l'âme est davantage tournée vers ce qu'elle ressent, vers sa propre capacité de ressentir, tout en étant orientée moins *en direction* de l'objet qu'*à partir* de l'objet lui-même. Les représentations de l'objet, dont est issu le processus sensitif, s'estompent aussitôt.

* Voici l'origine de ce type d'enthousiasme. L'objet important ou beau se place face aux yeux de l'esprit, grâce à la représentation sensitive ; vers lui sont tournés le regard et l'attention. Ensuite, l'objet se montre dans le détail, à travers l'attention régulière, les regards et les réflexions. D'où la luminosité qui émane de lui. L'âme contemple les différentes parties de l'objet : sa consistance et sa richesse, sa taille, son mouvement, et notamment sa perfection sensitive et sa beauté. Et elle le fait avec beaucoup de participation et de plaisir, en étant entièrement tournée vers l'objet, si bien qu'elle ne se consacre qu'à lui, sans que les sensations extérieures ne l'affectent. En revanche, ses sensations intimes sont, alors, encore plus fortes et vives. L'âme voit, entend, ressent ce qui,

necesse est. Quid enim proclivius, quam ut tales repræsentationes etiam in vires appetitivas influant & agant ? & eo fortius, quo magis calor provehitur. Animus enim venit in communionem repræsentationum intellectus, & cum objectum deprehendit esse magnum ac sublime, vel nobile aut utile vel fœcundum, eaque simul omnia, quæ ullam ad præsens objectum habent vel unquam habuere relationem, & in anima recondita latent, cum impetu eluctentur : afficitur, movetur, & plus sentire incipir, quam cogitare. Et revera plus sentiens, & repræsentationibus paulatim obscuratis, sensuque totius objecti delibuta in conatum abit, & in desiderium apprehendendi, possidendi & retinendi totum, & longiore sese tempore eodem occupandi. Vigilante ac vegeto sensu jam uberiores & faciliores affluunt cogitationes, & redundant expressiones, sensum cordis prodit & loquitur lingua. Absunt ars & regulæ. Fertur impetu & sæpe vago. Eodem & alios incendit & rapit igne & motu. Diffunditur, & in communicatione ipsa sibi vel maxime placet & acquiescit.

** Enthusiasmum hujus generis magis perdurabilem esse, si conjunctam habeat convinctionem intellectus, ex dictis per se consequitur. Et contra fluctuabit, prout intellectus fluctuaverit. Quare ubi infirmitas intellectus accesserit, parum aberit a fanatismo, qui inter veritates & apparentias non discernit.

en soi, ne peut pas être vraiment perçu. En effet, grâce à l'imagination des représentations sensitives et à leur transformation en images, elle peut comprendre comment ces images se muent en sensations. Il est donc question d'idées très abstraites qui, après avoir pris corps, sont visibles et entraînent des images.

L'impossible devient donc possible. Le passé, le futur, l'absence deviennent présents. Il en va de soi que l'âme, se familiarisant avec ce qui est présent, apparaisse, en même temps, vivement atteinte. Qu'y a-t-il, en effet, de plus aisé que de comprendre que ces représentations influencent et agissent sur les forces de l'appétit ? Et plus elles le font de façon énergique, plus l'ardeur s'en trouve augmentée. En effet, l'âme est intrinsèquement liée à la compréhension des représentations, et lorsqu'elle reconnaît que l'objet est grand, sublime, noble, utile, et riche, et que toutes les choses qui ont à présent une relation avec lui ou qui l'ont eue par le passé et qui demeurent cachées au fond de l'âme s'efforcent de jaillir avec empressement, elle est alors atteinte : elle commence à ressentir, plutôt qu'à réfléchir. En réalité, grâce à l'apport de l'activité sensitive et de la perception sensible de l'objet dans son intégralité, notre âme s'ouvre à la tentative et au désir de tout apprendre, pénétrer et comprendre, et de s'y appliquer le plus longtemps possible. En prenant garde à l'activité sensitive, les pensées s'écoulent, fertiles et abondantes, les descriptions débordent, la perception sensitive du cœur s'avance et la langue parle. Habiletés et règles font défaut. On est emporté par l'impulsion et, bien souvent, par l'indistinct. Notre âme alors enflamme les autres, en même temps qu'elle les capture à travers le feu et le mouvement. Elle se répand, et, grâce au partage, elle entre en accord avec soi-même, tout en s'apaisant.

** Il s'ensuit qu'un pareil enthousiasme dure plus longtemps lorsqu'il est associé à l'intellect. Au contraire, il est fugace lorsque l'intellect l'est aussi. C'est pourquoi, si l'intellect est précaire, l'enthousiasme sera proche du fanatisme, qui n'est pas en mesure de distinguer la vérité de l'apparence.

§ 13 DUPLICITER SPECTATUS

Enthusiasmus animi potest item duplici modo spectari, vel in ratione ad se ipsum, vel prout se ad alios diffundit. Sub priore ratione sibi quodammodo soli sentit, ut possideat objectum & fruatur ipse. Sub altera ratione consentit ad alios, sensumque suum aspirat, ut & alii sentiant & fruantur. Prior *affectivus* & quasi *monasticus* est, hic *symphaticus* & *socialis.* Uterque ulteriora nomina sortiri potest ab objectis, ad quæ præ reliquis præcipuo affectu fertur.

* Affectivus e. g. enthusiastas *æstheticos, devotos* & *scientificos* habet. Illi circa pulchrum vagantur, sibique & aliis mirabilibus portentis lusum faciunt. Jam dulcissimis sensionibus liquescunt. Jam super pennas ventorum petunt altissima, & in utroque non raro ad infima decidunt. Alii in pietate & devotione sibi solis deliciantur. Hi circa verum & in scientiis exorbitant, vel sectando inanes, veluti qui lapidem philosophicum aut Theosophiam profitentur, vel captando minimas (micrologias) aut veras supra meritum efferentes. Huc sæpius Pædantismus & circumforanei scientiarum pertinent.

§ 13 NATURE DOUBLE DE CET ENTHOUSIASME

De même, l'enthousiasme du cœur peut être envisagé de deux façons différentes : comme un enthousiasme qui se répand en lui-même, ou bien vers les autres. Dans le premier cas, il ne perçoit qu'à travers lui-même, afin de posséder l'objet et d'en tirer parti. Dans le deuxième cas, il *ressent avec* les autres et partage avec eux sa propre capacité sensitive afin qu'ils puissent eux aussi posséder l'objet et en tirer parti.

Le premier est *sentimental* et *monastique* (personnel), alors que le deuxième est *partagé* et *social*. Les deux peuvent être désignés par d'autres appellations, en fonction des objets qu'ils visent avec une affection particulière par rapport aux autres.

* L'enthousiasme de l'esprit de type affectif et sentimental concerne des sujets, qu'il submerge, et que j'appellerai *esthétiques, dévots* et *scientifiques*. Ces sujets considèrent la beauté dans tous ses aspects et ils délectent les autres grâce à d'admirables prodiges. Tantôt ils s'attendrissent au milieu des sensations très douces ; tantôt ils montent vers le haut, portés par les ailes du vent. Dans les deux cas ils retombent, bien souvent, en bas. Certains se délectent tous seuls dans la dévotion. Ils s'écartent de la vérité et des sciences, soit en suivant les idiots – par exemple ceux qui croient en l'existence de la pierre philosophale ou de la théosophie –, soit en suivant ceux qui essaient de divulguer sans aucun mérite tout genre de sottises, ce à quoi les pédants et les charlatans font référence.

*** Sympathicus enthusiastas *morales, religiosos* & *politicos* habet, qui bonum aliorum, etiam physicum & imprimis morale, vel religionem vel politiam & bonum publicum pro objecto habent, amant & enthusiastica contentione propagare laborant. Fortes ideæ sensitivæ de religione, quæ conjunctos habent vehementiores affectus ad religionem itidem pertinentes, enthusiasmum religiosum producunt, pro diversitate idearum & affectuum diversum, serenum & pacatum, tristem ac treticum, terribilem & noxium, quod ex historiis probare liceret. Moralis ex ideis boni hominibus convenientis ac proprii concipit affectus & desiderium, idem illis promovendi. Laudabilis utique, & in iis inprimis exoptandus, qui prodesse plurimum possunt. Idem de politico sentiendum. Et quamquam intentiones & media non semper possint ad effectum perduci, ejusmodi enthusiasmus suo nunquam merito nec amabilitate carebit. Historia viros hic exhibet omni amore dignissimos.

** L'enthousiasme sympathique prend en compte les sujets *moraux, religieux et politiques* ayant pour but le bien commun, physique et notamment moral. La religion et la politique apprécient le bien commun et essayent de le promouvoir avec vigueur et enthousiasme. Les visions sensitives fortes de la religion, qui sont intimement liées aux affects intenses concernant la foi, produisent l'enthousiasme religieux. Ce dernier se différencie en fonction de la diversité des visions et des affects : il peut être serein et tranquille, mélancolique et sombre, terrible et nuisible, autant d'aspects que l'histoire a illustrés. Ce type d'enthousiasme est tout à fait louable et désirable notamment chez qui est en mesure d'en tirer profit. Il en va de même pour l'enthousiasme politique. Et bien que les intentions et les moyens employés ne puissent pas toujours parvenir au résultat espéré, cet enthousiasme ne manquera jamais d'être bénéfique et aimable. À cet égard, l'histoire nous présente des hommes parmi les plus dignes de toute gratitude.

§ 14 OBSERVATIONES GENERALES

Quod jam ex hactenus dictis summatim colligitur, ad enthusiasmum hujusmodi concipiendum & communicandum sequentia requiruntur generalia, ad quæ continuo respiciendum.

a) Supponitur *habilitas* & dispositio *naturalis*. Hæc in certa irritabilitate & sensibilitate animæ, accuratione attentionis, phantasiæ & memoriæ vigore, fœcunditate vis imaginatricis, ingenio, acumine, & judicio sita est.

b) Supponitur *cognitionum*, quas quis vel per institutionem vel suo studio collegerit, *copia* & *ubertas*. Inprimis cognitio cordis humani, & studium optimorum auctorum.

c) *Objecti cujusdam meditatio* prævia & repetita, i. e. attenta consideratio ex omni parte, in omni relatione & cum consectariis, 2) distinctio sensitiva saltem, & 3) comprehensio omnium in unum totum.

d) *Totius repræsentatio* simultanea & intensa. Hinc calor, affectio & sensus repræsentationi totius proporionalis & affectus.

e) *conatus idem* per eleborationem vel aliam actionem efficiendi & *perficiendi*; affectus vehementia, & eruptio, quæ ejusdem circa idem objectum status sensum, etiam in aliis per sensus expressionem excitet. Possent hic porro multa alia media præcipi, sed potior semper natura.

* Juvant 1) *tempus aptum*. Est enim quædeam in tempore ratio & diversitas e. g. tristitiæ & lætitiæ &c. Non est quidem scrupulose assuescendum aut insistendum tempori uni - sed nec urgenda natura. 2) *Locus*. Est, qui hilaritatem aspiret aut tristitiam &c. 3) *Selectus materiæ*. Non omnis semper æqualiter apta est ad dictionem aut ad cantum, vel ad cultum &c. præsertim si simul spectetur ratio loci, temporis, personarum & aliorum, quæ *ad debentia spectatorum*. Hic supponitur necessaria cognitio hominis. Alia quædam e. g. calorem a vino, & ejusmodi, lubentes omittimus.

§ 14 OBSERVATIONS GÉNÉRALES

Afin de résumer, en vue de la compréhension et de la communication de ce type particulier d'enthousiasme, ce qui a été dit jusqu'ici, il est nécessaire de toujours se référer aux observations d'ordre général suivantes :

a) *Capacité et disposition naturelle.* Celles-ci impliquent une certaine irascibilité, une âme sensible, une attention diligente, une fantaisie et une mémoire vigoureuses, une force créatrice féconde, de l'intelligence et de l'acuité.

b) *Quantité et qualité de la connaissance*, que l'on aura obtenues soit de façon institutionnelle, soit par le biais de l'étude personnelle. Cela concerne avant tout la connaissance du cœur humain et l'étude des auteurs les plus importants.

c) *Une réflexion préalable et constante autour de l'objet*, pourvue d'une prise en compte attentive de chacune de ses parties et de toute sorte de relation, à travers des déductions logiques. Cette réflexion implique au moins une distinction sensitive et la compréhension globale.

d) *Représentation synthétique et efficace de l'ensemble*, d'où l'ardeur, le sentiment, ainsi qu'un état d'âme sensitif conséquent concernant la représentation.

e) L'effort de mener à bien, *avec une application constante*, la vigueur de l'état d'âme et son éclosion violente, afin qu'elle soit en mesure d'exciter dans les autres, grâce à l'expression sensitive, la perception de la condition même de l'objet. Plusieurs moyens peuvent être déployés, toutefois la nature sera toujours préférable.

* Il est opportun de prévoir : 1) *un temps approprié.* Le temps connaît plusieurs phases, le moment de la tristesse, du bonheur, etc. Il ne faut donc pas s'accoutumer ou se consacrer avec zèle à un seul et même moment ; il ne faut pas porter atteinte à la nature ; 2) *le lieu.* Il y a des lieux qui inspirent de la sérénité, il y en a d'autres qui inspirent de la tristesse ; 3) *choix de la matière.* Elle n'est toujours pas adaptée aussi bien à la parole, qu'au chant, ou au culte, notamment si l'on prête attention à la nature du lieu, du temps et des sujets qui, comme le dit Horace, s'en remettent à ce qui doit être dit ; 4) *la typologie d'auditeurs ou de spectateurs.* Il est nécessaire à cet effet de bien connaître l'homme. Laissons de côté d'autres aspects, tels la chaleur produite par le vin, et des phénomènes similaires.

§ 15 ENTHUSIASMI AFFINITAS

Hæc divisio & familia enthusiasmi satis numerosa. At nec minor *affinitas*, nec facile semper, ipsius designare fines. Facile confundi posset cum triplici sensu veri, boni ac pulchri, religiosus confundi posset cum zelo animarum, politicuscum patriotismo. Discernendus tamen & per proprias suas notas, per repræsentationis superiorem vivacitatem, & activitatis æstum & furorem. Absunt hæc a triplici illo sensu, a zelo religionis & patriotismo. Quare Heroes patriotas aut Apostolos Christi, vel eos, qui triplici illo sensu pollent, nemo facile enthusiastas vocaverit. Quanquam inde ad hunc gradum facilis transitus, & frequentior consociatio fit, & tum fors etiam absque invidia ipso nomine licebit uti, ubi res sublimiorem mentis & animi vim palam loquitur.

Inprimis *vitiis mentis affinis* esse videtur, & pro suo nomine, quod habet, furoris, ad morbos animæ pertinere, propterea quod sæpissime exorbitet. Differt tamen. Proprie enim enthusiasmum ex phantasia non derivamus, quæ nonnunquam exlex est & fanatismus profert, qui inter ideas phantasticas & sensationes non discernit, & vel in insaniam, vel in delirium &c. prolabitur : sed vis imaginatricis effectus est, quæ ex proposito & intentione procedit, & rationis frænum etiam in æstu suo & agitatione admittit. Quo nisi continuo ducatur, limites excedet, & exorbitabit. Neque tum en thusuasmi nomine dignus amplius erit. Tum insanientis vitium & animæ morbum intercedere ultro concedemus.

Sæpius enthusiasmus ad *vitia moralia* declinat, alias & ad *virtutis* ordinem reducendus est. Certe enim & in virtutibus & in vitiis enthusiasmus deprehenditur. Neque definiti hic limites possunt, ut neuter aut medius sit, sed talis est, ut sub certa ratione convenire cum virtutibus possit perinde, atque & cum vitiis commisceri, aut utrimque participare. Quare per naturam & temperamentum suum in vitium & virtutem abire potest, aut misceri, & per se *bonus* aut *malus* aut *mixtus* est. Enthusiasmus in extraordinaria repræsentationis vivacitate & pari activitatis ardore consistit. Hæc ipsius natura. Id fieri vero vel circa objecta bona vel mala potest, aut potest utrumque concurrere & commisceri. Fieri potest, ut ex erroribus, aut præjudiciis nascatur. Imo præjudicium ipse esse poterit, & ad errorem & præjudicium inducere. Fieri potest ut objecta in se

§ 15 AFFINITÉ DE L'ENTHOUSIASME

L'articulation de l'enthousiasme est assez complexe. Il en va de même pour l'*affinité* de l'enthousiasme avec d'autres sentiments, chose dont on a du mal à délimiter les frontières. Il peut être à tort assimilé à la perception du vrai, du bon et du beau ; quant à l'enthousiasme religieux, il peut être pris pour du zèle de l'âme, et l'enthousiasme politique pour du patriotisme. Toutefois, il faut qu'on le distingue à la fois en raison de certains caractères qui lui sont propres, à la fois à cause de la grande vivacité de sa représentation, de la fougue et de son activité véhémente. Ces aspects n'ont rien à voir avec les caractères du zèle religieux, ni du patriotisme. Par conséquent, personne ne classera parmi les enthousiastes les héros de la patrie, ni les apôtres du Christ, ni les partisans du vrai, du bon et du beau. Néanmoins, le passage de ces sentiments par l'enthousiasme est assez fréquent, tout comme leur association, si bien qu'il est envisageable de les appeler par le même terme, notamment lorsque la vigueur de l'esprit et de l'âme sera la plus grande.

* Tout d'abord, il semble proche des *troubles mentaux* et, en raison de l'appellation de fureur qui lui a été attribuée, il paraît concerner les maladies de l'âme, en dégénérant bien souvent dans leurs formes pathologiques. Toutefois, il s'en écarte. En effet, nous ne croyons pas que l'enthousiasme découle de la fantaisie : celle-ci est souvent débridée et provoque le fanatisme, qui ne sait pas distinguer entre des images fantastiques et des sensations et qui dégénère soit dans la folie, soit dans le délire. L'enthousiasme, au contraire, est issu d'une force de l'imagination qui se développe à partir d'une intention précise et qui connaît le frein de la raison, même dans sa phase la plus fébrile. S'il n'est pas bridé en permanence par ce frein, il déborde carrément les limites. Dans ce cas, il ne pourra plus être désigné en tant qu'enthousiasme. Il sera, en revanche, placé entre l'anomalie du fou et les maladies de l'âme.

** Plus souvent, l'enthousiasme dégénère dans des *vices moraux*, qu'il faut par ailleurs rattacher au domaine de la *vertu*. En effet, l'enthousiasme peut se rattacher tant au domaine des vices qu'à celui des vertus : leurs frontières ne pouvant pas être clairement délimitées, l'enthousiasme peut faire partie des uns, comme des autres, et aussi des deux mélangés. C'est mala aut prohibita activitati labem & vitium aspergant. Fieri potest, ut affectus aut fines præposteri se jungant, & mens & animus in devia prolabatur eo majore cum celeritate, quo vehementius enthusiasmus vires cognoscitivas aut appetitivas præcipitat.

Bonus igitur, *malus* aut quodammodo *mistus* est. *Bonus* in se amabilis, laudabilis & fovendus, nec si diffunditur, impediendus. *Malus* per se noxius. Perumque robustior & diutornior, quia malum vividius capimus, & gravius in idem nitimur. Ideoque & contagione celerrima fertur. Quare principiis obsistendum. *Mixtus* eo propius ad periculum accedit, quo magis mixtio & compositio complicatur & involvitur, quam non nisi difficillime advertere & explicare datur. Quis semper illius genuinam originem, quis mentis plicas, quis animi letebras penetret ? quid amabilius enthusiasmo pio ac religioso, quid morali, quid politico ? compositi & mixti, quales erunt ? componatur politicus cum dominandi cupidine : quid funestius ? civium ruinas & regnorum strages molitur & exequitur. Si cum morali conjuncta sit libido habendi, fœdam indutus faciem oppressiones & spolia parum curabit, a semetipso, qui cæteroquin pulcherrimusm amorem omnium in se converteret, alienus & degener. Irrepat in religiosum, & immisceatur æmulatio nescio cujus invidiæ aut melancholica pietas & devotio præpostera, aut hominum odium : nihil terribilius. Ut honor Numinis vindicetur, nec illicitum quid sibi ducit, nec relinquit inausum. Ferrum & faces insignia religionis evadunt. Non nisi plagis, sanguine, cædibus & ruinis delectatur. Crudelissima sæpius spectacula ad divini cultus splendorem præcipuum pertinent, & ab exultantibus eodem referuntur.

Ut igitur enthusiasmus genuinus sit, ob omni vitio *purus* est, & certa semper *intellectus mensura temperatus*. Primum, ut innocens & dignus amore sit. Alterum, ut ab infirmitate perinde atque ab exorbitatione & fanatismo discedat ac distet.

pourquoi, sa nature à l'état neutre peut par la suite se transformer en vice ou en vertu, ou les deux à la fois : il est donc soit *bon*, soit *mauvais*, soit *mixte*. L'enthousiasme consiste en une vivacité extraordinaire de la représentation et en une activité aussi fervente. Celle-ci est sa nature. Il peut découler soit d'objets *bons*, soit *mauvais*, soit les deux. Il se peut qu'il prenne naissance d'erreurs ou de préjugés. Il se peut que des objets mauvais ou interdits en entachent et en contaminent l'activité. Il se peut que l'état d'âme ou les intentions coopèrent à l'envers, si bien que l'esprit et l'âme s'écartent aussi rapidement que l'enthousiasme, qui emporte avec violence les forces cognitives et celles des appétits.

*** Il est donc soit *bon*, soit *mauvais*, soit *mixte*. L'enthousiasme *bon* est en soi aimable et louable : s'il se répand, il faut le soutenir et il ne faut pas l'empêcher. L'enthousiasme *mauvais* est en soi nuisible, souvent il est plus fort et persistent, car nous saisissons le mal de façon plus intense et nous reposons lourdement sur lui. Par conséquent, il se propage *via* une contagion très rapide et il est donc nécessaire de le freiner tout de suite. Autant l'enthousiasme mixte s'approche du danger, autant sa composition – que l'on peut assez aisément examiner – est complexe. Qui pourra éclaircir son origine authentique, les implications de l'esprit, les secrets de l'âme ? Qu'y a-t-il de plus adorable que l'enthousiasme pieux et religieux, moral et politique ? Les enthousiasmes mixtes, où seront-ils ? Qu'y a-t-il de plus néfaste que l'association de l'enthousiasme politique et de la cupidité du pouvoir ? Elle met en œuvre et provoque la ruine des citoyens et le massacre des royaumes. Lorsqu'on associe la morale avec le plaisir effréné de dominer, en se souciant peu des abus et des butins, on essaiera d'attirer vers soi, en étant dégénéré, l'amour de tout le monde. Ce plaisir contamine le religieux et cela produit une émulation malveillante, une triste pitié, le contraire de la dévotion et la haine des hommes : rien de plus affreux. Afin que l'honneur divin soit vengé, il considère que rien n'est illicite, et il essaie tout. Les enseignes de la religion sont à feu et à sang. Il ne s'égaie qu'à coup de blessures, de sang, de meurtres et de ruines. Souvent, des spectacles aussi cruels concernent les cultes divins les plus splendides et ils sont administrés par des sujets en état de jubilation.

Afin que l'enthousiasme soit authentique, qu'il soit dépourvu de tout vice et qu'il soit *toujours réglé par la maîtrise de l'intellect*. Il pourra déclencher un amour innocent et digne, s'il sait s'éloigner de tout état morbide et de tous les excès du fanatisme.

§ 16 ENTHUSIASMI VIS

Utut autem *enthusiasmus* sese habuerit : rerum & eventuum inter homines non minimum & efficacissimus *elaterium* est. Cum perrumpendi sunt obices, qui boni, quod exoptamus, originem aut propagationem impediunt ; quis perrumpet, nisi enthusiasmus accesserit ? quiquis primus aggerem perfringere nititur, opus habet, ut ipsius repræsentatio de bono sit multum intensior. Qui frigent Philosophi, bonum, quod cognoscunt, optant & proponere amant : ut cum labore & periculo exequantur, a semet obtinere non possunt. Enthusiasmus executionis fons, & parens multarum revolutionum. Idque & inter privatos, & apud integras nationes. Unde sæpius & inter privatos sustentandus, & ut nationalis evadat, curandum. Utrumque esse posse, extracontroversiam est. Propagari enim potest, vel cum serpit ipse, vel cum studio communicatur.

§ 17 ENTHUSIASMUS PRIVATUS

Inter privatos enthusiasmum plurimum valere, non dubitaverit, quiquis inter homines plebeos & cultiores versatus, ad eorumdem actiones paulolum animum adverterit. Prædominatur religiosus, plerumque cum declinatione vel ad superstitionem vel ad libertatem sive libertinismum. Hoc in literatis, ut se vocant, & in politioribus ut plurimum locum habet. Unde ? ex distinctionis & eminentiæ desiderio.

* Differt enthusiasmus pro *ratione conditionis*, *sexus* & *ætatis* quod ab experientia constat & ulteriore disquisitione dignum esset, si pagellæ paterentur.

§ 16 FORCE DE L'ENTHOUSIASME

Quoi qu'il en soit, l'*enthousiasme* (quelle que soit la forme que l'on considère) est un *guide* important et très efficace dans les événements humains. Puisque l'on doit détruire tout ce qui empêche l'essor et la diffusion de la bonté, qui pourra s'en charger, si ce n'est l'enthousiasme ?

Quiconque essaie, le premier, de démolir tout terre-plein défensif, a besoin que sa représentation de la bonté soit très forte. Les philosophes, qui étouffent la bonté qu'ils connaissent et qui désirent partager leur point de vue, ne peuvent l'obtenir à eux tout seuls, même pas au moyen d'épreuves et de dangers. L'enthousiasme est la source de l'action, et il est à la base de maintes révolutions. Cela vaut pour les individus, ainsi que pour des nations entières. Par conséquent, l'enthousiasme entre individus doit être encouragé et il faut faire en sorte que celui des nations puisse également se répandre : il ne fait aucun doute que les deux soient possibles. En effet, il peut se répandre soit par le biais de moyens personnels, soit par le soin diligent d'une collectivité.

§ 17 ENTHOUSIASME PRIVÉ

N'importe quelle personne, qui connaît bien les hommes ignorants et cultivés et qui prêtera attention à leurs actions, ne doutera pas que l'enthousiasme ait beaucoup d'importance parmi les individus. L'enthousiasme religieux l'emporte, en étant le plus souvent tourné vers la superstition ou bien la liberté, à savoir le libertinage. Cela se produit notamment chez les littéraires, comme ils aiment être nommés, et chez les gens les plus raffinés, lorsque l'enthousiasme se répand en des lieux différents. D'où provient-il ? Du désir de se distinguer et de s'imposer.

* L'enthousiasme est classé par *condition sociale*, *sexe* et *âge*, comme le montre très bien l'expérience, qui mériterait d'être creusée davantage, au cas où des témoignages seraient disponibles.

§ 18 NATIONALIS

Enthusiasmus publicum & *nationalem* dari, ratio & historiæ docent. Enthusiasmus enim per communicationem diffunditur, & sua contagione serpit. Sicut ignis vicina corripit, & jam latissime diffusus unum incendium efficit : ita ipsius vis imaginationis transit ad alios communicatus, eodemque cum illo cursu & nostra & plurium in populo inflammatio fertur, dum omnium denique collecta vis appareat esse una & publica, sitque hoc ipso enthusiasmus nationalis. Idque tum maxime si vel publicæ rei intersit & inserviat, vel etiam in præjudicio aut vero principio scaturiginem habeat, quod ipsum in amoribus est & latius quacunque via ad omnem populum diffunditur.

§ 19 EXEMPLA

Historia integras gentes exhibet, quibus *specialis enthusiasmus* longiore tempore prædominabatur. Olim enthusiasmus libertatis gentes integras pervaserat, & altisimis defixus radicibus quantas res gessit, quas edidit virtutes ? eodem libertatis enthusiasmo nunc aguntur Angli, utinam veræ, nec vana specie sibi ipsi illuderent. Sunt, qui Gallis enthusiasmum amoris & subjectionis erga suum regem attribuunt, illi Anglorum oppositum & veriorem. Hico pacatior & tranquillior : ille turbulentior.

§ 18 NATIONAL

La réflexion et l'histoire prouvent l'existence de *l'enthousiasme publique et national*. En effet, l'enthousiasme se répand à travers la communication et il s'introduit partout. Tel le feu, il détruit ce qui est autour de lui en déclenchant un incendie, si bien que son pouvoir de créer des images se propage vers d'autres formes de communication en attisant notre excitation et celle des autres : l'ardeur de tous paraît converger vers un seul et unique *enthousiasme*, dit *populaire*. Cela se produit lorsque l'enthousiasme se fait garant du bien commun, quelle que soit l'origine de son fondement : il se répand alors au milieu du peuple entier, par l'intermédiaire de l'affection.

§ 19 EXEMPLES

L'histoire nous a fait connaître des peuples incorruptibles, longtemps pourvus d'un *enthousiasme spécial*. Autrefois, combien de richesses l'enthousiasme de la liberté avait-il produites, en s'insinuant au milieu de peuples encore intègres et en reposant sur des racines profondes ? Quelles vertus avait-il entraînées ? Ce même enthousiasme de liberté dirige maintenant les Anglais ; à Dieu ne plaise qu'ils soient trompés à cause d'une fausse interprétation de la liberté ! Il y en a qui attribuent aux Français l'enthousiasme de l'amour et de la soumission à leurs rois, en l'opposant à l'enthousiasme authentique des Anglais, ce dernier étant tranquille et paisible, le premier étant plus agité.

§ 20 UNIVERSALIS

Enthusiasmus certo respectu potest fieri *universalis*. Potest enim a natione in nationes transire, & saltem per præcipuas diffundi. Propagatio celerior erit, si nationes aliquo inter se amicitiæ & fœderis vinculo, aut commercii vel religionis communione jungantur. Nec hujus exempla desunt, præsertim apud Europeos christianos. Universalis erat mentium & animorum inflammatio, quæ summa contentione laboravit, ex infidelium manibus recuperare loca & regiones, quas salvator noster consecravit.

* *Genesis enthusiasmi universalis* parum aut nihil distat a genesi naturalis. Suunt, qui utramque per suos gradus ita concipiunt. Initium plerumque parva scintilla. Incidit cogitatio quædam super aliqua re, eaque morosa & diuturnior aliquem exagitat. (Non desunt exempla fœminarum, & inter viros historia multos sacerdotes, ecclesiasticos & monachos exhibet, enthusiasmi auctore). Hanc excipit vividior imaginatio, & ardentior amor ac desiderium rem persiciendi, & efficax nisus, qui jam etiam ad actiones externas progreditur. Fors accedit presuasio inspirationis & instinctus, aut cujusdam revelationis. Hinc sermo de re frequentissimus, & inter amicos & in societatibus aut quacunque occasione colloquium ardens, quo non deerunt, qui capiantur. Fors hic jam accedit publica quædam vel ejusdem vel alterius aut aliorum laudatio & prædicatio, quæ a narrantibus circumfertur, ignaris adhunc, se eodem etiam inclinari, quo per ipsam narrationem quasi de re jam sua, magis agi incipiunt. Procedet facilius, si quidam pro objecto fiat apparatus, ornatus ac nitor, aut denique qualis qualis splendor & pompa. Fit aliquis confluxus, confluentium consensus & approbatio & enthusiasmus *localis*. Jam eduntur quædam scripta, quæ circumferuntur, & quæ narrationes ad alios perlatas, & forte conceptam jam eandem ideam, sensum & affectum corroborant. Si scripta benigne & cum plausu excipiuntur; celerius sparsa & avidius lecta, felicius proficiunt. Non deerunt, qui jam capiantur & accedant primores & magnates nationis. Forte quædam concertatio oritur propter scripta in contrarium. Ita pars altera nascitur. Erit autem pro priore opinio certæ veritatis, victoriæ & triumphi. Per hoc magis incendetur & capiet lucrum. Accedet Summus Princeps, aut Magistratus se junget. Si forte contra alteram partem a Magistratu

§ 20 UNIVERSEL

L'enthousiasme peut devenir, dans une certaine mesure, *universel*. Il peut, en effet, circuler d'un peuple à l'autre, et se répandre au sein des peuples les plus imposants. La diffusion sera davantage rapide si les peuples sont liés entre eux par quelque lien d'amitié ou d'alliance, de commerce ou de religion. Les exemples ne manquent pas, notamment auprès des Européens chrétiens. L'enthousiasme des esprits et des âmes est à tel point universel, qu'il mobilise toutes ses forces afin d'arracher des mains des infidèles les sites et les régions, devenus sacrés grâce à notre salvateur.

* L'*origine de l'enthousiasme universel* s'écarte peu ou pas de l'origine de l'enthousiasme naturel, si bien qu'ils sont souvent interprétés sur la base de caractères communs. Au début, une petite étincelle s'allume; ensuite la réflexion tombe sur un sujet, et cela excite des gens. (Il ne manque pas, à cet égard, d'exemples de femmes, et, parmi les hommes, les créateurs d'enthousiasme sont davantage les prêtres, les ecclésiastiques et les moines). Une imagination vive, une passion ardente, le désir de mener à bien l'action cognitive et un effort efficace, qui s'élargit à d'autres opérations, s'emparent de cette chose. La conviction de l'inspiration et de l'excitation, ou d'une révélation survient sans doute. Il en découle un discours assidu sur cette chose, une discussion passionnée entre amis, en société ou dans n'importe quelle autre situation, une discussion de laquelle ceux qui ne sont pas impliqués ne sont pas exemptés. Sans doute, une louange publique prend forme, qui est mise en circulation par ceux qui en parlent, tout en ignorant qu'ils sont en train de s'exalter par le récit même de cet état, ressenti comme personnel. Tout cela se produit plus facilement, lorsqu'un apparat-système est mis en place pour l'objet en question, orné et resplendissant. Un consensus et l'approbation de ceux qui accourent prend forme : voici *l'enthousiasme local*. Certains écrits sont publiés et circulent en renforçant les récits déjà relatés par autrui, ainsi que l'idée elle-même et la capacité sensitive et affective. Si les écrits sont favorablement reçus, s'ils sont distribués rapidement et lus avec un désir accru, ils seront davantage utiles. Ensuite, les citoyens les plus en vue et les plus puissants du peuple ne manqueront pas d'en être persuadés et

publice pronuntietur, aut statuta quædam vel leges pro parte priore condantur, iisque actiones, quod pronum est, a volentibus conformentur quis enthusiasmum *nationalem* esse neget ? Jam nec educatio discrepabit. Hic vero ad alias nationes facillimus & idem transitus. Sit pluribus nationibus commune regimen aut summus imperans idem : nihil certius, quam ut ad easdem permeet enthusiasm us ; vel sit saltem inter nationes qualiscunque communio aut commercium : serentur rumores & colloquia, circumferentur libri, placebit assimilatio. Nonnunquam accedent legationes, quæ rem enthusiastice proponunt, & vicinas nationes inde dilaudabunt. Nisi peculiris & ingens in contrarium obstet reagens vis ; certa per vicinas primum erit & ulteriores nationes dilatatio. Hic evadet enthusiasmus *universalis*. Exempla conceptum & rem confirmant.

d'y parvenir grâce à la lecture. Il se peut qu'une confrontation puisse se manifester au moyen d'écrits qui soient en contraste. C'est ainsi que la contrepartie verra le jour et qu'une hypothèse alternative de vérité, de victoire et de triomphe pourra s'imposer, avec davantage d'ardeur et de profit. Le Prince Suprême ou le magistrat s'en approcheront. Si par hasard le magistrat se prononce publiquement contre une partie, ou bien si certains statuts ou lois – auxquels les actions doivent s'accorder, d'après la volonté de ceux qui les ont établis – sont institués pour l'autre partie, qui pourra démentir qu'il s'agit d'enthousiasme *national ?* L'éducation ne sera pas différente. Le passage même vers d'autres peuples sera évident. Admettons que de nombreuses nations sont pourvues d'un régime commun et d'un pouvoir suprême : rien n'est plus sûr que le fait que dans ces nations pénètre l'enthousiasme. En plus, si ces nations entretiennent n'importe quel type de rapport ou de commerce, les nouvelles et les livres vont circuler, et on n'en entravera pas l'assimilation. Parfois, des délégations se déplaceront pour proposer quoi que ce soit avec enthousiasme, en louant les nations voisines sous tous leurs aspects. Si une force particulière ne s'oppose pas par sa réaction, une expansion aura lieu d'abord dans les nations avoisinantes, ensuite dans les plus éloignées. Voici l'émergence de *l'enthousiasme universel.* Ces exemples confirment son concept et sa réalisation concrète.

§ 21 VARIABILIS

Enthusiasmus universalis, sicut nationalis, admodum *variabilis* est, vel potius, ipsæ nationes identidem in enthusiasmo variant ? Quemadmodam universim dici potest nationes enthusiasmo plerumque, imo semper aliquo sint prolapsuræ, licet diligentius advertentibus ex adjunctis nationum ac temporum suspicari liceatm quo sint probabilius prolapsuræ. *Ratio* autem *variationis* partim in natura enthusiasmi, partim in pluralitate subjectorum, quibus communis est, sita est. Hinc alius per intervalla temporum eandem & alius aia gentes inficit, & non nunquam diversi simul eodem tempore prædominantur, aut unus omnes aut plures concipit. Sicut suus singulis sæculis fuit præcipuus & famosus error, qui ad circumstantias ejusdem sæculi rationem habuit ; sicut suum singulis fuit præjudicium sive ex vero sive ex errore natum, quod multorum post se errorum fœcunda fuit scaturigo ; & e contrario sua etiam lux & veritas & virtus : ita suus etiam singulis enthusiasmus rerum adjunctis consentaneus & inde fere natus ut plurimum prædominanti errori aut præjudicio respondit, & sæculi vitio aut virtuti, quæ in amoribus erat individuus comes. Frequentius præjudicium ipse evasit, factus errorum fons & generatio quædam vitiorum. Hinc plerumque sua itidem cuilibet sæculo stultitia, si quidem excusso rationis fræno, præceps exorbitarit. Ut plurimum sæcula ipsa, in quibus ea contingunt, non vident, nec per oculos ob æstum, furorem & præcipitationem clausos videre possunt. Ubi æstus resedit, consequente tempore illucescente veritate vel stupent vel rident. Exempla in historiis prostant. Nolim sæcula singula percurrere. Depromam aliqua. Erat, cum enthusiasmus scientificus captabat inania, cum sola deperibat antiqua, cum requirebat novissima, falsa inanum specie, vel antiquorum præjudicio, vel novorum forma illectus. Erat, cum enthusiasmus poeticus non nisi inter portenta incedebat, nec alios heroes quam ab errantes inter transformatas principes & chimæras equites procreabat. Erat, cum veluti per enthusiasmi Iusum veneficos & Sagas cremabant, rati se litare, justitiæ ; & aberrabant. Nostro sæculum ? in quo summa sunt omnia, absit ut quis enthusiasmum ei abjudicet. Pluribus agitatum est. De Romano Pontifice, & inde præprimis a Febronio, cum enthusiasmo disceptatio viguit, adeo, ut nec Canonista

§ 21 VARIANTES

L'enthousiasme universel, de même que l'enthousiasme national, est-il très *variable*, ou bien ce sont les nations elles-mêmes qui changent quant à l'état de leur enthousiasme ? De même que l'on peut affirmer que les peuples sont généralement poussés par l'enthousiasme, voire par un enthousiasme spécifique, de même rien n'est moins sûr que les raisons, les conséquences et le moment où les nations vont capituler, même si ceux qui se penchent attentivement sur la question arrivent à formuler, en fonction des caractères propres à chaque nation, des hypothèses sur la manière et sur l'époque où lesdites nations vont capituler. *La logique de la variation* réside donc, en partie, dans la nature de l'enthousiasme et, en partie, dans la multiplicité des sujets auxquels l'enthousiasme s'associe. D'où le fait qu'il y a un type d'enthousiasme qui pénètre régulièrement au sein des nations et un autre qui se propage, tantôt dans une nation, tantôt dans une autre : ces différents types d'enthousiasme peuvent coexister, ou bien l'un d'entre eux peut prévaloir et absorber en lui-même les autres. De même que chaque siècle a connu son erreur particulière, résultat de la spécificité de son époque ; de même que chaque individu a connu son préjugé – né de la vérité ou d'un mensonge, dont se sont écoulées nombre d'erreurs –, ainsi que sa lumière et sa vertu : de même les individus ont aussi connu leur propre enthousiasme, cohérent par rapport aux caractéristiques des circonstances. Dès que cet enthousiasme est apparu, il s'est conformé au mieux à l'erreur et au préjugé dominants, ainsi qu'au vice ou à la vertu, voire au désir de son siècle.

Plus fréquemment, l'enthousiasme a esquivé le préjugé, qui était devenu la source des erreurs et le père de tous les vices. Parfois, le frein de la raison étant enlevé, l'enthousiasme a sombré dans la sottise, en sautant à pieds joints dans le gouffre. Assez fréquemment, les siècles eux-mêmes, au cours desquels cela se produit, ne voient rien : ils ne sont pas en mesure de voir, à cause de leurs yeux fermés par l'inquiétude, par la fureur, par la chute. Lorsque l'inquiétude s'en va, ils observent alors stupéfaits, grâce à la lumière de la vérité, ou bien ils en rient. L'histoire nous fournit plusieurs exemples. Je n'ai pas l'intention de passer en revue chaque siècle. J'en choisirai certains. Songeons, par exemple, à nec Theologus aliquod inter præcipuos nomen se obtinere posse puter, quin sibi partem ex ista disceptatione vendicet. Si quæ circa tolerantiam religionis hoc sæculo, & exinde potissimum, ex quo Voltairius suum de tolerantia libellum edidit, gesta sunt, ad ea diligentius quis adverterit aninum, parum aberit, ut rem ad enthusiasmum abire existimet, & universalem fore divinetur, cum eodem rem lentius quidem, at tamen propius semper accedere, deprehendat.

l'époque où l'enthousiasme scientifique essayait de parvenir à des choses vides, ou qu'il cherchait de nouvelles choses en les jugeant, à tort, des choses vides, soit en raison du préjugé des anciens, soit à cause d'une forme d'ignorance parmi les jeunes. Mais aussi, songeons à l'époque où l'enthousiasme poétique n'avançait que s'il ne s'agissait pas d'événements pompeux, ne donnant lieu qu'à des héros, tels des chevaliers errants entre princes et chimères. Songeons encore à cette époque où, presque par un jeu de l'enthousiasme, des sorciers et des magiciennes brûlaient en pensant, à tort, offrir leur sacrifice à la cause de la justice. Et notre siècle ? Il manque aujourd'hui, à une époque bouleversée par plusieurs raisons, quelqu'un qui refuse l'enthousiasme, où existent toutes les choses les plus importantes. La discussion sur le pape romain, caractérisée par l'enthousiasme, a été intense, notamment à partir de Febronius, si bien que ni le canoniste, ni le théologien ne peuvent espérer être cités parmi les gens les plus illustres, sans que ce dernier ne revendique son droit de prendre part à cette discussion. Si des choses importantes – dont l'ouvrage de Voltaire – ont été faites à cette époque au sujet de la tolérance religieuse, et si quelqu'un tournera toutes ses pensées vers elles, il n'aura pas de mal à croire que cet événement, qui s'impose lentement mais de façon de plus en plus convaincante, concerne l'enthousiasme, et que ce dernier sera universel.

§ 22 QUIDAM ABUSUS

Latissima igitur *enthusiasmi extensio* & ratione objectorum, ad quæ pertinere potest, & ratione territorii sui, ad quod ipsius potestas porrigitur, & ratione suæ fœcunditatis, quæ per se pulcherrimos fructus ut plurimum proferre potest. Hæc ipsa tamen extensio non omnibus placet. Nimiam ajunt esse, & ad solam elegantiorum artium sphæram esse constringendam ; quod nisi fiat, apertum intervenire abusum. Immerito. Quis enim alios limites patiatur, quos nescit enthusiasmus, quosque, experientia teste, palam & semper excedit ? solis pulchris artibus proprium esse, nemo facile probaverit. Nisi res ipsa pateretur, & enthusiasmus per se penetraret : per nos sane in philosophiam & scientias aut ad alia objecta vel subjecta non transferretur invitus. Utrum vero subjectum idem enthusiasmo simul multiplici ad diversa objecta corripi, & æqualiter agi, sive ad omnem perinde habilis, & *enthusiasta universalis* esse possit ? Alia quæstio est. Capita & ingenia universalia, & quæ ad omnia aut pleraque æqualiter apta & convenienter sint comparata, dari, communiter negatur. Quanta minus enthusiastam universalem dari concedet, quisquis in hoc plura requirit, & quo minus sublimiores per omnia gradus in uno reperiri aut supponi verl præsumi concedet. Exempla rem probant. Cicero Orator summus, quis Pœta ? Horatius poeseos Lyricæ princeps, quis in alio genere ? Idem de Ovidio & multis aliis constat. Non ferbantur nec rapiebant eodem in omnibus igne & enthusiasmo. Quare præpostere quispiam sese bonis omnibus attemperare niteretur, si unus solus suo temperamento & dispositione conveniens ac proprius esset. Hunc nativum sequatur & amplificet. Saltem pluribus communis, nullius excellentiæ prærogativa commendabitur, unum excolat.

Num excoli poterit enthusiasmus aut per artem comparari ? Videntur aliqui dubitare, sed absque ratione. Revera enim per congruentia media eo devenire posse, ex supra dictis jam patet. Nec desunt regulæ & institutiones, e. g. pro Oratorio & poetico. Quare qui dubitare videntur, aliud intelligant necesse est. *Mechanismum* scilicet induci, & *ingenuam rem* usque *ad mechanicam* deprimi, ægre ferunt.

§ 22 QUELQUES ABUS

L'extension de l'enthousiasme est donc très large, à la fois par la nature des objets auxquels il peut se référer et par la nature de son espace, sur lequel son pouvoir est exercé, ainsi qu'en raison de sa fécondité, qui peut procurer des fruits très beaux et charnus. Toutefois cette extension ne plaît pas à tout le monde. On dit qu'elle est excessive et qu'elle doit donc être limitée au seul domaine des beaux-arts, si elle ne veut être en proie aux abus. Injustement. En effet, qui est en mesure de supporter d'autres limites, que l'enthousiasme méconnaît, tout en les transgressant sans cesse ? Personne ne pourra montrer facilement que l'enthousiasme ne concerne que les beaux-arts. Si cette chose n'était pas évidente en soi, l'enthousiasme se répandrait de toute façon par lui-même : d'après nous, il ne pourrait pas être diffusé à contrecœur dans la philosophie, dans les sciences et dans d'autres objets et sujets.

Si un seul sujet peut être saisi par un enthousiasme multiple pour des objets différents, tout en étant excité en même temps par lui, peut-il être à la fois capable de tout et être un *enthousiaste universel ?* C'est une nouvelle question. Des intelligences universelles, aussi bien que tout ce qui a à voir avec la totalité ou la multiplicité, ne sont généralement pas considérées comme possibles. Pour peu que l'enthousiasme universel soit considéré comme possible, chacun fait, à ce sujet, beaucoup des recherches prouvant qu'en un seul sujet ne peuvent pas être réunis, réellement ou de façon hypothétique, les points les plus hauts de toute discipline. Des exemples illustrent ce concept. Cicéron a été un excellent orateur, mais quel poète a-t-il été ? Horace a été très grand dans le domaine de la poésie lyrique, mais quel poète a-t-il été quant aux autres genres ? La même réflexion vaut pour Ovide et pour beaucoup d'autres. On n'en connaît aucun qui ait été excité par le même feu et par le même enthousiasme vis-à-vis de chaque chose. Par conséquent, chacun essaiera, au contraire, de s'adapter, parmi toutes les disciplines, à celle qui soit la plus adaptée à son caractère et à son inclinaison. Il suivra et renforcera donc la seule chose qu'il a acquise naturellement. Celui qui sera compatible avec plusieurs disciplines, ne pourra pas parvenir à l'excellence, car cette dernière est destinée à celui qui se consacre à un seul domaine.

Quare enthusiasmus artificialem non negant, sed inter eum, qui *per artem verus* est, & inter *ascititium* sive *fucatum*, quem & falsus vocant, distinguunt. Unde ipsi discretionis regulas consignant, quarum prima est, enthusiasmum, re in mechanismum degeneret, nativum ignem sequi debere. Addimus : nec multis regulis coerceri, plerumque enim illum principem ponunt, qui per saltus & raptus ad & per sublimissima vagatur. Cujusque tamen generis sit, & sive artificialis sive spontaneus ac nativus, manet superior regula sit bonus & temperatus.

L'enthousiasme pourrait-il être pratiqué ou produit au moyen d'artifices ? Il paraît que certains en doutent, mais à tort. À la lumière de ce que nous avons vu jusqu'ici, il est clair que cela peut se produire, grâce à des moyens adaptés. Il ne manque pas de règles ou d'écoles, par exemple en ce qui concerne l'enthousiasme poétique et rhétorique. Par conséquent, ceux qui ont des doutes conçoivent autrement la chose. Ils acceptent à contrecœur le fait qu'un *mécanisme* soit provoqué et qu'une *qualité native* soit rabaissée à une *qualité mécanique.* C'est pourquoi ils ne refusent pas l'enthousiasme artificiel, mais ils font la différence entre ce dernier, *dont la vérité vient de l'art*, et celui qui est postiche, ou produit de l'*extérieur*, et qu'ils qualifient de faux. Ces mêmes personnes fixent, ensuite, les règles qui sont à la base d'une telle distinction, dont la première serait : l'enthousiasme doit suivre l'étincelle native, puisque ce mécanisme est contraint à un processus dégénératif. Nous ajoutons : il ne doit pas non plus être soumis à beaucoup de règles, la seule qui compte étant, d'après eux, la suivante : qu'il côtoie des choses sublimes. Toutefois, quel que soit son genre, soit-il artificiel, spontanée ou natif, une seule règle compte : qu'il soit bon et mesuré.

BIBLIOGRAPHIE

OUVRAGES CITÉS ET RÉFÉRENCÉS

AGAZZI, Elena et CALZONI, Raul Mario, « Il "progetto" fra *Spätaufklärung e Frühromantik* », dans la revue *Cultura tedesca*, n° 50, juin 2016, p. 9-23.

AGAZZI, Elena, « La breve stagione della *Frühromantik* » (p. 9-37), et « Le "Effusioni di cuore di un monaco amante dell'arte" e il sogno rinascimentale » (p. 73-102), dans WACKENRODER, *Opere e lettere. Scritti di arte, estetica e morale in collaborazione con Ludwig Tieck*, éd. de Elena AGAZZI, Milano, Bompiani, 2014.

ARISTOTE, *Rhétorique*, 1408b, dans *Œuvres complètes*, dir. Pierre PELLEGRIN, Paris, Flammarion, 2014.

BACZKO, Bronislaw, « Démocratie rationnelle et enthousiasme révolutionnaire », dans *Mélanges de l'École française de Rome. Italie et Méditerranée*, n° 2, t. 108, 1996.

BACZKO, Bronislaw, « Il rivoluzionario », dans BACZKO, B. et FURET, François (dir.), *L'uomo romantico*, Roma-Bari, Laterza, 1995.

BAMBERGER, Louis, « Adam Lux », dans la *Revue moderne*, n° 39, 1866.

BARMEYER, Eike, *Die Musen. Ein Beitrag zur Inspirationstheorie*, München, Fink, 1968.

BASSI, Simonetta, « Memoria, vicissitudine ed entusiasmo negli *Eroici furori* di Giordano Bruno », dans BETTINI, A. et PARIGI, S., *Studi sull'entusiasmo...*, p. 69-92.

BATTEUX, Charles, *Cours de Belles-lettres ou Principes de la littérature*, Paris, chez Desaint et Saillant, Durand, 1753.

BENREKASSA Georges, « Histoire d'un assassinat : la mort de Marat dans l'historiographie du XIXe siècle », dans ANDRIÈS, Lise et BONNET, Jean-Claude (dir.), *La mort de Marat*, Paris, Flammarion, 1986.

BENZING, Joseph et GERLICH, Alois (dir.), *Verzeichnis der Studierenden der alten Universität Mainz*, Wiesbaden, Steiner, vol. IV, 1981.

BERNIER, Marc A. et DAWSON, Deirdre (dir.), *Les « Lettre sur la sympathie »*

(1798) de Sophie de Grouchy : philosophie morale et réforme sociale, Oxford, Voltaire Foundation, 2010.

BETTINI, Amalia et PARIGI, Silvia (dir.), *Studi sull'entusiasmo*, Milano, FrancoAngeli, 2001.

BEVILACQUA, Giuseppe, *Saggio sulle origini del Romanticismo tedesco*, Milano, Sansoni, 2000.

BLANNING, Timothy C.W., *Reform and Revolution in Mainz 1743-1803*, Cambridge, Cambridge University Press, 1974.

BLÖDORN, Andreas, « Zwischen "Himmel" und "Hölle auf Erden". Die Suche nach irdischer Glückseligkeit als Projekt der Spätaufklärung », dans la revue *Cultura tedesca*, nº 50, juin 2016, p. 59-73.

BLUMENBERG, Hans, *La légitimité des temps modernes* [1966], Paris, Gallimard, 1999.

BOCKENHEIMER, Karl G., *Die Restauration der Mainzer Hochschule im Jahre 1784*, Mainz, Diemer, 1884.

BODEI, Remo, *Limite*, Bologna, Il Mulino, 2016.

BODEI, Remo, *Scomposizioni. Forme dell'individuo moderno*, Torino, Einaudi, 1987.

BOLLÈME, Geneviève, *Les Almanachs populaires aux XVIIe et XVIIIe siècles. Essai d'histoire sociale*, Paris-La Haye, Mouton, 1969.

BÖRCKEL, Alfred, *Adam Lux, ein Opfer der Schreckenszeit*, Mainz, Victor von Zabern, 1892.

BÖRCKEL, Alfred, *Mainzer Zeit- und Lebensbilder*, Mainz, Diemer, 1928.

BÖSEL, Bernd, *Philosophie und Enthusiasmus*, Wien, Passagen, 2008.

BRUNI, Raoul, *Il divino entusiasmo dei poeti. Storia di un topos*, Torino, Aragno, 2010.

BRUNO, Giordano, « Épître d'explication », *Expulsion de la bête triomphante* [1584], dans *Œuvres complètes*…

BRUNO, Giordano, « Troisième dialogue », *Des fureurs héroïques* [1585], dans *Œuvres complètes*, dir. Giovanni AQUILECCHIA, Paris, Les Belles Lettres, 1999.

BUFFIER, Claude, *Traité philosophique et pratique de poésie*, Paris, chez Nicolas Le Clerc, Jean Muselier, Claude-Louis Thiboust, 1728.

BULKELEY, Richard, *An Answer to Several Treatises Lately Publish'd on the Subject of the Prophets*, London, B. Bragg, 1708.

BURSTIN, Haïm, *Révolutionnaires. Pour une anthropologie politique de la Révolution française*, Paris, Vendémiaire, 2013.

CAHUSAC, Louis de, art. « Enthousiasme », dans l'*Encyclopédie*…, V. (Voir DIDEROT)

CAMILLONI, Maria Teresa, *Le Muse*, Roma, Riuniti, 1998.

CASATI, Ennemond, « Hérauts et commentateurs de Shaftesbury en France », dans la *Revue de littérature comparée*, Paris, Hazard et Baldensperger, 1934, XIV, p. 615-645.

CASATI, Ennemond, « Quelques correspondants français de Shaftesbury », dans la *Revue de littérature comparée…*, 1931, XI, p. 219-236.

CASINI, Paolo et SPINK, John S., « Introduction à l'*Essai sur le mérite et la vertu* », dans DIDEROT, Œuvres complètes, I…, 1975.

CASINI, Paolo, « Diderot e Shaftesbury », dans *Giornale critico della filosofia italiana*, XXXIX, 1960, p. 253-273.

CHABROL, Jean-Paul, *Élie Marion, le vagabond de Dieu (1678-1713). Prophétisme et millénarisme protestants en Europe à l'aube des Lumières*, Aix-en-Provence, Édisud, 1999.

CHARTIER, Roger, *L'Éducation en France du XVIIe au XVIIIe siècle*, Paris, Société d'édition d'enseignement supérieur, 1976.

CHARTIER, Roger, *Les origines culturelles de la Révolution française* [1990], Paris, Seuil, coll. Points, 2000.

CHUQUET, Arthur, « Adam Lux », dans *Minerva. Revue des Lettres et des Arts*, Paris, Albert Fontemoing, n° 25 (1er mars 1903), p. 5-26 et n° 26 (15 mars 1903), p. 161-177.

CICÉRON, *Tuscolanae disputationes*, III, 5, dans Œuvres complètes, dir. Désiré NISARD, Paris, Firmin-Didot, 1875.

COLESANTI, Massimo, « La missione sociale di Madame de Staël », dans COLESANTI, Massimo, MACCHIA, Giovanni, NARDIS, Luigi de (dir.), *La letteratura francese. Dall'Illuminismo al Romanticismo* [1974], Milano, Rizzoli, 2000.

COLET, Louise, *Charlotte Corday et Madame Roland*, Paris, Berquet et Pétion, 1842, p. 183-190.

COLLI, Giorgio, *La nascita della filosofia*, Milano, Adelphi, 1975.

CONDORCET, Nicolas de, *Esquisse d'un tableau historique des progrès de l'esprit humain*, Paris, Agasse, 1795 (posthume).

CORBIN, Alain, COURTINE, Jean-Jacques et VIGARELLO, Georges (dir.), *Histoire des émotions*, Paris, Seuil, 2016.

COWAN, Brian, « Ideas in Context : From the Social to the Cultural History of Idea », dans YOUNG, Brian et WHATMORE, Richard (dir.), *Palgrave Advances…*

CROCE, Benedetto, *La poesia. Introduzione alla critica e storia della poesia e della letteratura* [1936], Milano, Adelphi, 1994.

CROCE, Benedetto, *Philosophie de la pratique. Économie et éthique* [1909], Paris, Félix Alcan, 1911.

CURTIUS, Ernst, *La littérature européenne et le Moyen Âge latin* [1948], Paris, PUF, 1956.

DARNTON, Robert, *Bohème littéraire et Révolution. Le monde des livres au XVIIIe siècle* [1983], Paris, Gallimard, 2010.

DARNTON, Robert, *La fin des Lumières, le mesmérisme et la Révolution*, Paris, Librairie académique Perrin, 1984.

DARNTON, Robert, *The Kiss of Lamourette. Reflections in Cultural History*, New York, Norton & Company, 1990.

DELATTE, Armand, *Les conceptions de l'enthousiasme chez les philosophes présocratiques*, Paris, Les Belles Lettres, 1934.

DELINIÈRE, Jean, « Lumières Allemandes et girondisme », dans MONDOT, Jean et RUIZ, Alain (dir.), *Interférences franco-allemandes et Révolution française*, Bordeaux, P.U. de Bordeaux, 1994, p. 93-118.

DELON, Michel (dir.), voir DIDEROT Œuvres philosophiques... et *Dictionnaire européen des Lumières...*

DELON, Michel, « L'éveil de l'âme sensible », dans CORBIN, Alain (dir. pour ce vol.), *Histoire des émotions.* vol. 2. *Des Lumières à la fin du* XIXe *siècle...*, p. 11-42.

DELON, Michel, *L'idée d'énergie au tournant des Lumières (1770-1820)*, Paris, PUF, 1988.

DIDEROT, Denis (dir.), l'*Encyclopédie ou Dictionnaire raisonné des sciences, des arts et des métiers, par une société de gens de lettres* [1751 à 1772]. Paris, chez Briasson, David, Le Breton, Durand, 1755, t. V. DIDEROT, Denis, *Discours préliminaire (Le modèle anglais)*, dans Œuvres complètes. I... 1975.

DIDEROT, Denis, Œuvres complètes. dir. Jane Marsh DIECKMANN, Georges DULAC, Jacques PROUST, Jean VARLOOT *et alii*, Paris, Hermann, 1975-...,

DIDEROT, Denis, Œuvres philosophiques, dir. Michel DELON, Paris, Gallimard, Bibliothèque de la Pléiade, 2010.

DIDEROT, Denis, *Paradoxe sur le comédien*, dans Œuvres complètes, XX... 1995.

DODDS, Eric R., *The Greeks and the irrational*, Berkeley CA, University of California Press, 1951.

DOMENICHELLI, Mario, *Cavaliere e gentiluomo. Saggio sulla cultura aristocratica in Europa (1513-1915)*, Roma, Bulzoni, 2002.

DREYFUS, François G., *Sociétés et mentalités à Mayence dans la seconde moitié du dix-huitième siècle*, Paris, Armand Colin, 1968.

DUMONT, Franz, « Briefe aus der Mainzer Republik », dans HERMANN, Hans-Walter, HEYEN, Franz-Josef, MATHY, Helmut et WAGNER, Frank (dir.), *Jahrbuch für westdeutsche Landesgeschichte*, Koblenz, Selbstverlag der Landesarchivverwaltung Rheinland-Pfalz, 1977, p. 305-349.

DUMONT, Franz, art. « Lux », dans KUHN, Axel, REINALTER, Helmut et RUIZ, Alain (dir.), *Biographisches Lexikon Zur Geschichte der Demokratischen und Liberalen Bewegungen in Mitteleuropa*, Bern, Peter Lang, 1992, p. 75-76.

DUMONT, Franz, SCHERF, Ferdinand et SCHÜTZ, Friedrich (dir.), *Mainz. Die Geschichte der Stadt*, Mainz, Philipp von Zabern, 1998.

DURKHEIM, Émile, *Les Formes élémentaires de la vie religieuse. Le système totémique en Australie* [1912], Paris, PUF, 2008.

EDWARDS, Mark Ulin Jr., *Luther and the False Brethren*, Stanford CA, Stanford University Press, January 1, 1975.

ERNST, Anja et GEYER, Paul (dir.) *Deutschlandbilder aus Coppet : Zweihundert Jahre* De l'Allemagne *von Madame de Staël. / Des images d'Allemagne venues de Coppet :* De l'Allemagne *de Madame de Staël fête son bicentenaire*, Hildesheim-Zürich-New York, Georg Olms Verlag, 2015.

ESPAGNE, Michel, « La notion de transfert culturel », dans la *Revue Sciences/Lettres*, Paris, École normale supérieure. Mis en ligne le 01 mai 2012, consulté le 15 juillet 2021 : https://journals.openedition.org/rsl/219.

ESPAGNE, Michel, *Les transferts culturels franco-allemands*, Paris, PUF, 1999.

FERRONE, Vincenzo, *Il mondo dell'Illuminismo. Storia di una rivoluzione culturale*, Torino, Einaudi, 2019.

FERRONE, Vincenzo, *Lezioni illuministiche*, Roma-Bari, Laterza, 2010.

FEUGÈRE, Anatole, *Un précurseur de la Révolution. L'abbé Raynal*, Angoulême, Imprimerie Ouvrière, 1922.

FINK, Eugen, *Vom Wesen des Enthusiasmus*, Freiburg, Dr. Hans V. Chamier, 1947.

FORSTER, Georg, « Brief an Therese Forster vom [...] », *Werke. Sämtliche Schriften, Tagebücher, Briefe. Briefe 1792-1794 und Nachträge*, éd. de Klaus-Georg POPP, Berlin, Akademie Verlag, 1989.

FOUCAULT, Michel, *L'ordre du discours. Leçon inaugurale au Collège de France prononcée le 2 décembre 1970*, Paris, Gallimard, 1971.

FOWLER, Don et SPENTZOU, Efrossini (dir.), *Cultivating the Muse. Struggles for Power and Inspiration in Classical Literature*, Oxford, Oxford University Press, 2002.

FRESCHI, Marino, *Le luci del Settecento. Tra Illuminismo ed esoterismo*, Acireale, Tipheret, 2018.

FREUD, Sigmund, *Malaise dans la civilisation* [1930] éd. de Pierre PELLEGRIN, Paris, Flammarion, 2010.

FURET, François, *Penser la Révolution française*, Paris, Gallimard, 1978.

FUSILLO, Massimo, *Estetica della letteratura*, Bologna, Il Mulino, 2009.

GARGANO, Monica, « Entusiasmo e misura in Hölderlin », dans BETTINI, A. et PARIGI, S., *Studi sull'entusiasmo...*, p. 183-212.

GARIN, Eugenio (éd. de), Shaftesbury, *Saggio sulla virtù e il merito*, Torino, Einaudi, 1946.

GENNARI, Mario, *Filosofia della formazione dell'uomo*, Milano, Bompiani, 2001.

GILLET, Jean, « Introduction », dans la *Revue de littérature comparée*, 1989, n° 251.

GRAILLE, Patrick, art. « Fanatisme », dans le *Dictionnaire européen des Lumières...*, p. 520-523.

GREAN, Stanley, *Shaftesbury's Philosophy of Religion and Ethics. A study in Enthusiasm*, Athens, Ohio University Press, 1966.

GUIBERT, Jacques-Antoine-Hippolyte de, Éloge du maréchal de Catinat, Édimbourg, s. n., 1775.

GUIDA, Giuseppe, « Entusiasmo e rovesciamento dell'entusiasmo in Heidegger e Jaspers », dans BETTINI, A. et PARIGI, S., *Studi sull'entusiasmo...*, p. 245-262.

HABERMAS, Jürgen, *Strukturwandel der Öffentlichkeit. Untersuchungen zu einer Kategorie der bürgerlichen Gesellschaft*, Frankfurt am M., Suhrkamp, 1990.

HANSEN, Joseph, *Quellen zur Geschichte des Rheinlandes im Zeitalter der französischen Revolution 1780-1801*, Bonn, Publikationen der Gesellschaft für Rheinische Geschichtskunde, Band 42, 1931.

HASTEDT, Heiner (dir.), *Was ist Bildung ? Eine Textanthologie*, Stuttgart, Reclam, 2012.

HAZARD, Paul, *La crise de la conscience européenne, 1680-1715* [1935] Paris, Fayard, 1961.

HEINE, Heinrich, *De l'Allemagne* [titre de la version allemande : *Zur Geschichte der Religion und Philosophie in Deutschland*], Paris, Eugène Renduel, 1835.

HERDER, Johann Gottfried von, *Briefe zu Beförderung der Humanität*, Riga, Hartknoch, 1794, lettre 23.

HEYD, Michael, *"Be Sober and Reasonable" : The Critique of Enthusiasm in the Seventeenth and Early Eighteenth Centuries*, Leiden-New York-Köln, E. J. Brill, 1995.

HIRTH, Friedrich, « Adam Lux, der Mainzer Revolutionär », dans SCHUCHERT, August (dir.), *Jahrbuch für das Bistum Mainz*, t. 5, 1950, p. 494-503.

HOLBACH, Paul Thiry (baron d'), *Elementi di morale universale o catechismo della natura* [1790], éd. de Vincenzo BABRA, Roma-Bari, Laterza, 1993.

HOLBACH, Paul Thiry (baron d'), Éléments de la morale universelle ou Catéchisme de la nature, Paris, G. de Bure, 1790.

HOLBACH, Paul Thiry (baron d'), *Le système de la nature ou Des lois du monde physique et du monde moral* [1770], éd. de Jean-Pierre JACKSON, Paris, Coda, 2008.

ISRAEL, Jonathan I., (trad. française :) *Idées révolutionnaires. Une histoire intellectuelle de la Révolution française*, Paris, Buchet-Chastel, 2019.

ISRAEL, Jonathan I., « Unité et diversité des Lumières radicales – Typologie de ses intellectuels et de ses racines culturelles », dans DAGRON, Tristan et SECRÉTAN, Catherine (dir.), *Qu'est-ce que les Lumières Radicales ? Libertinage, athéisme et spinozisme dans le tournant philosophique de l'âge classique*, Paris, Amsterdam, 2007.

ISRAEL, Jonathan I., *Radical Enlightenment. Philosophy and the Making of Modernity*, 1650-1750, Oxford, Oxford University Press, 2002.

ISRAEL, Jonathan I., *Revolutionary Ideas. An Intellectual History of the French Revolution from The Rights of Man to Robespierre*, Princeton, Princeton University Press, 2014.

JACOB, Margaret C., *The Radical Enlightenment : Pantheists, Freemasons and Republicans*, London, George Allen and Uwin, 1981.

JAKOBI, Ernst, *Die Entstehung des Mainzer Universitätsfonds von 1781*, Stuttgart, Steiner, 1959.

JASPERS, Karl, *Psychologie der Weltanschauungen*, Berlin, Springer, 1919.

JEANMAIRE, Henri, *Dionysos. Histoire du culte de Bacchus*, Paris, Payot, 1951.

JOUTARD, Philippe, *La légende des Camisards*, Paris, Gallimard, 1977.

KANT, Immanuel, « Beantwortung der Frage : Was ist Aufklärung ? », dans *Berlinische Monatsschrift*, Berlin, Dezemberheft, 1784.

KANT, Immanuel, « D'un événement de notre temps qui démontre la tendance morale du genre humain », dans *Le Conflit des Facultés* [1798], éd. de Christian FERRIÉ, Paris, Payot, 2015.

KANT, Immanuel, « Idee zu einer allgemeinen Geschichte in weltbürgerlicher Absicht », dans *Berlinische Monatsschrift*, Berlin, Novemberheft, 1784.

KAUFMANN, Doris, *Aufklärung, bürgerliche Selbsterfahrung und die "Erfindung" der Psychiatrie in Deutschland, 1770-1850*, Göttingen, Vandenhoeck & Ruprecht Unipress, 1. März 1997, p. 55-78.

KERNER, Justinus G., « Anmerkung zum "Dritten Brief aus Paris vom 2. März 1795" », dans VOEGT, Hedwig (dir.), *Georg Kerner. Jakobiner und Armenarzt. Reisebriefe, Berichte, Lebenszeugnisse*, Berlin Ost, Rütten und Loening, 1978, p. 96-109.

KLEIN, Lawrence Eliot et LA VOPA, Anthony J. (dir.), *Enthusiasm and Enlightenment in Europe, 1650-1850*, San Marino, California, Huntington, 1998.

KLEIN, Lawrence Eliot, *Shaftesbury and the Culture of Politeness. Moral Discourse and Cultural Politeness in Early 18th-Century England*, Cambridge, Cambridge University Press, 1994.

KLIBANSKY, Raymond, PANOFSKY, Erwin et SAXL, Fritz, *Saturne et la mélancolie. Études historiques et philosophiques* [1964], Paris, Gallimard, 1989.

KNOX, Ronald A., *Enthusiasm* : *A Chapter in the History of Religion with Special Reference to the xvii and xviii Centuries*, New York, Oxford University Press, 1950.

KOBAU, Pietro, « Rischiaramento e iconoclastia. Due figure dell'*Aufklärung* (Thomasius/Kant) », dans BETTINI, A. et PARIGI, S., *Studi sull'entusiasmo...*, p. 153-182.

LA MANNA, Federica, « Il tormento dell'artista. Berglinger e gli scritti sulla musica », dans WACKENRODER, *Opere e lettere. Scritti di arte, estetica e morale in collaborazione con Ludwig Tieck*, éd. de Elena AGAZZI, Milano, Bompiani, 2014.

LA VOPA, Anthony J., « The Philosopher and the *Schwärmer.* On the Career of a German Epithet from Luther to Kant », dans KLEIN, L. et LA VOPA, A., *Enthusiasm and Enlightenment…*, p. 85-115.

LACY, John, *Warnings of the Eternal Spirit*, London, B. Bragg, 1707.

LAGANDRE, Cédric, *L'inspiration des Grecs*, Paris, L'Harmattan, 2000.

LARTHOMAS, Jean-Paul, *De Shaftesbury à Kant*, Paris, Didier Érudition, 1982.

LE GOFF, Jacques et NORA, Pierre (dir.), *Faire de l'histoire. Nouveaux objets*, Paris, Gallimard, 1974, t. 3, p. 85-89.

LEFEBVRE, Joël (Textes traduits et présentés par), *La Révolution française vue par les Allemands*, Lyon, P.U. de Lyon, 1987.

LEGROS, René P., « Diderot et Shaftesbury », dans *The Modern Language Review*, 19, 2, 1924, p. 188-194.

LEIBNIZ, Gottfried Wilhelm, *Die philosophischen Schriften*, éd. de Carl I. GERHARDT, Berlin, Olms, 7 vol., 1978.

LEIBNIZ, Gottfried Wilhelm, *Nouveaux essais sur l'entendement humain* [1765], éd. de Jacques BRUNSCHWIG, Paris, Flammarion, 1990.

LESER, Emanuel, art. « Lux, Adam », dans *Allgemeine Deutsche Biographie*, Leipzig, Duncker & Humblot, band 19, 1884.

LILTI, Antoine, « Comment écrit-on l'histoire intellectuelle des Lumières ? », dans *Annales. Histoire, Sciences sociales*, Paris, Éditions de l'EHESS, 1, 2009, p. 171-206.

LOCKE, John, *Essai philosophique concernant l'Entendement humain* [1689], trad. par M. Coste, 3e éd., Amsterdam, Pierre Mortier, 1735.

LÖWITH, Karl, *Histoire et salut. Les présupposés théologiques de la philosophie de l'histoire* [1949], Paris, Gallimard, 2002.

LUCRÈCE, *De la nature des choses*, I, v. 923-929. trad. de Jean-Baptiste Sanson de PONGERVILLE, Paris, Dondey-Dupré, 1823.

LÜSEBRINK, Hans-Jürgen, « "Paris reste toujours notre carte et vous avez perdu" : Georg Forster et Adam Lux dans la France révolutionnaire de 1793 », dans la *Revue de littérature comparée*, 1989, n° 251, p. 463-478.

MAIRET, Gérard, « L'invention du "moi politique" », dans J.-J. ROUSSEAU, Écrits politiques, éd. de G. MAIRET, Paris, Le Livre de Poche, 1992.

MANDROU, Robert, *De la culture populaire aux XVIIe et XVIIIe siècles*, Paris, Stock, 1964.

MARTIN, Christophe, « Éducations négatives ». Fictions d'expérimentations pédagogiques au dix-huitième siècle, Paris, Classiques Garnier, 2010.

MATHIEZ, Albert, *La Révolution et les étrangers. Cosmopolitisme et défense nationale*, Paris, La Renaissance du Livre, 1918.

MATHY, Helmut, *Die Universität Mainz. 1477-1977*, Mainz, Dr. Hanns Krach, 1977.

MATTEINI, David, *Entusiasmo e Rivoluzione. Il caso Adam Lux*, Pisa, Pacini, 2020.

MATTEINI, David, « L'*Enthusiasmus* di Adam Lux. Una riflessione sotto il segno della *Spätaufklärung* », dans *Studi germanici*, n° 13, 2018, p. 57-93

MATTEINI, David, « *Plus grande que Brutus !* Adam Lux e Charlotte Corday. Un esempio di transfert di sacralità in epoca rivoluzionaria », dans *Rivista di letterature moderne e comparate*, n° 73, 1, 2020, p. 1-20

MAURER, Wilhelm, « Luther und die Schwärmer », dans HÜBNER, Friedrich (dir.), *Schriften des Theologischen Konvents Augsburgischen Bekenntnisses*, Berlin-Spandau, Lutherisches Verlagshaus, Heft 6, 1952, p. 7-37.

MAZZONI Guido, « I nomi propri e gli uomini medi. Romanzo, scienze umane, democrazia », dans *Between*, vol. V, n° 10, 2015. Mis en ligne en novembre 2015, consulté le 15 juillet 2021 : https://ojs.unica.it/index.php/between/article/view/2024.

MESLIER, Jean, *Œuvres complètes*, éd. de Jean DEPRUN, Roland DESNÉ et Albert SOBOUL, Paris, Anthropos, III, 1972.

MISSON, François-Maximilien, *A Cry from the Desart, or Testimonials of the Miraculous Things lately Come to Pass in the Cevennes*, trad. du français par John LACY, London, s. n., 1707.

MONOD, Jean-Claude, *La querelle de la sécularisation*, Paris, Vrin, 2002.

MORE, Henry, *Enthusiasmus Triumphatus, or a discourse of The Nature, Causes, Kinds, and Cure, of Enthusiasme*, London, Flesher, 1656.

MORETTI, Franco, *La letteratura vista da lontano*, Torino, Einaudi, 2005.

MORETTI, Franco, *Distant Reading*, London-New York, Verso, 2013.

MORETTI, Franco, *A una certa distanza*, éd. de Giuseppe EPISCOPO, Roma, Carocci, 2020.

MORIANI, Fausto, « Dal "logos" al "mythos" : esercizi di entusiasmo in *Gorgia* 522E-523A ; 526D-527A », dans BETTINI, A. et PARIGI, S., *Studi sull'entusiasmo*…, p. 51-68.

MORNET, Daniel, *Les origines intellectuelles de la Révolution française*, Paris, Armand Colin, 1933.

MORTIER, Roland, art. « Enthousiasme », dans le *Dictionnaire européen des Lumières*…, p. 466-470.

NEGRONI, Barbara de, « Diderot et le bien d'autrui » dans Diderot, Œuvres philosophiques…

OLIVIERI, Andrea, *La realtà dell'immagine. Studio sull'immaginazione in Shaftesbury*, Università degli studi di Trieste, 2008. Mis en ligne le 24 avril 2009, consulté le 15 juillet 2021 : http://hdl.handle.net/10077/3214.

OTTO, Walter F., *Die Musen und der göttliche Ursprung des Singens und Sagens*, Düsseldorf, Wissenschaftliche Buchgemeinschaft, 1954.

OVIDE, *Les Fastes*, VI, v. 5-6, dans Œuvres complètes, dir. Désiré NISARD, Paris, J. J. Dubochet, 1850.

OYER, John S., *Lutheran Reformers against Anabaptists. Luther, Melanchthon and Menius and the Anabaptists of Central Germany*, The Hague, Martinus Nijhoff, 1964.

OZOUF, Mona, *La fête révolutionnaire. 1789-1799*, Paris, Gallimard, 1976.

PAGANO, Antonella, « Esalazioni e profezie. La Pizia delfica tra corporeità e divinazione », dans BETTINI, A. et PARIGI, S., *Studi sull'entusiasmo...*, p. 33-50.

PAOLUCCI, Gianluca, *Ritualità massonica nella cultura della Goethezeit*, Roma, Istituto Italiano di Studi Germanici, 2014.

PARIGI, Silvia, « La critica all'entusiasmo nel Settecento », dans BETTINI, A. et PARIGI, S., *Studi sull'entusiasmo...*, p. 137-152.

PATTINI, Dante, *Furor ed ispirazione tra Medioevo e Rinascimento*, thèse de doctorat en philologie et technique d'interprétation, Università Ca' Foscari de Venise, 2002.

PILES, Roger de, *Cours de peinture par principes*, Paris, chez Jacques Estienne, 1708.

PLATON, *Ion*, *Phèdre*, dans *Œuvres complètes*, dir. Luc BRISSON, Paris, Flammarion, 2008.

PLETT, Heinrich F. (dir.), *Renaissance-Poetik / Renaissance Poetics*, Berlin-New York, Walter de Gruyter, 1994.

PLINE le Jeune, *Lettres*, VIII, 4, dir. Jules PIERROT, Paris, Panckoucke, 1833.

POCOCK, John Greville Agard, « Enthusiasm : The Antiself of Enlightenment », dans KLEIN, L. et LA VOPA, A., *Enthusiasm and Enlightenment...*, p. 7-28.

POITRINEAU, Abel, *Les mythologies révolutionnaires. L'utopie et la mort*, Paris, PUF, 1987.

PORTER, Roy, art. « Angleterre », dans le *Dictionnaire européen des Lumières...*, p. 91-96.

ROCHE, Daniel, *Le Siècle des Lumières en province. Académies et académiciens provinciaux, 1689-1789*, Paris-La Haye, Mouton, 1978.

ROSSI, Paolo, « Prefazione », dans BETTINI, A. et PARIGI, S., *Studi sull'entusiasmo...*

ROTERMUND, Erwin, « Ein Mainzer Jakobiner im revolutionären Paris. Stefan Zweigs Drama *Adam Lux* », dans ZWEIG, Stefan, *Adam Lux*, Mit Essays und Materialien (avec tableau chronologique et bibliographie), éd. de Franz DUMONT et Erwin ROTERMUND, Obernburg am M., Logo, 2003.

ROUSSEAU, Jean-Jacques, *Discours « Sur les sciences et les arts »* [1750], dans *Œuvres complètes. III...*, 1964.

ROUSSEAU, Jean-Jacques, *Du contrat social* [1762], dans Œ*uvres complètes. III...*, 1964.

ROUSSEAU, Jean-Jacques, *Émile ou De l'éducation* [1762], dans *Œuvres complètes. IV...*, 1969.

ROUSSEAU, Jean-Jacques, *Les Confessions* [1782], dans *Œuvres complètes. I...*, 1959.

ROUSSEAU, Jean-Jacques, *Œuvres complètes*, dir. Bernard GAGNEBIN, Marcel RAYMOND *et alii*, Paris, Gallimard, Bibliothèque de la Pléiade, 1959-1995.

ROUSSEAU, Jean-Jacques, *Rousseau juge de Jean Jaques* [1780-1782], dans Œuvres complètes. I..., 1959.

RUBY, Christian, *L'enthousiasme. Essai sur le sentiment en politique*, Paris, Hatier, 1997.

RUIZ, Alain, « Des jacobins allemands dans le drame révolutionnaire en France. De 1789 à Napoléon », dans DABEZIES, André (dir.), *La Révolution française vue des deux côtés du Rhin*, Aix-en-Provence, P.U. de Provence Aix-Marseille 1, 1990, p. 71-100.

SAUDER, Gerhard, art. « Allemagne », dans le *Dictionnaire européen des Lumières...*, p. 58-66.

SAUDER, Gerhard, art. « Sensibilité », dans le *Dictionnaire européen des Lumières...*, p. 1131-1137.

SCHINGS, Hans-Jürgen, *Melancholie und Aufklärung*, Stuttgart, J. B. Metzlersche Verlagsbuchhandlung, 1977.

SCHLEGEL, Dorothy B., « Diderot as the Transmitter of Shaftesbury's Romanticism » dans *Studies on Voltaire and the Eighteenth Century*, XXVII, 1963, p. 1457-1478.

SCHLEGEL, Dorothy B., *Shaftesbury and the French Deists*, Chapel Hill, The University of North Carolina Press, 1956.

SCHRIJVERS, Petrus H., « De enthusiasmo poetico », dans PLETT, H., *Renaissance-Poetik...*, p. 377-390.

SCHWARTZ, Hillel, *Knaves, Fools, Madmen, and that Subtile Effluvium*, Gainesville, University Press of Florida, 1978.

SCHWARTZ, Hillel, *The French Prophets. The History of a Millenarian Group in Eighteenth-Century England*, Berkeley CA, University of California Press, 1980.

SCHWEIGARD, Jörg, *Die Liebe zur Freiheit ruft uns an den Rhein. Aufklärung, Reform und Revolution in Mainz*, Gernsbach, Casimir Katz, 2005.

SHAFTESBURY, Anthony Ashley Cooper, *Les Moralistes, rapsodie philosophique* [1709], dans *Les Œuvres de mylord comte de Shaftesbury, contenant ses Caracteristicks, ses Lettres, & autres Ouvrages*, éd. de Jean-Baptiste-René ROBINET, trad. attribuée à Pierre COSTE, Denis DIDEROT et Jean Baptiste PASCAL, Genève, 1769.

SHAFTESBURY, Anthony Ashley Cooper, *Recherches sur la vertu ou le mérite* [1699], dans *Les Œuvres de mylord...*

SIMONUTTI, Luisa, « A. A. Cooper, 3° conte di Shaftesbury e la "Bibliothèque Choisie" », dans *Giornale critico della filosofia italiana*, Firenze [Florence], Licosa-Sansoni, mai-août 1987, p. 235-281.

SIMONUTTI, Luisa, « Shaftesbury, dissidenti e *réfugiés* in Olanda », dans CARABELLI, Giancarlo et ZANARDI, Paola (dir.), *Il gentleman filosofo. Nuovi saggi su Shaftesbury*, Padova [Padoue], Il Poligrafo, 2003, p. 27-40.

STAËL, Madame de, *De l'Allemagne* [1810], éd. de Simone BALAYÉ, Paris, Flammarion, 2 vol., 1968.

STAROBINSKI, Jean, *Jean-Jacques Rousseau. La transparence et l'obstacle*, Paris, Plon, 1957.

STECK, Karl Gerhard, « Luther und die Schwärmer », dans *Theologische Studien*, Zollikon-Zürich, Evangelischer Verlag, Heft 44, 1955.

SWIFT, Jonathan, « Dissertation en forme de Lettre sur l'Operation Mechanique de l'Esprit », dans *Le Conte du tonneau, contenant tout ce que les arts et les sciences ont de plus sublime et de plus mystérieux*, Nouvelle éd., t. II, Marc-Michel Bousquet & Cie, 1742.

TARABORRELLI, Angela *(éd. de)*, Shaftesbury, *Scritti morali e politici*, Torino, UTET, 2007.

TAYLOR, Charles, *Les sources du moi. La formation de l'identité moderne* [1989], Paris, Seuil, 1998.

THOMASIUS, Christian, *Von der Kunst Vernünfftig und Tugendhafft zu lieben*, Halle, Salfeld, 1693.

TONELLI, Giorgio, *Da Leibniz a Kant. Saggi sul pensiero del Settecento*, Napoli, Prismi, 1987.

TUCKER, Susie I., *Enthusiasm : a Study in Semantic Change*, Cambridge, Cambridge University Press, 1972.

TURGOT, Anne-Robert-Jacques, Œuvres, Paris, Guillaumin, 1844.

VAN KLEY, Dale K., *Les origines religieuses de la Révolution française. 1560-1791*, Paris, Seuil, 2002.

VELARDI, Roberto, *Enthousiasmòs. Possessione rituale e teoria della comunicazione poetica in Platone*, Roma, Edizioni dell'Ateneo, 1989.

VENTURI, Franco, *Jeunesse de Diderot (de 1713 à 1753)*, Paris, Skira, 1939.

VERNIÈRE, Paul, *Spinoza et la pensée française avant la Révolution*, Paris, PUF, 2 vol., 1954.

VOITLE, Robert, *The Third Earl of Shaftesbury. 1671-1713*, Baton Rouge-London, Louisiana State University Press, 1984.

VOLTAIRE, *Correspondance*, dir. Théodore BESTERMAN, Paris, Gallimard, Bibliothèque de la Pléiade, 1978-1993.

VOLTAIRE, *Dictionnaire philosophique* [1765], dir. Alain PONS, Paris, Gallimard, coll. Folio Classique, 1994.

VOLTAIRE, *Le Fanatisme, ou Mahomet le Prophète*, Amsterdam, chez Étienne Ledet et Cie, 1743.

WACKENRODER, Wilhelm Heinrich et TIECK, Ludwig, *Épanchements d'un moine ami des arts* suivi de *Fantaisies sur l'art*, éd. de Charles LE BLANC et Olivier SCHEFER, Paris, José Corti, 2009.

WACKENRODER, Wilhelm Heinrich et TIECK, Ludwig, *Herzensergießungen eines kunstliebenden Klosterbruders* [1797], éd. de Martin BOLLACHER, Stuttgart, Reclam, 2005.

WACKENRODER, Wilhelm Heinrich et TIECK, Ludwig, *Phantasien über die Kunst* [1799], éd. de Wolfgang NEHRING, Stuttgart, Reclam, 1973.

WEBER, Hermann (dir.), *Aufklärung in Mainz*, Wiesbaden, Franz Steiner, 1984.

WIELAND, Christoph M., *Enthusiasmus und Schwärmerei* [1775]. *Werke*, éd. de Peter-Henning HAISCHER et Tina HARTMANN, Berlin-New York, Walter de Gruyter, 2009, Band 12.1.

YOUNG, Brian et WHATMORE, Richard (dir.), *Palgrave Advances in Intellectual History*, Houndmills, Palgrave, 2006.

ZAGARI, Luciano, « Il santo nudo e la ruota del tempo. L'impasse dell'intellettuale nella fiaba di Wackenroder », *Mitologia del segno vivente. Una lettura del romanticismo tedesco*, Bologna, Il Mulino, 1985.

ZANARDI, Paola (éd. de), Shaftesbury, *« A Letter concerning Enthusiasm ». Lettera sull'entusiasmo* [1708], Pisa, ETS, 2014.

ZANARDI, Paola,*John Trenchard (1662-1723), Storia naturale della religione, Testo e contesto*, Ferrara, Università di Ferrara, 1993.

ZILSEL, Edgar, *Die Entstehung des Geniebegriffes : Ein Beitrag zur Ideengeschichte der Antike und der Frühkapitalismus*, Tübingen, Mohr, 1926.

DICTIONNAIRES ET RESSOURCES

Dizionario critico della filosofia (con CD Rom), Livi, Antonio, ed. Dante Alighieri, 2016.

Dizionario critico di filosofia, Società Francese di Filosofia, ISEDI, 1971.

Dizionario di filosofia, Abbagnano, Nicola, Turin, UTET, 2013.

Dizionario etimologico della lingua italiana, Cortellazzo, Manlio et Zolli, Paolo, Bologna, Zanichelli, 1999.

Dictionnaire européen des Lumières, Michel Delon (dir.) [1997], Paris, Quadrige PUF, 2007.

Enciclopedia Garzanti di Filosofia, Garzanti Editore.

Larousse. En ligne : https://www.larousse.fr/dictionnaires/francais/enthousiasme. Consulté le 24 septembre 2021.

Le Robert Micro, Paris, Le Robert, 2006.

Trésor de la langue française informatisé. En ligne : http://atilf.atilf.fr. Consulté le 24 septembre 2021.

Wiktionnaire. Le dictionnaire libre. En ligne : https://fr.wiktionary.org/wiki/enthousiasme. Consulté le 24 septembre 2021.

DOCUMENTS D'ARCHIVES

LUX, Adam, *Enthusiasmus*, Mainz, Alef, Stadtarchiv, Mog Diss 1784, Appel Nr. 1.

Konvolut 1-26, Darmstadt, Staatsarchiv, VI, 1/6,4 f°.11r e VI,1/26,2 f°.488r.

Protocollum Facultatis Philosophicae Moguntinae 1756-1798, Mainz, Stadtarchiv, p. 105-107.

Rationarum Facultatis Philosophicae 1688-1797, Mainz, Stadtarchiv, Abt. 18, Nr. 170, 312r, 315v.

Rationarum Rectorale Universitatis Moguntinae, II, 1767-1784, Darmstadt, Staatsarchiv, 356.

Theses philosophicae, quae A.D.O.M. pro secunda philosophiæ laurea consequenda propugnabuntur Moguntiae, in auditorio primo theologico mane ab hora 8. a prandio ab hora 3. diebus 9. 10. 11. Septembris, ANNO MDCCLXXXIV (Mainz, Haeffner, 1784), Stadtbibliothek Mainz.

INDEX DES AUTEURS ET PERSONNALITÉS

TABLE DES MATIÈRES

ENTHUSIASMUS

DANS LA MÊME COLLECTION

1. Caroline JACOT GRAPA, *Dans le vif du sujet. Diderot, corps et âme*, 2009
2. Léonard BURNAND, *Les Pamphlets contre Necker. Médias et imaginaire politique au XVIIIe siècle*, 2009
3. Christophe MARTIN, *« Éducations négatives ». Fictions d'expérimentation pédagogique au dix-huitième siècle*, 2016
4. Marie-Florence SGUAITAMATTI, *Le Dialogue et le conte dans la poétique de Crébillon*, 2010
5. Maëlle LEVACHER, *Buffon et ses lecteurs. Les complicités de l'*Histoire naturelle, 2011
6. Laure CHALLANDES, *L'âme a-t-elle un sexe ?. Formes et paradoxes de la distinction sexuelle dans l'œuvre de Jean-Jacques Rousseau*, 2011
7. *Voltaire à l'opéra*, études réunies par François JACOB, 2011
8. René SIGRIST, *La Nature à l'épreuve. Les débuts de l'expérimentation à Genève (1670-1790)*, 2011
9. Jean-Christophe IGALENS, *Casanova. L'écrivain en ses fictions*, 2011
10. Stéphanie LOUBÈRE, *Leçons d'amour des Lumières*, 2011
11. Morihiko KOSHI, *Les Images de soi chez Rousseau. L'autobiographie comme politique*, 2011
12. Christof SCHÖCH, *La Description double dans le roman français des Lumières (1760-1800)*, 2011
13. Fabrice CHASSOT, *Le Dialogue scientifique au XVIIIe siècle. Postérité de Fontenelle et vulgarisation des sciences*, 2011
14. Rudy LE MENTHÉOUR, *La Manufacture de maladies. La dissidence hygiénique de Jean-Jacques Rousseau*, 2012
15. Christine HAMMANN-DÉCOPPET, *Déplaire au public : le cas Rousseau*, 2012
16. Noémie JOUHAUD, *L'Aventure éditoriale de Jean-Jacques Rousseau*, 2012
17. *La Question sexuelle. Interrogations de la sexualité dans l'œuvre et la pensée de Rousseau*, sous la direction de Jean-Luc GUICHET, 2012
18. Audrey GUITTON, *L'Autre lointain en dialogue. La quête de la voix idéale au siècle des Lumières*, 2012
19. Guilhem FARRUGIA, *Bonheur et fiction chez Rousseau*, 2012
20. Arnaud TRIPET, *Jean-Jacques Rousseau : la tension et le rythme*, 2012
21. Sergey ZANIN, *Société idéale et horizon d'utopie chez J.-J. Rousseau*, 2012
22. Jean-Christophe ABRAMOVICI, *Encre de sang. Sade écrivain*, 2013
23. Florence LOTTERIE, *Le Genre des Lumières. Femme et philosophe au XVIIIe siècle*, 2013
24. *Penser l'homme. Treize études sur Jean-Jacques Rousseau*, sous la direction de Claude HABIB et Pierre MANENT, avec la collaboration de Christophe LITWIN, 2013
25. Eleonora BARRIA-PONCET, *L'Italie de Montesquieu. Entre lectures et voyage*, 2013
26. Lucien NOUIS, *De l'infini des bibliothèques au livre unique. L'archive épurée au XVIIIe siècle*, 2013
27. Fumie KAWAMURA, *Diderot et la chimie. Science, pensée et écriture*, 2013
28. Charles VINCENT, *Diderot en quête d'éthique (1773-1784)*, 2014

29. Cyril FRANCÈS, *Casanova. La mémoire du désir*, 2014
30. Chiara GAMBACORTI, *Sade : une esthétique de la duplicité. Autour des romans historiques sadiens*, 2014
31. *Philosophie de Rousseau*, sous la direction de Blaise BACHOFEN, Bruno BERNARDI, André CHARRAK et Florent GUÉNARD, 2014
32. Stéphanie GÉHANNE GAVOTY, *L'Affaire clémentine. Une fraude pieuse à l'ère des Lumières*, 2014
33. Jacques GUILHEMBET, *L'Œuvre romanesque de Marivaux. Le parti pris du concret*, 2014
34. Élise PAVY-GUILBERT, *L'Image et la Langue. Diderot à l'épreuve du langage dans les* Salons, 2014
35. Vincenzo DE SANTIS, *Le Théâtre de Louis Lemercier entre Lumières et romantisme*, 2015
36. Martin WÅHLBERG, *La Scène de musique dans le roman du XVIIIe siècle*, 2015
37. Jocelyn HUCHETTE, *La gaieté, caractère français ?. Représenter la nation au siècle des Lumières (1715-1789)*, 2015
38. Sophie LEFAY, *L'Éloquence des pierres. Usages littéraires de l'inscription au XVIIIe siècle*, 2015
39. Rachel DANON, *Les Voix du marronnage dans la littérature française du XVIIIe siècle*, 2015
40. Valentina VESTRONI, *Jardins romanesques au XVIIIe siècle*, 2016
41. Alain SANDRIER, *Les Lumières du miracle*, 2015
42. Łukasz SZKOPIŃSKI, *L'Œuvre romanesque de François Guillaume Ducray-Duminil*, 2015
43. Magali FOURGNAUD, *Le Conte à visée morale et philosophique. De Fénelon à Voltaire*, 2016
44. Érik LEBORGNE, *L'Humour noir des Lumières*, 2018
45. Stéphanie FOURNIER, *Rire au théâtre à Paris à la fin du XVIIIe siècle*, 2016
46. Catherine CESSAC, *La Duchesse du Maine (1676-1753). Entre rêve politique et réalité poétique*, 2016
47. Antonio TRAMPUS, *La Naissance du langage politique moderne. L'héritage des Lumières de Filangieri à Constant*, 2017
48. Olivier RITZ, *Les Métaphores naturelles dans le débat sur la Révolution*, 2016
49. Guillaume SIMIAND, *Casanova dans l'Europe des aventuriers*, 2016
50. Sadek NEAIMI, *La Superstition raisonnable. La mythologie pharaonique au siècle des Lumières*, 2016
51. David DIOP, *Rhétorique nègre au XVIIIe siècle. Des récits de voyage à la littérature abolitionniste*, 2018
52. Jean GOLDZINK et Gérard GENGEMBRE, *Madame de Staël, la femme qui osait penser*, 2017
53. Andrew S. Curran, *L'Anatomie de la noirceur. Science et esclavage à l'âge des Lumières*, traduction de Patrick GRAILLE, 2017
54. Fabrice MOULIN, *Embellir, bâtir, demeurer. L'architecture dans la littérature des Lumières*, 2017

55. Philippe SARRASIN ROBICHAUD, *L'Homme-clavecin, une analogie diderotienne*, 2017
56. Shelly CHARLES, *Pamela ou les Vertus du roman. D'une poétique à sa réception*, 2018
57. Michèle VALLENTHINI, *Sade dans l'histoire. Du temps de la fiction à la fiction du temps*, 2019
58. Yann PIOT, *Jean-Antoine Nollet, artisan expérimentateur. Un discours technique au XVIIIe siècle*, 2018
59. Sergey ZANIN, *Utopisme et idées politiques Visite de Pierre-Paul Joachim Henri Lemercier de La Rivière à Saint-Pétersbourg. Avec la publication des inédits*, 2018
60. Richard FLAMEIN, *Voltaire à Ferney. Adresse à la postérité moderne (1758-2015)*, 2018
61. Benjamin HOFFMANN, *L'Amérique posthume. Réinventions littéraires de l'Amérique à la fin du XVIIIe siècle*, 2019
62. Renan LARUE, *Le Végétarisme des Lumières. L'abstinence de viande dans la France du XVIIIe siècle*, 2019
63. Florence MAGNOT-OGILVY, *Le Roman et les Échanges au XVIIIe siècle. Pertes et profits dans la fiction des Lumières*, 2020
64. Séverine DENIEUL, *Casanova. Le moraliste et ses masques*, 2020
65. Gérard LAHOUATI, *Avec Casanova. Penser, songer et rire*, 2020
66. Michèle SAJOUS D'ORIA, *La Participation dramatique. Spectacle et espace théâtral (1730-1830)*, 2020
67. Jean GOLDZINK et Florence CHAPIRO, *Le Sang du récit. Essai sur les passions romanesques du XVIIe au XIXe siècles*, 2020
68. Julien TÉCHER, *Les Usages de l'expérience de pensée au XVIIIe siècle*, 2020
69. Ariane Viktoria FICHTL, *La Radicalisation de l'idéal républicain. Modèles antiques et la Révolution française*, 2020
70. Else JONGENEEL, *L'Illustration en majesté. L'édition Curmer de* Paul et Virginie *et* La Chaumière indienne, 2020
71. Clémence AZNAVOUR, *Les Corps de Marivaux*, 2021
72. Jean-François PERRIN, *Politique du renonçant. Le dernier Rousseau*, 2021
73. Frédéric MARTY, *Louise Dupin. Défendre l'égalité des sexes en 1750*, 2020
74. Lise ANDRIES, *Bandits, pirates et hors-la-loi au temps des Lumières*, 2021
75. Flora AMANN, *Sourds et muets. Entre savoir et fiction au tournant des Lumières (1776-1815)*, 2021
76. Florence DUJOUR-PELLETIER, *Le Fil de Marianne. Narrer au féminin, de Villedieu à Diderot*, 2021
77. Johanna LENNE-CORNUEZ, *Être à sa place. La formation du sujet dans la philosophie morale de Rousseau*, 2021
78. Pierre SAINT-AMAND, *Suite libertine. Vies du XVIIIe siècle*, 2021
79. Armelle ST-MARTIN, *Sade, la Révolution et la finance*, 2021

IMPRIM'VERT®

Achevé d'imprimer par Corlet,
Condé-en-Normandie (Calvados),
en Janvier 2022
N° d'impression : 174530 - dépôt légal : Janvier 2022
Imprimé en France